普通话训练与水平测试

杜宇虹 编著

南京大学出版社

图书在版编目(CIP)数据
普通话训练与水平测试 / 杜宇虹编著. -- 南京 : 南京大学出版社，2024. 8. -- ISBN 978 - 7 - 305 - 26722 - 2
Ⅰ. H102
中国国家版本馆 CIP 数据核字第 20245V1F66 号

出版发行 南京大学出版社
社　　址 南京市汉口路 22 号　　　邮　　编 210093

书　　名 **普通话训练与水平测试**
PUTONGHUA XUNLIAN YU SHUIPING CESHI
编　　著 杜宇虹
责任编辑 刁晓静　　　编辑热线 025 - 83592123

照　　排 南京开卷文化传媒有限公司
印　　刷 南京玉河印刷厂
开　　本 787 mm×1092 mm　1/16　印张 12.25　字数 303 千
版　　次 2024 年 8 月第 1 版　2024 年 8 月第 1 次印刷
ISBN 978 - 7 - 305 - 26722 - 2
定　　价 42.00 元

网　　址:http://www.njupco.com
官方微博:http://weibo.com/njupco
官方微信号:njuyuexue
销售咨询热线:(025)83594756

前　言

党的二十大报告强调:“加大国家通用语言文字推广力度。”这为新时代新征程上大力推广和全面普及国家通用语言文字提供了根本遵循和行动指南。国家普通话水平智能测试是国家认证的资格证书测试,它是以计算机辅助普通话水平测试,这一人工智能方式替代了人工测试方式。它是我国推广普通话工作走向制度化、规范化、科学化的重要举措。此项智能测试能够客观、公正地考查应试人应用普通话的语音水平,为社会各类企事业用人岗位提供语言(特别是语音)方面的参照标准,从某种程度上说,进一步促进了人们学习普通话的积极性。普通话水平测试工作的深入推进,提高了我国普通话推广和应用水平,增强了全民语言文字规范意识,提升了国民文化素质。

本教材坚持正确的政治方向和价值取向,深刻领会党的二十大主题,将党的二十大精神融入各模块的教学内容中,将思政育人元素与教材深度融合。在本书中,我们共设置了两大部分、九项内容。第一部分为普通话水平测试应考技巧,包括“普通话水平测试概要”“第一项测试应考技巧”“第二项测试应考技巧”“第三项测试应考技巧”“第四项测试应考技巧”五个任务项。第二部分是普通话水平测试实践训练,包括“词语训练”“朗读短文训练”“命题说话训练”和“综合模拟训练”四项内容。我们既重视对普通话语音系统知识的学习,同时也注重提高学习者和应试人掌握四个测试项目的应考技巧,使之减少失误以适应考试,促进学习者和应试者在考试的准备过程中提高普通话语音水平。在训练中,我们模拟整个考试过程,训练材料几乎涵盖了如重点词语、50 篇朗读短文和 50 个命题说话等考试范畴的内容。学习者还可以通过扫描二维码的方式立刻感知和模仿相应的语音内容,方便实用,有助于学习效率的提高。我们衷心希望本教材能够很好地帮助应试人达到理想的普通话水平等级。

本教材的编写得到了王东红、姚娟、祁昕、黄倩等老师的大力支持和协助,在此深表感谢!

目　录

第一部分　普通话正音训练

第二部分　普通话水平测试应考技巧

第三部分　普通话水平测试实践训练

第一部分　普通话正音训练

在当今职场活动中，普通话口语交际是不可缺少的活动，而普通话的应用能力是一种可感性较强的能力，可称为显性素质，它是诸多隐性素质（如思想、道德、情操、文化、学识、修养等）的物质外化。普通话口语交际能力关系到每个人学习、工作、生活的成败得失，它是未来职场人士的必修课。人们只有较好地掌握国家通用语，才能保证在很多场合中交流的畅通。普通话正音这一部分，就是从基础发音角度出发，通过方音辨正等途径，解决发音不准确的问题，让学习者快速提升普通话运用能力，以便更好地交流。

在这一部分中，我们共设置了“普通话概说”“声母辨正”“韵母辨正”“声调辨正”和“语流音变”这个五个任务项。这五个部分的设置除了使学习者了解普通话基本知识外，重在加强其对方音的“辨正”。学习者可在自己原有的普通话基础上，对照自己的方言，进一步纠正自己普通话发音的不足，提高普通话的发音质量。每个任务项的设置重在实践训练，内容由浅入深，技能训练由易到难，训练形式丰富多样，循序渐进，可操作性强。

➢ 学习总目标

知识目标：了解普通话的特点及相关知识，学习声母、韵母、声调以及语流音变的知识和运用规律。

能力目标：较好地掌握普通话的发音，具备较好的方音辨正能力。

素质目标：提高使用普通话的主动性，具备运用国家通用语言的责任感，提升普通话口语表达的素质。

任务一　普通话概说

★ 学习目标

1. 了解普通话的定义、特点及其地位。
2. 了解我国的方言分布情况。
3. 掌握汉语拼音方案。

★ 任务设定

观看视频——相声《好好说话》。

相声《好好说话》

★ 思考与讨论

1. 普通话就是"普普通通"的话吗?

2. 怎样才能学好普通话?

★ 知识链接

一、什么是普通话

普通话是以北京语音为标准音,以北方话为基础方言,以典范的现代白话文著作为语法规范的现代汉民族的共同语。

普通话的"普通"不是"普普通通"的意思,而是"普遍""共通"的意思。普通话是中华民族大家庭的通用语言,是联合国 6 种工作语言之一。普通话在香港地区、台湾地区被称为"国语",在新加坡、马来西亚被称为"华语"。

二、普通话的特点

普通话音节界限分明,乐音较多,再加上声调高低变化和语调的抑扬顿挫,使得普通话富有较强的音乐性。具体表现如下:

1. 没有复辅音。在汉语的一个音节内,无论开头或是结尾,都没有两个或三个辅音连在一起的现象。因此,普通话音节界限分明,声音清晰。

2. 元音占优势。普通话音节中元音成分多,元音是乐音。因此,普通话发音响亮。

3. 声调鲜明。普通话有平、升、曲、降四种声调,声调可使音节和音节之间界限分明,又富于高低升降的变化,于是形成了音乐性强的特殊风格。

三、现代汉语方言

共同语是相对方言而言的。汉语方言是汉语的地域性变体,是通行于我国某一地域的语言,是为局部地区人民群众服务的。粗略地划分,现代汉语可以分为北方方言、吴方言、赣方言、湘方言、闽方言、粤方言、客家方言。这七大方言中,除"北方方言"外,其余都是南方方言。

汉语方言的分歧很大,隔山隔水而言语不通的现象并不少见。推广普通话不是为了

消灭方言，而是为了消除方言的隔阂，便于人民群众的交际，增强中华民族的凝聚力。为了加快改革开放的步伐，促进市场经济发展，促进高新科技成果的应用，促进跨世纪人才的培养，加强社会主义精神文明建设，必须推广普通话。

四、普通话的地位

汉语是世界上历史最悠久、最发达的古老语言之一，也是世界上使用人口最多的语言之一。无论过去，还是现在，汉语在国内外都产生过重大影响，具有重要的地位。

1. 普通话的形成

民族共同语是在长期历史发展的过程中形成的。春秋时期，大教育家孔子的学生来自各地，为了使学生能听懂他的话，他用当时的共同语——“雅言”进行教学。雅言就是当时的民族共同语。元代以来，北京成为全国的政治文化中心。学堂教学都使用以大都（今北京）语音为标准的天下通语。元大都话的声、韵、调系统已经比较接近现代的北京话。到了明朝，出现了“官话”这个名称，官话得到进一步推行。到了清朝，推行官话的力度进一步加强，规定读书人如果不会官话不能参加科举考试。北京话作为官方语言传播到全国各地，明清白话文学作品也更多地接受了北京话的影响。这些都帮助了官话（普通话的前身）在全国的传播。“五四”时期，“白话文运动”和“国语运动”成为“五四新文化运动”的两翼，白话文在书面上最终取代文言文取得决定性胜利，同时在口语方面进一步扩大了官话的通用语言地位，并促使北京语音成为民族共同语的标准音。这两个运动互相推动，互相影响，使书面语和口语接近起来，终于形成了现代汉民族共同语——普通话。简要来说，我国历史上的共同语大概有六种说法：

春秋时期—雅言
汉代时期—通语
唐宋时期—正音
明清时期—官话
民国时期—国语
新中国—普通话

2. 普通话的地位

我国各民族之间的相互往来有着悠久的历史，由于政治、经济、文化等原因，各兄弟民族的语言在发展中自然地、更多地接受了汉语的许多影响。现在各少数民族地区，学习和使用普通话的人越来越多。有的少数民族已经把普通话作为主要的交际工具来使用，不少地区出现了双语现象。普通话也成了我国各少数民族之间的交际语，并为各民族之间的相互学习和协作作出了很大的贡献。

我国宪法明确提出：国家推广全国通用的普通话。我国的义务教育法中也明确地把普通话的学习纳入其内容。1997 年，国家正式推行了普通话水平测试，并把每年 9 月的第三周定为“推广普通话宣传周”。2001 年 1 月 1 日国家颁布的《中华人民共和国国家通用语言文字法》明确指出：普通话是国家用用语言。2022 年 10 月党的二十大报告强调：“加大国家通用语言文字推广力度。”这些语言文字的方针政策的制定和举措，表明我们国家重视语言文字的规范化和标准化，为我国在新时代新征程上大力推广和全面普及国家通用语言文字提供了根本遵循和行动指南。

汉语是世界上使用人数最多的语言，除了在中国本土，汉语还分布在世界各大洲。汉语对日本语、朝鲜语、越南语等都有过深远的影响。汉语是联合国六种工作语言之一（另外五种是英语、法语、俄语、西班牙语、阿拉伯语），在国际交往中，普通话发挥着重要的作用，并且在国际上的影响也越来越大，学习和研究汉语的人也越来越多。

五、汉语拼音方案

汉语拼音方案是一套拼写普通话的拼音字母和拼音方式，它是于 1958 年 2 月 11 日第一届全国人民代表大会第五次会议通过的。它是中华人民共和国法定的拼音方案，是世界文献工作中拼写有关中国的专门名词和词语的国际标准。汉语拼音方案的主要用途是给汉字注音、推广普通话。

汉语拼音方案包括五个部分的内容：字母表、声母表、韵母表、声调符号、隔音符号。

字母表列出了 26 个拉丁字母作为汉语拼音字母，规定了字母的顺序、名称、体式。

声母表列出了 21 个辅音声母，它的顺序是按照辅音的发音部位和发音方法排列的。

普通话共有 39 个韵母，韵母表内列出了 35 个，表内未列入的还有 4 个。表内横行按 ɑ 行、i 行、u 行、ü 行排列；竖行按单韵母、复韵母、鼻韵母排列。

声调采用符号标调法，便于教学；轻声不标调。

隔音符号是为了拼音“分词连写”设计的。

附：汉语拼音方案

一、字母表

字母	名称	字母	名称
Aɑ	ㄚ	Nn	ㄋㄝ
Bb	ㄅㄝ	Oo	ㄛ
Cc	ㄘㄝ	Pp	ㄆㄝ
Dd	ㄉㄝ	Qq	ㄑㄧㄡ
Ee	ㄜ	Rr	ㄚㄦ
Ff	ㄝㄈ	Ss	ㄝㄙ
Gg	ㄍㄝ	Tt	ㄊㄝ
Hh	ㄏㄚ	Uu	ㄨ
Ii	ㄧ	Vv	ㄪㄝ
Jj	ㄐㄧㄝ	Ww	ㄨㄚ
Kk	ㄎㄝ	Xx	ㄒㄧ
Ll	ㄝㄌ	Yy	ㄧㄚ
Mm	ㄝㄇ	Zz	ㄗㄝ

二、声母表

b	p	m	f	d	t	n	l
ㄅ玻	ㄆ坡	ㄇ摸	ㄈ佛	ㄉ得	ㄊ特	ㄋ讷	ㄌ勒

g	k	h	j	q	x
ㄍ哥	ㄎ科	ㄏ喝	ㄐ基	ㄑ欺	ㄒ希

zh	ch	sh	r	z	c	s
ㄓ知	ㄔ蚩	ㄕ诗	ㄖ日	ㄗ资	ㄘ雌	ㄙ思

三、韵母表

	i ㄧ　衣	u ㄨ　乌	ü ㄩ　迂
a ㄚ　啊	ia ㄧㄚ　呀	ua ㄨㄚ　蛙	
o ㄛ　喔		uo ㄨㄛ　窝	
e ㄜ　鹅	ie ㄧㄝ　耶		eü ㄩㄝ　约
ai ㄞ　哀		uai ㄨㄞ　歪	
ei ㄟ　欸		uei ㄨㄟ　威	
ao ㄠ　熬	iao ㄧㄠ　腰		
ou ㄡ　欧	iou ㄧㄡ　忧		
an ㄢ　安	ian ㄧㄢ　烟	uan ㄨㄢ　弯	üan ㄩㄢ　冤
en ㄣ　恩	in ㄧㄣ　因	uen ㄨㄣ　温	ün ㄩㄣ　晕
ang ㄤ　昂	iang ㄧㄤ　央	uang ㄨㄤ　汪	
eng ㄥ　亨的韵母	ing ㄧㄥ　英	ueng ㄨㄥ　翁	
ong (ㄨㄥ)轰的韵母	iong ㄩㄥ　雍		

(1)“知、蚩、诗、日、资、雌、思”等字的韵母用 i。

(2) 韵母儿写成 er,用作韵尾的时候写成 r。

(3) 韵母ㄝ单用的时候写成 ê。

(4) i 行的韵母,前面没有声母的时候,写成 yi(衣),ya(呀),ye(耶),yao(腰),you(忧),yan(烟),yin(因),yang(央),ying(英),yong(雍)。u 行的韵母,前面没有声母的时候,写成 wu(乌),wa(蛙),wo(窝),wai(歪),wei(威),wan(弯),wen(温),wang(汪),weng(翁)。ü 行的韵母跟声母 j,q,x 拼的时候,写成 ju(居),qu(区),xu(虚),ü 上两点也省略;但是跟声母 l,n 拼的时候,仍然写成 lü(吕),nü(女)。

(5) iou,uei,uen 前面加声母的时候,写成 iu,ui,un,例如 niu(牛),gui(归),lun(论)。

四、声调符号

阴平	阳平	上声	去声
ˉ	ˊ	ˇ	ˋ

声调符号标在音节的主要母音上。轻声不标。

例如:

妈　mā	麻　má	马　mǎ	骂　mà	吗　ma
阴平	阳平	上声	去声	轻声

五、隔音符号

a,o,e 开头的音节连接在其他音节后面的时候,如果音节的界限发生混淆,用隔音符号(')隔开,例如:pi'ao(皮袄)。

六、实践训练

1. 在老师的指导下,练读字母表中的字母。
2. 学唱《汉语拼音字母歌》。

汉语拼音字母歌

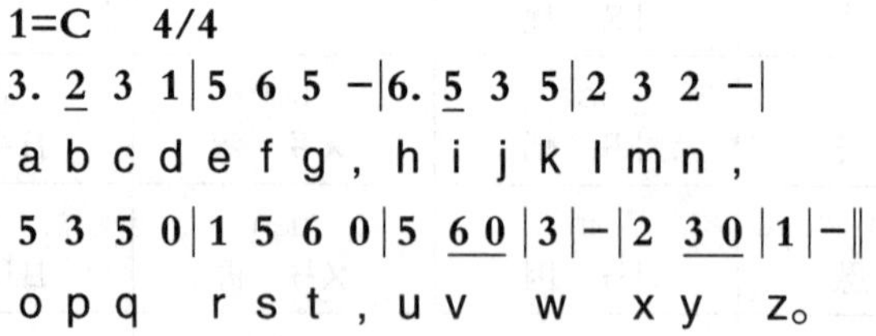

1=C　4/4

3. $\underline{2}$ 3 1|5 6 5 −|6. $\underline{5}$ 3 5|2 3 2 −|

a b c d e f g , h i j k l m n ,

5 3 5 0|1 5 6 0|5 $\underline{6\ 0}$|3|−|2 $\underline{3\ 0}$|1|−‖

o p q　r s t , u v　w　x y　z。

任务二 声母辨正

★ 学习目标

1. 了解普通话声母难点音的发音要领。

2. 学习平翘舌音、鼻边音、f 与 h、r 与 l 等声母的辨正方法。

★ 任务设定

请朗读下面精彩的语段：

“吹面不寒杨柳风”，不错的，像母亲的手抚摸着你。风里带来些新翻的泥土的气息，混着青草味儿，还有各种花的香，都在微微湿润的空气里酝酿。鸟儿将巢安在繁花绿叶当中，高兴起来了，呼朋引伴地卖弄清脆的喉咙，唱出宛转的曲子，跟轻风流水应和着。牛背上牧童的短笛，这时候也成天嘹亮地响着。

——节选自 2 号作品 朱自清《春》

★ 思考与讨论

1. 上面语段中，平翘舌音“吹”“不错”“手”“青草”“各种”“湿润”“巢”和鼻边音“泥土”“酝酿”“鸟儿”“绿叶”“卖弄”“牛背”“嘹亮”等词语你读对了吗？

2. 怎样记住平翘舌音的字词呢？

3. 怎样发好鼻边音呢？

★ 知识链接

一、什么是声母

声母是音节中开头的辅音。声母发音的主要特征是气流在发音器官中受到一定的阻碍，由于阻碍的部位和消除阻碍的方式不同，就产生了不同的声音。普通话辅音声母共有 22 个。

二、声母的分类

声母可按发音部位和发音方法分类。

（一）按发音部位分类

发音时，气流受到阻碍的位置叫作发音部位，就是形成阻碍的部位。按发音部位的不同，声母可分为 7 类（请看图表），发音部位直接影响着普通话的语音面貌。在一些方言中，存在着声母发音部位上的错位，造成了语音的混乱。

类别	各类声母	成阻原因
双唇音	b p m	上唇和下唇接触阻塞气流
唇齿音	f	上唇轻咬下唇内沿阻碍气流
舌尖前音	z c s	舌尖抵住或接近齿背阻碍气流

续 表

类别	各类声母	成阻原因
舌尖中音	d t n l	舌尖与上齿龈阻碍气流
舌尖后音	zh ch sh r	舌尖抵住或接近硬腭前部阻碍气流
舌面音	j q x	舌面前部抵住或接近硬腭前部阻碍气流
舌根音	g k h	舌面后部抵住或接近软腭阻碍气流

(二) 按发音方法分类

声母的发音方法就是发音时的喉头、口腔和鼻腔节制气流的方式和状况。具体可从三个方面来看：

1. 阻碍的方式

根据发音时形成阻碍和除去阻碍的方式，声母可分为塞音、擦音、塞擦音、鼻音、边音5类。

类别	各类声母	发音方法
塞 音	b、p、d、t、g、k	发音部位形成闭塞，气流冲破阻碍爆破成声
擦 音	f、h、x、sh、r、s	发音部位接近形成窄缝，气流从窄缝中摩擦成声
塞擦音	j、q、zh、ch、z、c	发音部位先闭塞，然后气流冲开一条窄缝，摩擦成声
鼻 音	m、n	口腔中的发音部位完全闭塞，气流从鼻腔通过发音
边 音	l	舌尖接触上齿龈，软腭阻塞鼻腔通路，气流从舌头两边通过

2. 声带是否颤动

发音时声带颤动的叫浊音，声带不颤动的叫清音。浊音声母共有 m、n、l、r 四个，其余17个声母都是清音。

3. 气流强弱

发音时，塞音、塞擦音有气流强弱之分。气流强的发音是送气音，气流较弱的是不送气音。

送气音：p、t、k、q、ch、c

不送气音：b、d、g、j、zh、z

三、声母难点突破

(一) 平翘舌音 z、c、s—zh、ch、sh

在普通话的发音里，舌尖后音即翘舌声母 zh、ch、sh 的音很多，几乎占常用词语声母中的80%，而在很多方言中，翘舌声母往往被读成了舌尖前音即平舌声母 z、c、s，所以翘舌音 zh、ch、sh 是人们学习普通话的重点。

【发音要领】

1. 发平舌音 z、c、s 时，舌尖抵住或接近上齿背（或下齿背），舌尖平伸。

2. 发翘舌音 zh、ch、sh 时，舌头放松，舌尖轻巧地接触或接近硬腭前部，舌尖翘起。

图示：

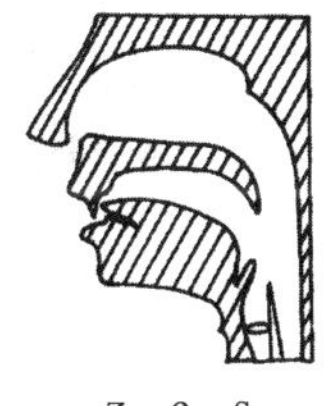
z、c、s

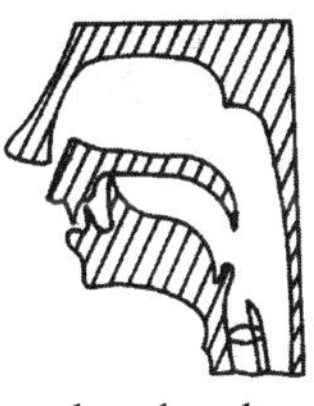
zh、ch、sh

【方音辨正】

要想准确读好平翘舌音就必须要明确平舌音 z　c　s 和翘舌音 zh　ch　sh 的发音部位。这两组音的最大区别是发音部位的不同：

zh　ch　sh
- 正：舌身略后缩，舌尖上翘，抵硬腭前部
- 误：舌身未后缩，舌尖翘得不到位，抵上齿龈
- 误：舌身后缩过多，舌尖卷起，发成卷舌音

z　c　s
- 正：舌尖抵住或接近齿背，舌尖平伸
- 误：舌尖前伸过多，发成齿间音
- 误：舌尖后缩，发成近似于 zh　ch　sh 的音

【记忆方法】

能够正确掌握发音还不够，还要解决记忆问题。很多人能够正确地读出平翘舌音，但由于记不住哪些字是平舌音，哪些字是翘舌音，还是经常混读这两类音。因此，记住平翘舌音词语是非常重要的。下面介绍几种记忆方法：

1. 形声字声旁类推

独体字如果是翘舌音，由它做声旁的形声字一般也是翘舌音或平舌音。如：

正—政　征　证　怔　症　整	真—镇　缜　稹　嗔
只—织　帜　职　枳　识　炽	中—种　钟　肿　盅
此—雌　雌　疵　呲	次—瓷　茨　资　姿
子—字　籽　孜　仔	采—菜　踩　睬　彩

2. 不能简单类推的字

有些独体字是翘舌音，但由它做声旁的形声字是平舌音；有些独体字是平舌音，但由它做声旁的形声字又翘舌音。如：

察—（檫　镲　嚓）—擦	占—（站　战　沾　毡　粘）—钻
串—窜　蹿　撺　镩	束—漱—速　嗽
责—（啧　帻　箦）—债	宗—（淙　棕　综　踪　粽）—崇
则—（侧　测　厕　恻）—铡	才—（材　财）—豺
寺—持　诗　痔　峙　侍　恃	叟—（嫂　艘　搜　嗖　馊　飕）—瘦

3. 记住声母韵母拼合规律

(1) 在普通话中，与韵母 ong 相拼的声母只有 s，没有 sh。如：送、松、耸、宋、颂、诵、

怂、讼、崧、嵩都读 song，不读 shong；

(2) 平舌声母 s 与韵母 en 相拼的字，常用字中只有一个“森”字，其余都是翘舌音。如：身、深、申、伸、审、甚、肾……；

(3) 与韵母 ua、uai、uang 相拼的声母全是翘舌音，没有平舌音。如：抓、爪，刷、耍、唰，拽，揣、踹，摔、甩、率、帅、衰、蟀，装、撞、庄、壮、桩、幢、状，窗、床、闯、创、疮、怆，双、霜、爽、孀。

【综合练习】

1. 朗读词语

反复练习正确发音，熟悉发音部位，养成新的发音习惯。

(1) 对比辨音

◇单字对比

姿—只　籽—纸　字—制　醉—坠

增—争　赠—正　尊—谆　赞—占

澡—找　才—柴　村—春　忖—蠢

参—搀　惨—产　曹—潮　催—吹

窜—串　四—市　素—树　桑—伤

嗓—晌　岁—睡　伞—闪　洒—傻

◇词语对比(加黑点的字是翘舌声母，加横线的字是平舌声母，以下同)

纸花—紫花　闸门—砸门　照旧—造就　找到—早稻

摘花—栽花　志愿—自愿　支援—资源　主力—阻力

出操—粗糙　初步—粗布　小炒—小草　两成—两层

长生—藏身　春装—村庄　推迟—推辞　鱼翅—鱼刺

商业—桑叶　收集—搜集　诗人—私人　史记—死记

树苗—素描　近视—近似　申述—申诉　干涉—干涩

(2) 分类练习

zh　ch　sh　珍珠　周转　支持　主张　追逐　庄重　制止

穿着　超支　实质　驰骋　事实　赤诚　史诗

z　c　s　自私　紫菜　子孙　葬送　走私　粗糙　催促

猜测　匆促　做作　从此　粗俗　彩色　琐碎

兼有平翘舌音的词语练习

平—翘　算术　增产　自治　早晨　总是　载重　宗旨

散失　松手　辞职　餐车　损伤　促成　村庄

搜查　厮杀　尊称　字数　栽种　葬身　钻石

翘—平　迟早　处死　注册　储藏　创作　出租　深层

捉贼　食宿　生字　住所　沼泽　周岁　制作

纯粹　诗词　守岁　受挫　输送　申诉　师资

(3) 含有翘舌声母的成语练习

安营扎寨　跋山涉水　不治之症　长袖善舞　长治久安

赤县神州　踌躇满志　臭名昭著　出口成章　出奇制胜
垂死挣扎　当轴处中　滴水穿石　杀身成仁　山高水长
姗姗来迟　善始善终　稍胜一筹　设身处地　审时度势

2. 朗读句子

(1) 历史使人聪颖；诗句使人诙谐；数学使人精确；自然哲学使人深邃；道德使人庄重；逻辑和修辞使人善辩。

(2) 人生最大快乐，是自己的劳动得到了成果，农民劳动得了收获，工人劳动出了产品，医生劳动治好了病，教师劳动教好了学生，其他工作都是一样。

(3) 宋老师买了把株洲素色的塑料伞。

(4) 张老师常常给我们朗诵唐宋诗词。

(5) 期中考试的成绩都记载在学生手册上。

3. 朗读绕口令

(1) 四是四，十是十，十四是十四，四十是四十，不要把十四说成四十，也不要把四十说成十四。假使说错了，就可能误事。

(2) 宿舍前面有三十三棵桑树，宿舍后面有四十四棵枣树。小侄子分不清桑树和枣树，把三十三棵桑树叫枣树，把四十四棵枣树叫桑树。

4. 朗读语段

我们知道，水是生物的重要组成部分，许多动物组织的含水量在百分之八十以上，而一些海洋生物的含水量高达百分之九十五。水是新陈代谢的重要媒介，没有它，体内的一系列生理和生物化学反应就无法进行，生命也就停止。因此，在短时期内动物缺水要比缺少食物更加危险。水对今天的生命是如此重要，它对脆弱的原始生命，更是举足轻重了。生命在海洋里诞生，就不会有缺水之忧。

——节选自作品 14 号　童裳亮《海洋与生命》

(二) 声母 n—l—r

普通话鼻音声母 n 和边音声母 l，在很多方言中都读成了有鼻音色彩的边音。发准普通话 n、l 声母的字词，是武汉人学习普通话的重要一环。

另外，在一些方言中没有翘舌声母 r。比如普通话 r 声母的字词，在武汉话中往往被读成了带有鼻音色彩的边音 l 或零声母。

【发音要领】

1. 鼻音声母 n 和边音声母 l 同在一个发音部位，它们的区别不能像平翘舌音那样简单地从发音部位角度来区分，边音和鼻音的区别主要是发音方法的不同。

2. 发鼻音声母 n 时，舌尖抵住上齿龈，舌头的两边也与上腭相触，形成闭合的弧形，阻塞气流，软腭下垂，打开鼻腔通道，气流从鼻孔透出，声带颤动。如：泥泞、恼怒、牛奶。

3. 发边音声母 l 时，舌尖轻轻抵住上齿龈，舌头两边留有空隙，软腭向上抬起，气流从舌头两边流出，声带颤动。如：拉力、理论、嘹亮。

4. 发翘舌声母 r 时，舌尖翘起，和硬腭前端轻轻接触；同时软腭向上抬起，堵住鼻腔通道，气流从舌尖和硬腭前端之间摩擦而出，声带颤动。如：仍然、软弱、容忍。

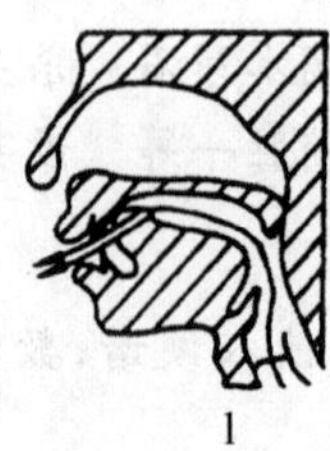

n　　　　l

【方音辨正】

1. 要想准确读好鼻边音就必须要明确它们的发音方法。这两组音的最大区别是发音方法的不同：

n 正：舌的两侧与口腔上部闭合，封住口腔通道，气流从鼻孔出来
　误：舌的两侧与口腔上部闭合得不紧，气流从鼻、口同时透出，带边音色彩

l 正：舌的两侧与上腭保持适度距离，封住鼻腔通道，气流从口出
　误：软腭提升不够，没完全封闭鼻腔通道，气流从鼻、口同时出来，带鼻音色彩

r 正：舌身后缩，舌尖上翘抵硬腭前部，声带颤动
　误：舌身未后缩，舌尖翘得不到位，抵上齿龈
　误：舌身后缩过多，舌尖卷起，发成卷舌音
　误：发成边音 l 或零声母

2. 前字引导正音法

(1) 要想发好鼻音，我们可以利用发音的顺同化原理，采用前字引导正音法强化鼻边音的发音。前字引导正音法是利用两个音节中，前一个音节的前鼻韵尾音 n 带动后一个音节的声母 n 的发音，两字连读，使鼻音声母 n 的发音得到强化训练，以便练习者找到正确的发音部位和发音方法。如：

闰年　烂泥　搬弄　云南　信念　留念　蒜泥　安宁

残年　连年　温暖　断奶　艰难　忍耐　擒拿　本能

按钮　沉溺　贫农　万能　震怒　隐匿　酝酿　神女

(2) 要想发好边音声母 l，就要发好最易发出的“la”音，然后再带动其他边音声母音节的发音。可按下列步骤由易到难练习：

◇在 l 声母前加上 ga、ge(或 ka、ke 等)音节，有利于发音。如：

ga—la　ka—la　ge—la　ke—la；

◇反复快速发 la 的音，体会舌头弹动的感觉。如：

la—la—la—la—la—la

◇边音与 i　u　ü 或 i　u　ü 开头的韵母相拼时，容易带鼻音色彩，可用“la”音节带动这些音节的发音。如：

la　la　la—li—la

la　la　la—lu—la

la　la　la—lü—la

la　la　la—lüe—la

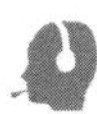

(3) 发好 r 声母关键是要了解普通话和方言的对应规律。如：在武汉话中，声母 r 与 an、ang、ao、e、en、ou 等韵母拼合时，声母变成了边音 l。如：燃烧、叫嚷、饶命、惹祸、人民、仍然、猪肉。在普通话中读成声母 r 和合口呼相拼的音节，在武汉话变成了撮口呼零声母的字词。如：进入、柔软、弱小、润滑、绒毛。

【记忆方法】

学习鼻边音声母，不仅要能正确地读出 n 和 l，还要记住每个鼻边音字的正确读法。下面介绍几种记忆方法：

1. 形声字声旁类推

独体字如果是鼻音，由它做声旁的形声字一般也是鼻音，边音也是如此。如：

内—纳　钠　呐　衲　　　　那—哪　挪

宁—柠　拧　狞　泞　咛　　奴—怒　努　弩　驽

令—领　铃　玲　岭　龄伶　羚　　龙—拢　笼　聋　垄　咙　垅　珑

仑—论　轮　抡　伦　沦　纶　囵　　里—理　厘　哩　狸　鲤　锂

2. 不能简单类推的字

有些独体字是鼻音或边音，由它做声旁的形声字大多可类推，但极少数的字不能类推，要记住这些字。如：

良—粮　踉　莨　浪　狼　廊　郎　榔　琅　啷—娘　酿

ne—呢(其余都读 le—了　乐　勒　肋)

nü—女(其余都读 lü—绿　率　旅　屡　滤　吕)

nei—内　馁(其余都读 lei—类　累　雷　垒　勒　蕾　肋　磊　儡)

nang—囊　攮　囔　馕(其余都读 lang—浪　狼　廊　郎　榔　琅　啷)

neng—能(其余都读 leng—冷　棱　楞　愣　塄)

nin—您(其余都读 lin—林　临　淋　邻　磷　鳞　拎　吝　琳　霖)

nuan—暖(其余都读 luan—乱　卵　滦　峦　孪　挛　栾　鸾)

3. 记住声母韵母拼合规律

(1) 在普通话里，韵母 ia　uen 可以和边音 l 相拼，不和鼻音 n 相拼。如：

lia—俩，lun—论　轮　沦

(2) 在普通话里，韵母 en 可以和声母 n 相拼，不和边音 l 相拼。如：

nen—嫩　恁

【综合练习】

1. 朗读词语

(1) 对比辨音练习

◇单字对比(横线前面的字是鼻音字，横线后面的字是边音字)

那—辣　讷—乐　奈—赖　馁—磊　内—类　孬—捞

挠—牢　脑—老　闹—烙　南—蓝　难—烂　囊—狼

能—棱　农—龙　泥—离　你—里　逆—力　聂—列

鸟—了　尿—料　妞—溜　牛—刘　扭—柳　年—连

碾—脸　念—恋　娘—良　酿—亮　您—林　宁—凌

奴—卢　努—鲁　怒—路　挪—罗　糯—落　暖—卵

女—吕　虐—略

◇词语对比

n—l:无奈—无赖　南天—蓝天　闹灾—涝灾　留念—留恋

牛年—流年　女客—旅客　允诺—陨落　浓重—隆重

泥巴—篱笆　恼怒—老路　黄泥—黄鹂　说你—说理

老农—老龙　难住—拦住　男女—褴褛　鸟雀—了却

r—l:热土—乐土　扰邻—老林　冗余—勇于　感染—橄榄

出入—出狱　柔道—楼道　融化—隆化　软禁—远近

假如—甲鱼　润笔—运笔　认输—运输　热和—乐和

然而—男儿　肉馅儿—露馅儿

(2) 分类练习

n—男女　泥泞　能耐　牛奶　袅娜

恼怒　南宁　扭捏　忸怩　牛腩

l—理论　力量　联络　流落　流泪

连累　理疗　莅临　裸露　轮流

r—人品　如此　仍然　软弱　认可

放任　繁荣　任免　入迷　容忍

(3) 兼有鼻边音词语的练习

n—l:耐劳　奶酪　脑力　内力

嫩绿　能量　逆流　凝练

年轮　年龄　暖流　鸟类

年历　农林　努力　女郎

l—n:冷暖　凝练　烂泥　利尿

留念　女郎　老年　来年

老衲　流年　老娘　凌虐

r(加横线的字是 r 声母字)：

燃烧　染布　嚷嚷　忍让　求饶　环绕　惹事　热烈　人民

认识　扔掉　荏苒　仍然　日食　荣华　融化　容颜　熔岩

溶液　绒毛　揉搓　鲜肉　如果　牛乳　进入　软弱　如若

湿润　仁慈　坚韧　蹂躏　蠕动　儒学　侮辱　被褥　尖锐

闰年　然而　认命　瑞雪　闰年　干扰　冗杂　绒毛　花蕊

2. 朗读句子(加点字是鼻音声母字,加横线的字是边音声母字,加方框的是 r 声母字)

(1) 刘奶奶的老黄牛拴在柳树下。

(2) 龙小妞爱穿奶白色高领衫。

(3) 我不能用牢笼来缚我心爱的小鸟。

(4) 那些从名利场上下来的伤病员,大都是被糖衣炮弹击中的,多半都是致命的

内伤。

(5) 如果你想吃肉馅月饼，最好看准出厂日期再买。

(6) 天太热，车内人多又拥挤，您老就去凑热闹了。

3. 朗读绕口令

(1) 打南边来了两队篮球运动员，一队是穿蓝球衣的男运动员，一队是穿绿球衣的女运动员。男女运动员都来练投篮不怕累，不怕难，努力练投篮。

(2) 门外有四辆四轮大马车，你爱拉哪两辆就拉哪两辆。

(3) 老龙恼怒闹老农，老农恼怒闹老龙，龙怒龙恼农更怒，龙闹农怒龙怕农。

(4) 牛郎年年恋刘娘，刘娘连连念牛郎。牛郎恋刘娘，刘娘念牛郎，郎恋娘来娘念郎。

(5) 日头热晒人肉，晒得人心好难受。晒人肉好难受，晒得头皮直发皱。

4. 朗读语段

一群朋友郊游，我领头在狭窄的阡陌上走，怎料迎面来了几头耕牛，狭道容不下人和牛，终有一方要让路。它们还没有走近，我们已经预计斗不过畜牲，恐怕难免踩到田地泥水里，弄得鞋袜又泥又湿了。正踟蹰的时候，带头的一头牛，在离我们不远的地方停下来，抬起头看看，稍迟疑一下，就自动走下田去。一队耕牛，全跟着它离开阡陌，从我们身边经过。

——节选自作品 46 号　(香港)小思《中国的牛》

(三) 声母 j　q　x—g　k　h

在普通话里，舌面音 j、q、x 与舌根音 g、k、h 分类非常清楚。而在方言中，由于受古音影响，读为 j、q、x 声母的一些字常被读成了 g、k、h 声母的字；有的舌面音 j、q、x 与撮口呼相拼的字还被读成了平舌音 z、c、s 与合口呼相拼的字。如：

街道(jiē—gāi)　　敲门(qiāo—kāo)　　皮鞋(xié—hái)

捐款(juān—zuān)　　劝说(quàn—cuàn)　　悬崖(xuán—suán)

普通话的翘舌音 zh、ch、sh 与合口呼韵母 u 相拼的字，反而在某方言中被读成 j、q、x 声母与撮口呼 ü 相拼的字。如：

猪肉(zhū—jū)　　厨房(chú—qú)　　舒服(shū—xū)

这些声母在普通话和方言中并不是一一对应的关系，而是呈现出较为复杂情况，应引起我们的注意。

【发音要领】

j、q、x 发音时，舌面前部抵住或接近硬腭前部，形成阻碍发出声音。如：

j—经济　积极　q—起居　亲切　x—学习　现象

g、k、h 发音时舌根上抬，抵住或接近软腭，形成阻碍发出声音。如：

g—公馆　改革　k—宽阔　慷慨　h—辉煌　欢呼

【方音辨正】

1. 普通话舌面声母 j、q、x 和 üan 相拼的部分音节，武汉话读成了平舌声母 z、c、s 和 uan 相拼的音节。学习普通话时应该注意分辨，避免语音错误。如：

杜鹃　试卷　圆圈　权利　拳头　债券　炫耀

2. 普通话 j、q、x 与齐齿呼 ia、iao、ian、iang、ie 相拼的部分字，在武汉话中读成了 g、k、h 声母。说普通话时要注意改读成 j、q、x 声母，否则就是语音错误。如：

地窖　豇豆　阶级　解放　戒指　世界　螃蟹　项链　咸菜　苋菜

3. 普通话中声母 zh、ch、sh 和韵母 u 相拼的音节，有的在武汉话中读成了声母 j、q、x 与 ü 相拼的音节。学习普通话时要注意分辨，以免语音错误。如：

主张　住宅　准确　除法　到处　顺利　暑假　书包　春节　纯正

另外，在发 j、q、x 音时，还要注意舌尖不能向前靠，若舌尖抵到齿背后面，就有了 z、c、s 音的色彩，我们通常叫作“尖音”。发音时，应该尽量避免舌尖前伸，否则就是语音错误。如图所示：

休息　气象　教训　前进　决心　期限　家乡　精神　交界

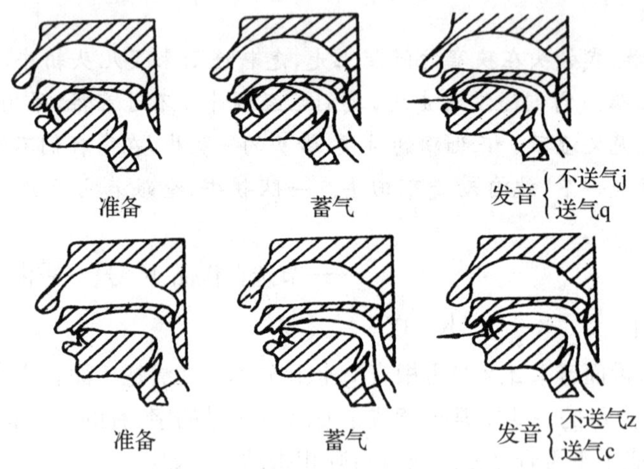

【综合练习】

1. 朗读词语

(1) 词语对比练习

◇zhu—ju　chu—qu　shu—xu

注目—剧目　身躯—伸出　火柱—火炬　虚情—抒情

柱子—锯子　宽絮—宽恕　主办—举办　虚款—书款

树木—序幕　继续—技术　老鼠—老许　手续—手术

zhuan—juan　chuan—quan

专款—捐款　四川—四圈　船力—权利

纯情—群情　传球—全球　船头—拳头

(2) 难点词语练习

◇j、q、x 易读成 g、k、h 词语

阶级　敲诈　球鞋　械斗　房间　螃蟹

咸菜　苋菜　墙角　睡觉　项目　小巷

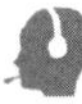

◇zh、ch、sh 易读成 j、q、x 词语

朱门　出门　老鼠　主角　除法　书记

住宅　到处　论述　暑假　树立　别墅

◇j、q、x 易读成 z、c、s 词语

笑星　晋级　借鉴　交接　家具　奖金

结晶　请求　崎岖　牵强　秋千　亲戚

恰巧　新型　喜讯　新鲜　相信　想象

2. 朗读句子

(1) 你需要什么书籍，我到书店帮你买。

(2) 改变观念，解除顾虑，重新塑造自己，才能走出新天地。

(3) 张小翔大学毕业后到街道办事处工作，当上了主任助理。

(4) 希望你继续努力，积极进取，争取下学期有机会到北京去进修学习。

3. 朗读绕口令

(1) 舒家的猪顺着朱家的树，乱转乱钻，转了一圈又一圈，直转得气也喘来腿也酸。

(2) 七加一，七减一，加完减完等于几？七加一，七减一，加完减完等于七。

4. 朗读语段

我常想读书人是世间幸福人，因为他除了拥有现实的世界之外，还拥有另一个更为浩瀚也更为丰富的世界。现实的世界是人人都有的，而后一个世界却为读书人所独有。由此我想，那些失去或不能阅读的人是多么的不幸，他们的丧失是不可补偿的。世间有诸多的不平等，财富的不平等，权力的不平等，而阅读能力的拥有或丧失却体现为精神的不平等。

——节选自作品 9 号　谢冕《读书人是幸福人》

(四) 声母 f—h

在普通话中声母 f 与 h 分得非常清楚，而在一些方言中存在着 f、h 混读的现象，在学习普通话时，应针对自己的实际情况加以区分。

【发音要领】

1. 发唇齿音 f 时，上齿与下齿内沿接近，唇形向两边展开。

2. 发舌根音 h 时，舌头后缩，舌根抬起，和软腭接近，注意唇齿部位不能接触。如图示：

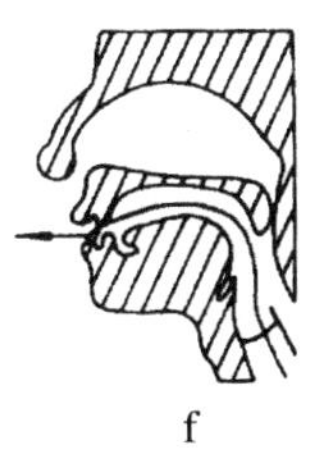
f

h

【方音辨正】

一些方言如湖北方言中，部分地区是把 h 声母字混入 f 声母字，这两个声母发音本身并不是很难，辨正的重点是在常用字的记忆上，我们可以用对比记忆的方法，弄清 f 声母的字和 h 声母的字。

f—h(hu)对比音节有 8 对(方言中把 huai 读作 fai，普通话没有 fai 这个音节)：

fú　hú	fā　huā	fú　huó	fēi　huī	fàn　huàn	fāng　huāng	fēng　hōng
福—湖	发—花	佛—活	非—辉	范—换	方—荒	风—轰

【综合练习】

1. 朗读词语

(1) 对比辨音练习

◇单字对比(横线前面的字是 f 声母字，横线后面的字是 h 声母字，以下同)

发—哈　烦—寒　方—夯　粉—很　冯—横　扶—壶

父—户　斧—虎　防—杭　愤—恨　饭—汗　夫—呼

◇词语对比

开发—开花　公费—工会　富士—护士　附注—互助

理发—理化　发钱—花钱　舅父—救护　防虫—蝗虫

浮水—湖水　幅度—弧度　乏力—华丽　船夫—传呼

富丽—互利　分钱—婚前　风箱—烘箱　发展—花展

(2) 分类练习

◇f—发展　发挥　反对　犯罪　方便　方向　放映　非常

繁华　反复　返回　犯法　饭盒　方法　防范　防洪

仿佛　非法　废话　纷繁　丰富　奋发　烽火　愤恨

符合　风寒　凤凰　海风　合法　含混　和缓　后悔

飞机　分数　分析　粉末　奋斗　丰收　否认　呼号

夫妇　服装　父亲　富强　复习　负责　豪华　蜂王精

◇h—孩子　海洋　害怕　含糊　寒冷　喊叫　汉语　黄瓜

毫米　好吧　号令　合乎　河流　黑夜　很好　谎言

红旗　后背　忽然　呼喊　湖水　户口　互相　分外

花朵　化肥　画图　怀抱　坏事　欢迎　环球　国防

换防　慌张　皇帝　黄河　灰心　回答　会议　化纤

混乱　伙食　获得　货运　或者　宏伟　痕迹　胡萝卜

(3) 难点音练习

◇f—h：发话　发挥　发火　反悔　繁华

返回　饭盒　防护　废话　凤凰

分化　粉红　丰厚　风华　符合

复合　负荷　腐化　缝合　复活

◇h—f：豪放　耗费　何妨　合法　和风

横幅　洪峰　后方　花房　化肥

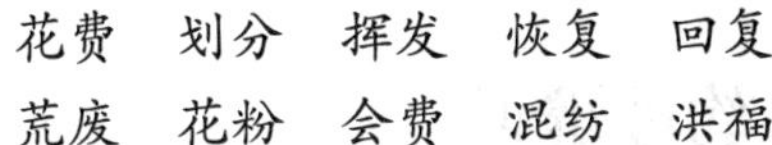

花费　划分　挥发　恢复　回复

荒废　花粉　会费　混纺　洪福

2. 朗读句子(加点字是 f 声母字,加横线的字是 h 声母字)

(1) 谁言寸草心,报得三春晖。

(2) 春蚕到死丝方尽,蜡炬成灰泪始干。

(3) 等闲识得东风面,万紫千红总是春。

3. 读绕口令

(1) 粉红墙上画凤凰,凤凰画在粉红墙,红凤凰,绿凤凰,粉红凤凰,花凤凰。

(2) 红饭碗,黄饭碗,红饭碗盛两饭碗,黄饭碗盛半饭碗,黄饭碗添半饭碗,像红饭碗一样满饭碗。

(3) 老方扛着个黄幌子,老黄打着个方幌子,老方要拿老黄的方幌子,老黄要拿老方的黄幌子。

4. 朗读语段

中国没有人不爱荷花的。可我们楼前池塘中独独缺少荷花。每次看到或想到,总觉得是一块心病。有人从湖北来,带来了洪湖的几颗莲子,外壳呈黑色,极硬。据说,如果埋在淤泥中,能够千年不烂。我用铁锤在莲子上砸开了一条缝,让莲芽能够破壳而出,不至永远埋在泥中。把五六颗敲破的莲子投入池塘中,下面就是听天由命了。

——节选自作品 25 号　季羡林《清塘荷韵》

任务三　韵母辨正

★ 学习目标

1. 了解普通话难点韵母的发音要领。

2. 能够区分两组前后鼻韵母 en—eng 和 in—ing。

3. 发准 er、ueng、üan 等难点韵母。

★ 任务设定

请朗读下面绕口令：

在一次名人访问中，被问及上个世纪最重要的发明是什么时，有人说是电脑，有人说是汽车，等等。但新加坡的一位知名人士却说是冷气机。他解释，如果没有冷气，热带地区如东南亚国家，就不可能有很高的生产力，就不可能达到今天的生活水准。他的回答实事求是，有理有据。

——节选自作品 50 号　林光如《最糟糕的发明》

★ 思考与讨论

1. 上面的语段中，“名人”“发明”“新加坡”“冷气机”“生产力”“今天”“生活”等词语你读准了吗？

2. 你的家乡方言中，韵母发音有什么特点？我们应该怎样读好普通话韵母？

★ 知识链接

一、什么是韵母

韵母是指普通话音节中，声母后面的部分。普通话韵母共有 39 个。其中 23 个由元音充当，16 个由元音附带鼻辅音韵尾构成。普通话韵母在口腔中不受阻碍，气流较弱，发音器官肌肉均衡紧张，声带振动。

二、韵母的分类

韵母可以按照结构和实际发音口型来分类。

（一）按结构分类

韵母可以分为韵头、韵腹和韵尾三个部分。韵头是韵腹前面的元音，又称为介音（介于声母和韵腹之间的音），由高元音 i-、u-、ü-充当，发音轻短；韵腹是韵母中发音最响亮的部分，由 ɑ、o、e、ê、i、u、-i（前）、-i（后）、er 充当；韵腹后面的韵尾，由 i、u（o）和-n、-ng 充当，发音略显含混，表示舌位滑动的方向。

韵母按因素的构成，可分为单韵母、复韵母和鼻韵母三类。

（二）按实际发音口型分类

按实际发音口型分类，可分为开口呼、齐齿呼、合口呼和撮口呼，简称为“四呼”。“四呼”是我国传统语言学上的术语。开口呼韵母指的是发音时韵母不是 i、u、ü 和不以 i、u、ü

开头的韵母；齐齿呼指的是发音时是 i 或以 i 开头的韵母；合口呼指的是发音时是 u 和以 u 开头的韵母；撮口呼指的是发音时是 ü 和以 ü 开头的韵母。

普通话韵母表

按口型分 / 韵母 / 按结构分	开口呼	齐齿呼	合口呼	撮口呼
单韵母	-i(前) -i(后)	i	u	ü
	a	ia	ua	
	o		uo	
	e			
	ê	ie		üe
	er			
复韵母	ai		uai	
	ei		uai	
	ao	iao		
	ou	iou		
鼻韵母	an	ian	uan	üan
	en	in	uen	ün
	ang	iang	uang	
	eng	ing	ueng	
			ong	iong

1. 单韵母的发音。发音时，口型(包括舌位、唇形、开口度)没有连续移动的过程，即没有动程。如：

a　大厦　沙发　喇叭　大妈　打岔

o　薄膜　磨破　伯伯　婆婆　脉脉

e　苛刻　特色　合格　色泽　割舍

i　汽笛　利息　奇迹　笔记　提议

u　祝福　出租　舒服　无辜　初步

c　须臾　区域　女婿　伛偻　絮语

一 i(前)　自私　此次　字词　相似

一 i(后)　制止　支持　史诗　日食

er　然而　偶尔　十二　耳机　儿歌

2. 复韵母的发音。发音时，口型(包括舌位、唇形、开口度)有变化，有动程。如：

ai　摆开　晒台　买卖　海带　灾害

ei　北非　肥美　蓓蕾　配备　黑煤

ao　报到　糟糕　牢靠　操劳　高潮
ou　守候　走漏　漏斗　收购　抖擞
ia　恰恰　假牙　加价　压价　下牙
ie　乜斜　铁鞋　贴切　结业　姐姐
ua　耍滑　挂画　花袜　娃娃　呱呱
uo　蹉跎　过错　罗锅　骆驼　没落
üe　雪月　约略　雀跃　决绝　血液
iao　巧妙　妙药　教条　吊桥　逍遥
iou　悠久　绣球　久留　求救　优秀
uei　灰堆　鬼祟　摧毁　归队　回味

3. 鼻韵母的发音。发音时，是由元音状态向鼻辅音过渡，鼻音色彩逐渐增加，最后发音部位闭塞，形成鼻辅音。如：

an　漫谈　繁难　淡蓝　坦然　橄榄
ian　变迁　偏见　电线　连绵　沿线
uan　贯穿　宽泛　专断　转弯　婉转
üan　渊源　全权　圆圈　源泉　轩辕
ang　钢厂　方糖　螳螂　上当　盲肠
iang　将相　想象　向阳　湘江　襄阳
uang　狂妄　网状　装潢　状况　双簧
en　人参　本分　深圳　愤恨　沉闷
uen　温顺　温存　昆仑　论文　分寸
in　亲近　尽心　殷勤　金银　琴音
ün　均匀　逡巡　芸芸　军训　军运
eng　更正　风声　生成　萌生　鹏程
ing　情景　晶莹　倾听　命令　宁静
ueng　老翁　渔翁　水瓮　蓊郁　主人翁
ong　公众　轰动　总统　中东　从容
iong　汹涌　穷凶　熊熊　炯炯　歌咏

二、韵母难点突破

普通话的韵母是各自成系统的，特别是前鼻韵母和后鼻韵母区分得很清楚，而在一些方言里却有混读现象。在学习普通话时，我们应该加以区分。

（一）韵母 en 和 eng

在一些方言发音中，往往没有后鼻韵母 eng，它们常常被读作前鼻韵母 en。普通话中 eng 韵词语较多，应掌握它们的发音。

【发音要领】

前后鼻韵母的区别，主要表现在发音部位上。发前鼻韵母时，舌尖向前抵住上门齿背后的上牙床，发音时必须体会这个“前”的部位，用力抵住上齿龈，不要后缩。发后鼻韵母

时，舌向后缩，舌根和软腭接触或接近，发音时体会“后”部位的感觉，舌根用力抵住软腭，不要前移。

从听感上说，前鼻韵母比较沉闷，不如后鼻韵母那样响亮通畅，气息也弱些，可以对比体会。

【方音辨正】

1. 发准前鼻韵母的方法

(1) 在前鼻韵母的音节后面紧接上一个轻声的“哪”na。例如：

kànna 看哪　wènna 问哪　jìnna 进哪　xūnna 熏哪

pīnna 拼哪　fánna 烦哪　chuánna 船哪　gǔnna 滚哪

(2) 在前鼻韵母的音节后面紧接上一个用 d、t、n、l 做声母的音节。例如：

Bànlǐ 办理　chūntiān 春天　pínnóng 贫农　jūnduì 军队

Pǐndé 品德　bǎndèng 板凳　xīnláo 辛劳　méntú 门徒

2. 发准后鼻韵母的方法

(1) 在后鼻韵母的音节后面紧接上一个轻声的“个”或“过”。例如：

děng ge rén 等个人　tōng ge xìn 通个信　káng guo qiāng 扛过枪　tīng guo xì 听过戏

qǐng ge ān 请个安　bāng ge máng 帮个忙　gēng guo dì 耕过地　tíng guo chē 停过车

(2) 在后鼻韵母音节后面紧接上一个用 g、k、h 充当声母的音节。例如：

fáng kōng 防空　néng gòu 能够　qǐng kè 顷刻　nóng hòu 浓厚

míng guì 名贵　yíng hé 迎合　jīng guò 经过　tīng kè 听课

【记忆方法】

1. 形声字声旁类推

独体字如果是前鼻音 en 或后鼻音 eng，由它做声旁的形声字一般也是前鼻音 en 或后鼻音 eng。如：

申 shen—伸　神　审　呻　绅　婶　砷

分 fen—芬　纷　氛　酚　粉　份　忿　吩　汾

门 men—扪　们　闷　钔　焖

真 zhen—镇　稹　禛　嗔　慎

生 sheng—胜　牲　甥　笙

正 zheng—征　整　政　证　怔　眐

争 zheng—睁　挣　铮　筝　狰　峥　诤

朋 peng—棚　鹏　硼　崩　镚　蹦　绷

2. 记声韵拼合规律

（1）普通话 d、t、n、l 只与 eng 相拼，不与 en（扽 den、嫩 nen 除外）相拼。很多方言中 d、t、n、l 与 en 相拼的音节，普通话都念 eng 韵母。例如：

灯　登　等　瞪　蹬　噔　邓　腾　誊　藤　疼　能　冷　楞　棱

（2）b、p、m、f 不与 ong 相拼。在普通话的发音中，b、p、m、f 任何时候都不与 ong 韵母相拼。在方言中，b、p、m、f 后面的 ong，普通话都念作 eng。例如：

崩　绷　蹦　镚　泵　迸　甭　蚌　朋　堋　硼

棚　彭　鹏　捧　碰　蓬　盟　梦　猛　萌　蒙

孟　懵　檬　疯　奉　风　枫　丰　封　冯　逢

3. 记少不记多

（1）普通话 g 与 en 相拼的字较少，而与 eng 相拼的字较多。如：

gen：跟　根　亘

geng：耕　更　梗　耿　庚　哽　羹　鲠　绠　埂　颈（脖颈儿）

（2）普通话中 h 与 en 相拼的字只有四个，其余都是 eng 韵字。例如：

hen：痕　很　狠　恨

heng：哼　衡　亨　横　恒　珩　蘅　桁　鸻

【综合练习】

1. 朗读词语

（1）单音节词语练习

en：bèn 奔　pén 盆　mén 扪　nèn 嫩　zhēn 真　chèn 趁　shén 神　gènlún 亘伦　zhèn 震　sēn 森　zěn 怎

eng：lěng 冷　kēng 铿　fèng 奉　méng 盟　hēng 哼　pèng 碰　néng 能　téng 疼　shèng 胜　gěng 梗　féng 缝

（2）词语对比练习（加点的是后鼻韵母字，加横线的是前鼻韵母字）

陈旧—成就　深水—生水　木盆—木棚　震惊—正经　清真—清蒸　伸张—声张

镇反—正反　瓜分—刮风　终身—钟声　深洞—生动　申明—声名　吩咐—丰富

审视—省市　诊治—整治　功臣—工程　长针—长征　征尘—真诚　出身—出生

人参—人生　春分—春风　赤忱—赤诚　阵势—正式　陈设—成色　陈腐—城府

恨事—横事　伸直—升值　枕套—整套　根据—耕具　申讨—声讨　微分—威风

（3）zh、ch、sh 与 en 相拼词语练习

真正 zhēnzhèng	诊治 zhěnzhì	镇长 zhènzhǎng
陈尘 chénchén	闪身 shǎnshēn	伤神 shāngshén
深水 shēnshuǐ	神圣 shénshèng	审慎 shěnshèn
忠臣 zhōngchén	针灸 zhēnjiǔ	沉重 chénzhòng
沉着 chénzhuó	称职 chènzhí	城镇 chéngzhèn
传真 chuánzhēn	陈设 chénshè	趁势 chènshì
伸展 shēnzhǎn	慎重 shènzhòng	湿疹 shīzhěn
时针 shízhēn	深沉 shēnchén	审查 shěnchá

生辰 shēngchén　　振作 zhènzuò　　赈灾 zhènzāi

2. 朗读句子

(1) 学习普通话要认真纠音，发现错误要及时更正。

(2) 春风又绿江南岸。

(3) 歌声在演播大厅里升腾、回荡。

(4) 要深化我省教育体制改革。

3. 绕口令练习

(1) 姓陈不能说成姓程，姓程不能说成姓陈。禾木是程，耳朵是陈。陈程不分就会认错人。

(2) 丝瓜藤上绕满绳，瓜藤绕着藤架伸。绳长藤伸瓜儿长，绳粗藤壮瓜儿沉。

(3) 舒家的猪顺着朱家的树乱转乱钻，绕了一圈又一圈，直转得气也喘来腿也酸。

4. 朗读语段

乡下人家总爱在屋前搭一瓜架，或种南瓜，或种丝瓜，让那些瓜藤攀上棚架，爬上屋檐。当花儿落了的时候，藤上便结出了青的、红的瓜，它们一个个挂在房前，衬着那长长的藤，绿绿的叶。青、红的瓜，碧绿的藤和叶，构成了一道别有风趣的装饰，比那高楼门前蹲着一对石狮子或是竖着两根大旗杆，可爱多了。

——节选自作品 36 号　陈醉云《乡下人家》

（二）韵母 in 和 ing

普通话里 in 和 ing 是两个不同的韵母，很多方言中往往只有 in，没有 ing。方言区一些人说普通话时存在 in、ing 混读现象。所以要想正确区分这组音，发音时舌位准确到位是关键。

【发音要领】

in 是元音 i 和前鼻辅音 n 结合而成的前鼻韵母。发音时，舌面接触上齿龈，发出 i 音后，舌头抵住硬腭最前最高的地方，气流从鼻腔出来，发出鼻音 n。如：

濒临　金银　近邻　尽心　拼音　亲近　亲信　辛勤

ing 是元音 i 和后鼻辅音 ng 结合而成的后鼻韵母。发音时，舌面接近硬腭，唇形扁。发出 i 音后，紧接着舌根往后抬起，抵住软腭，气流从鼻腔出来，发出鼻音 ng。如：

精兵　经营　命令　宁静　评定　清明　倾听　清醒

【记忆方法】

1. 利用形声字声旁类推

独体字如果是前鼻音 in 或后鼻音 ing，由它做声旁的形声字一般也是前鼻音 in 或后鼻音 ing。如：

宾 bin——槟　滨　鬓　缤　殡　髌　傧

民 min——抿　泯　岷　珉

堇 jin——谨　觐　瑾　馑　勤

今 jin——矜　衿　琴　衾　吟

莺 ying——营　莹　萦　荧　荥

丙 bing——病　柄　炳　邴　怲

平 ping——萍　评　坪　苹

青 qing——情 请 青 晴 蜻 氰 精 菁 睛 靖

in 韵母的代表字有：

心 今 斤 民 因 阴 尽 辛 林 侵 宾 堇 禽 禁 金

ing 韵母的代表字有：

丁 并 丙 宁 平 令 名 廷 京 定 英 青 亭 冥 竟 婴

2. 利用声韵拼合规律记忆

普通话里 in 韵母不与 d、t 声母相拼，凡是方言中 in 与 d、t 相拼的字，都应改读为 ing 韵母。如：

丁 鼎 顶 定 订 钉 盯 叮 锭 听 亭 廷 挺 停 厅 庭 艇 婷

3. 记少不记多

（1）普通话 in 韵母与 n 声母相拼只有一个“您”字，其余都是后鼻韵 ing。

nin：您

ning：宁 凝 狞 咛 柠 拧 泞 佞

（2）普通话以“令”做声旁的字，绝大多数是 ing 韵母，少数是 in 韵。

lin：邻 拎

ling：龄 零 伶 铃 玲 聆 羚 翎 领 苓 囹

（3）以“坙”作声旁的字，除极个别外，都是 ing 韵。

jin：劲（干劲）

jing：经 径 茎 颈 痉 胫 泾 劲（强劲）

【综合练习】

1. 朗读词语

（1）单字练习

in：

xīn	bīn	pǐn	mǐn	nín	lìn	jìn	qīn	bìn	xīn	lín	jìn
心	斌	品	悯	您	吝	近	侵	殡	锌	临	晋

ing：

bīng	píng	míng	jīng	qíng	xǐng	dìng	tǐng	nìng	líng	míng	xìng
冰	萍	鸣	荆	情	醒	定	挺	泞	灵	铭	幸

（2）对比词语练习（加点字是后鼻音字，加横线的字是前鼻音字）

人民—人名　金鱼—鲸鱼　不信—不幸　隐蔽—影壁

银河—迎合　临时—零食　禁地—境地　亲征—清蒸

民心—明星　亲信—情形　民政—明证　民生—名声

今宵—经销　频繁—平凡　薪金—心惊　濒临—冰凌

民愤—名分　林立—伶俐　一斤—一惊　新建—兴建

行进—行径　亲信—轻信　紧邻—警铃　邻角—菱角

亲身—轻声　弹琴—谈情　亲近—清净　金银—经营—晶莹

（3）兼有前后鼻韵母词语练习

ing-in

língmǐn	píngmín	qīngxīn	tīngxìn	yǐngyìn	tǐngjìn
灵敏	平民	清新	听信	影印	挺进
jīngxīn	bìngyīn	dìngqīn	língmǐn	yíngxīn	qīngyīn
精心	病因	定亲	灵敏	迎新	轻音

in-ing	pǐnmíng 品名	yǐnqíng 引擎	xīnxíng 新型	mínbīng 民兵	pìnqǐng 聘请	yínxìng 银杏
	mínqíng 民情	xīnlíng 心灵	jìnqíng 尽情	jìnjǐng 近景	pīnmìng 拼命	jìnxìng 尽兴

2. 朗读句子(加点字是后鼻音字,加横线的字是前鼻音字)

(1) 今天阴天转晴天。

(2) 展播厅的大型显示屏滚动着各种招聘信息。

(3) 员工欢迎新经理上任。

(4) 这里的环境很清静。

3. 朗读绕口令

(1) 民民和明明,捡了皮夹交民警。民警表扬民民和明明,请他们二人留姓名。民民请民警表扬明明,明明请民警表扬民民,民民、明明争得民警弄不清,眨眼不见民民和明明。

(2) 老林和老凌,一起来比劲。老林说老林比老凌行,老凌说老凌比老林行。比赛场上比输赢,看看到底是老林比老凌行,还是老凌比老林行。

(3) 天上七颗星,地下七块冰,树上七只鹰,梁上七根钉,台上七盏灯。呼噜呼噜扇灭七盏灯,嗨哟嗨哟拔掉七根钉,呀嘘呀嘘赶走七只鹰,抬起一脚踢碎七块冰,飞来乌云盖没七颗星,连念七遍就聪明。

4. 朗读语段

在工作人员眼中,袁隆平其实就是一位身板硬朗的"人民农学家","老人下田从不要人搀扶,拿起套鞋,脚一蹬就走"。袁隆平说:"我有八十岁的年龄,五十多岁的身体,三十多岁的心态,二十多岁的肌肉弹性。"袁隆平的业余生活非常丰富,钓鱼、打排球、听音乐……他说,就是喜欢这些//不花钱的平民项目。

——节选自作品 40 号　刘畅《一粒种子造福世界》

(三) 韵母 er 和 e

【发音要领】

er 是普通话里唯一的卷舌音。发音时,跟发 e 音的口型相似,即口腔半开,开口度比 ê 略小,舌位居中,舌头稍后缩,唇形不圆。在发 e 的同时,舌尖向硬腭轻轻卷起,不是先发 e 再卷舌,而是在发 e 的同时舌尖卷起。韵母 er 的读音有两种:一个是"儿[ər](而、尔、耳、饵)",一个是"二[ɑr](贰)",发音时有明显区别。"二"的发音舌位较低,口腔开口度也比较大。"er"中的 r 不代表音素,只是表示卷舌动作的符号。

【方音辨正】

发不好 er 韵母大体上有两种情形:一种情形是根本无卷舌动作,发为"e";另一种情形是虽然有卷舌动作,但不到位,与普通话的卷舌音有明显差别。er 韵母的发音,直接影响到语流音变中儿化音的发音质量,因此必须掌握好 er 的发音。

若发好 er 韵母,需要把握两个要点:一是必须卷舌,二是卷舌必须到位。

【词语练习】

1. 朗读词语

e　色泽　特色　客车　合格　这个　隔阂

er　而且　儿童　耳朵　二十　钓饵　偶尔

闻名遐迩　说一不二　耳聪目明　尔虞我诈

2. 朗读句子

(1) 我们二柜台这个月的营业额比去年同期增长了2.2倍。

(2) 您买的这套衣服,应付220元钱。是不是请女儿到收银台帮您付款?

(3) 这个零件二月份时就已经缺货了。

3. 朗读语段

后来,科学家经过反复研究,终于揭开了蝙蝠能在夜里飞行的秘密。它一边飞,一边从嘴里发出超声波。而这种声音,人的耳朵是听不见的,蝙蝠的耳朵却能听见。超声波向前传播时,遇到障碍物就反射回来,传到蝙蝠的耳朵里,它就立刻改变飞行的方向。

——节选自作品38号《夜间飞行的秘密》

(四) 韵母ueng和ong

【发音要领】

ueng是由元音u、e和辅音ng结合而成的。发音时,先念圆唇音u,接着嘴角迅速咧开发eng。注意u是唇音,不是唇齿音,发音时不可用牙齿去咬下唇。ueng韵母自成音节,不能跟任何辅音声母相拼。

【方音辨正】

很多方言中没有ueng这个韵母,比如武汉话常用ong替代ueng。后鼻韵母ong与ueng的元音不同,eng的元音是e,唇形略扁。而ong中的元音发音时是口型略松的u,是圆唇音。

【综合练习】

1. 朗读词语

ueng:渔翁　蕹菜　蓊蓊郁郁　瓮中之鳖

ong:通融　红松　空洞　隆重　共同

2. 朗读绕口令

小温和老翁,清晨去进城。老翁慢吞吞,小温一阵风。老翁紧紧跟,小温停又等。老翁汗淋淋,小温眼睁睁。磨磨蹭蹭日西沉,进了城门尽点灯。

3. 朗读语段

石拱桥的桥洞成弧形,就像虹。古代神话里说,雨后彩虹是"人间天上的桥",通过彩虹就能上天。我国的诗人爱把拱桥比作虹,说拱桥是"卧虹""飞虹",把水上拱桥形容为"长虹卧波"。

——节选自作品47号　茅以升《中国石拱桥》

（五）韵母 üan 和 ian

【发音要领】

üan 和 ian 韵母是由元音 ü 或 i 与 ê、前鼻辅音 n 复合而成的。发音的关键在于主要元音的发音要准确。üan 和 ian 中的这个 ɑ，实际发音受前后音的影响，舌位比 ɑ 偏高、靠前，口腔稍闭，接近于 ê 的发音。

【方音辨正】

一些方言中，üan 韵母发音中的“ü”发音舌头后缩卷起，发成了卷舌音[ɥ]。纠正发音时，注意把舌尖向前伸平，抵住下齿背，嘴唇撮圆；有些方言中，把韵母 ian 发成了 in，丢失了中间的 ê 音。纠正发音时，注意舌位降低，口腔稍大，突出 ê 音。

【综合练习】

1. 朗读词语

üan　源泉　试卷　冤孽　团圆　宣传　漩涡　证券　遥远
ian　变迁　减免　电线　脸面　田边　天仙　棉线　鲜艳

2. 朗读绕口令

（1）山前有个阎圆眼，山后有个阎眼圆，二人山前来比眼。不知道阎圆眼比阎眼圆的眼圆，还是阎眼圆比阎圆眼的眼圆？

（2）男演员女演员，同台演戏说方言。男演员说吴方言，女演员说闽方言。男演员演远东旅行飞行员，女演员演鲁迅文学研究员。研究员、飞行员、吴方言、闽方言，你说男女演员演得全不全。

3. 朗读语段

过了寒翠桥，就听到淙淙的泉声。进山一看，草丛石缝，到处都涌流着清亮的泉水。草丰林茂，一路上泉水时隐时现，泉声不绝于耳。有时几股泉水交错流泻，遮断路面，我们得寻找着垫脚的石块跳跃着前进。愈往上走树愈密，绿阴愈浓。湿漉漉的绿叶，犹如大海的波浪，一层一层涌向山顶。泉水隐到了浓阴的深处，而泉声却更加清纯悦耳。忽然，云中传来钟声，顿时山鸣谷应，悠悠扬扬。安详厚重的钟声和欢快活泼的泉声，在雨后宁静的暮色中，汇成一片美妙的音响。

——节选自作品 8 号　谢大光《鼎湖山听泉》

（六）韵母 u 和 ou；e 和 uo

【方音辨正】

在一些方言中，u 和 ou 有混淆现象。如武汉话把“足”“组”中的韵母 u 念成韵母 ou，如湖北荆州话、湖南常德话把普通话的“河”“课”中的韵母 e 念成韵母 uo 等。学习普通话时应该注意区分并准确发音。

【综合练习】

1. 朗读词语

（1）单字练习

dōu　shǒu dū　dōu　dǒu　dòu　dǒu　dǒu　dòu　dòu　tōu　tóu　tóu　tòu
都（首都）　兜　蚪　斗　抖　陡　豆　逗　偷　头　投　透

bǔ bǔ bù dū dú dú dǔ dǔ dù tū tú tǔ tú tǔ tú tū tú tū
卜 补 部 督 独 读 堵 睹 度 秃 荼 吐 图 土 徒 突 屠 凸

gē hé hè kè kē kē kě guó guǒ guō guò
哥 河 贺 课 科 颗 渴 国 果 郭 过

(2) 双音节词语练习

dū cù 督促	dú sù 毒素	dúmù 独木	tū chū 突出	túlù 屠戮	sùdù 速度
zǔmǔ 祖母	cūsú 粗俗	bùzú 部族	tǔzhù 土著	nùmù 怒目	zhùhè 祝贺
gē gē 哥哥	xiǎo hé 小河	shàng kè 上课	píngguǒ 苹果	xìngguō 姓郭	guò qiáo 过桥

(3) 对比词语练习

dòu pí—dù pí 豆皮—肚皮	chǔ jù—chǒu jù 楚剧—丑剧	shùmù—shòumù 树木—寿木	chūshuǐ—chōushuǐ 出水—抽水
tú dì—tóu dì 徒弟—投递	dùjiāng—dòujiāng 渡江—豆浆	shūshì—shōushì 舒适—收市	dù fǔ—dòu fǔ 杜甫—豆腐
yī lú—yī lóu 一炉—一楼	lù shui—lòushuǐ 露水—漏水	tù guo—tòuguo 吐过—透过	duàn tú—duàntóu 断屠—断头
zǔ shī—zǒu sī 祖师—走私	tú xiàng—tóuxiàng 图像—头像		

2. 朗读绕口令

(1) 颗颗豆子进石磨,磨成豆腐送哥哥。哥哥说我的生产虽然小,可是小小的生产贡献多。

(2) 河上是坡,坡下是河。坡上立着一白鹅。白鹅低头望着河。宽宽的河,肥肥的鹅,鹅过河,河渡鹅。河坡飞来丹顶鹤,鹤望河与鹅,小鹤笑呵呵。不知鹅过河,还是河渡鹅。

3. 朗读语段

当时的读书人,都忙着追求科举功名,抱着"十年寒窗无人问,一举成名天下知"的观念,埋头于经书之中。徐霞客却卓尔不群,醉心于古今史籍及地志、山海图经的收集和研读。他发现此类书籍很少,记述简略且多有相互矛盾之处,于是他立下雄心壮志,要走遍天下,亲自考察。

——节选自作品 43 号《阅读大地的徐霞客》

(七) 丢失介音"u"

在普通话里,韵母 an-uan、en-uen、ei-uei 是分得非常清楚的不同的韵母,但在方言中常常混淆。一些人常把带 u 的合口呼韵母读成没有 u 的开口呼韵母,由于 u 是介于辅音声母和主要韵母之间的音,因此,我们把这种现象称作丢失介音。学说普通话时应注意区分。

【综合练习】

1. 朗读词语

（1）单字练习

uan：duān 端　duàn 缎　duǎn 短　duàn 段　duàn 断　duàn 锻　tuán 团

uei：duī 堆　duì 对　duì 兑　duì 队　tuī 推　tuǐ 腿　tuì 退

uen：dūn 吨　dūn 蹲　dūn 敦　dùn 顿　dùn 钝　dùn 炖　dùn tūn tún 盾 吞 屯

（2）双音节词语练习

duǎntú 短途　suānchǔ 酸楚　luànzhú 乱竹　suànshù 算数　zuǐliǎn 嘴脸　cuìlǜ 翠绿

nuǎnhuo 暖和　tuīcè 推测　cúnchǔ 存储　duōshǎo 多少　tūntǔ 吞吐　zuānyán 钻研

（3）对比词语练习

dǎsàn 打散—dǎsuan 打算　yídàn 一旦—yíduàn 一段　dǎnxiǎo 胆小—duǎnxiǎo 短小　jiāndān 肩担—jiānduān 尖端

sānméi 三枚—suānméi 酸梅　fēndàn 分蛋—fēnduàn 分段　dànjué 旦角—duànjué 断绝　dānfāng 丹方—duānfāng 端方

zálàn 砸烂—záluàn 杂乱　chángdǎn 尝胆—chángduǎn 长短

2. 朗读绕口令

（1）山前有个崔粗腿，山后有个崔腿粗，二人山前来比腿。不知是崔粗腿比崔腿粗的腿粗，还是崔腿粗比崔粗腿的腿粗。

（2）嘴说腿，腿说嘴。嘴说腿最爱推车和跑腿，腿说嘴犯了罪还卖嘴。老动嘴，不动腿，不如不长腿。

3. 朗读语段

张择端画这幅画的时候，下了很大的功夫。光是画上的人物，就有五百多个：有从乡下来的农民，有撑船的船工，有做各种买卖的生意人，有留着长胡子的道士，有走江湖的医生，有摆小摊的摊贩，有官吏和读书人，三百六十行，哪一行的人都画在上面了。

——节选自作品 39 号　滕明道《一幅名扬中外的画》

任务四　声调辨正

★ 学习目标

1. 了解普通话声调相关知识。
2. 能够读准普通话的调值，知晓普通话的调类。
3. 对照自己的方言，能读准普通话阳平、上声等调值，突破难点音。

★ 任务设定

请朗读下列词语：

wuli：物理—无力—屋里—武力—无理—物力—无利—五里

zhishi：知识—指示—直视—指使—芝士—致使—制式—支使

★ 思考与讨论

1. 普通话声调的特点是怎样的？
2. 普通话的声调有什么作用？

★ 知识链接

一、什么是声调

声调是音节的高低升降的变化形式，也叫字调。声调主要取决于音高，同一个人的不同的音高变化是由控制声带的松紧决定的。声带越紧，声调越高；声带越松，声调越低。

在汉语中声调有区别意义的作用。例如：qiān（千）、qián（钱）、qiǎn（浅）、qiàn（欠），四个音节的声母和韵母都相同，但是意义不同，就是因为声调不同造成的。在汉语里，声调是音节结构中不可缺少的组成部分，在普通话语音系统中具有重要地位。

声调不仅有区别词义的作用，而且声调差异也是普通话与现代汉语各方言最显著、最基本的差异。因此声调是方言区的人们学习普通话的关键，要会分辨汉字的声调在方言与普通话里的不同。

二、调值和调类

调值和调类是普通话声调的重要内容，学习普通话声调，要读准普通话调值，分清普通话调类。

（一）调值

调值就是音节的高低、升降、曲直、长短的实际读音，也称作调形。调值的高低、升降、曲直的不同是由声带的松紧造成的。声调的高低指的是相对音高，小孩声音比成人高，女子的声音比男子高，这是绝对音高；他们在运用普通话时，音节的高低升降幅度是基本相同的，这就是相对音高。比如，当我们读“春天”时，它们是既高且平的声调；当我们读“勤劳”时，它们是上扬的声调；当我们读“展览”时，它们是曲折调；当我们读“号召”时，它们是降调。无论男女老幼，在用普通话读这几个词的时候，音节的高低升降形式及变化幅度都

是相同的。普通话声调有四种实际读音，也就是说普通话有四种调值。

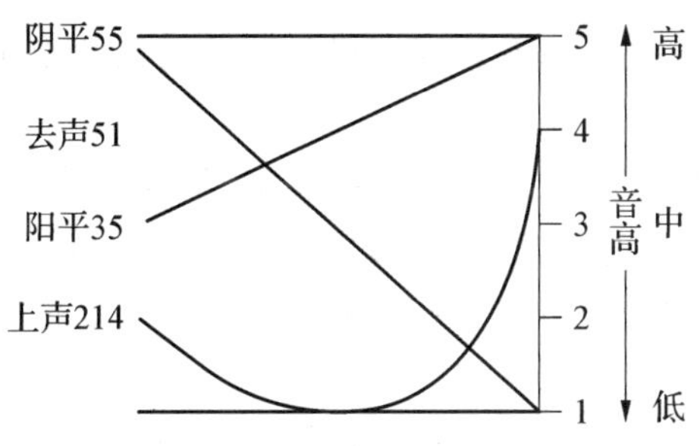

普通话声调五度标记图

调值的标识和记录，一般采用“五度标调法”。“五度标调法”是用五度竖标来标记调值相对音高的一种方法（如图所示）。画一条竖线，平均分作四格五度，把相对音高的高音定为五度，半高音定为四度，中音定为三度，半低音定为二度，低音定为一度。一度到五度，从低到高，类似音乐中的音阶。

第一声：高而平，5 度起 5 度收，没有升降变化，调值为 55。如：春、天、花、开。

第二声：由中音升到高音，由 3 度升到 5 度，是个中升的调子，调值为 35。如：人、民、团、结。

第三声：由半低音降到低音再升到半高音，即由 2 度降到 1 度再升到 4 度，是先降后升的曲折调，调值为 214。如：美、好、理、想。

第四声：由高音降到低音即由 5 度降到 1 度，是个全降的调子，调值为 51。如：创、造、世、界。

普通话的四种声调特点明显，即一声平、二声升、三声曲、四声降。

上述四种声调的标记有严式、宽式两种。严式是写在国际音标或拼音字母的后面，用这四个调号；宽式是写在汉语拼音音节上头，即音节的主要元音上，不用竖线，只用ˉ、ˊ、ˇ、ˋ表示。如：学校 xuéxiào、优等 yōuděng。

（二）调类

调类是把调值相同的字归纳在一起所形成的声调类别。因而有几个调值就有几个调类。普通话里有四个调值，就有四个调类。分别称为阴平、阳平、上声、去声。具体情况如下表：

普通话声调表

调类	阴平	阳平	上声	去声
调值	55	35	214	51
例字	山	河	锦	绣

普通话的调类名称沿用古汉语。古汉语也有四个调类，它们是平声、上声、去声、入声。普通话声调中没有入声，平声分为阴平和阳平，这是普通话调类与古汉语调类的不同。

三、声调辨正

普通话声调的学习，要跟排除方言声调对学习普通话的干扰结合起来进行。这种干扰主要表现为：

1. 用方音读汉字成了习惯，改用标准音读汉字，常常读错；

2. 普通话声调跟方言声调的调值(调形)差别越大的，相对而言，倒是容易读准，而越是接近的越不容易读准，往往以方言里跟普通话相近、相似的声调，代替普通话的声调。说普通话时就会带“乡音”，就是方言腔。

因此，要克服方言声调的影响，掌握普通话声调相对音高的结构形式，提高分辨相似但不同的声调调值的能力，需要考音节与音节声调的对比练习，选择双音节词语进行声调训练是常用的有效方法。

(一) 读准调值

普通话的调值、调类与方言的调值、调类有很多差别。在不同的语音系统中，调值相同的调类不一定相同。如：武汉话调值为 35 度的，调类是去声；普通话调值为 35 度的，调类是阳平。调类相同的不一定调值相同。如：同属于阴平调类，普通话调值是 55 度，济南话调值是 213 度，西安话调值是 31 度等。

	阴平	阳平	上声	去声
例字	花	红	柳	绿
普通话	55	35	214	51
武汉话	55	213	42	35
济南话	213	42	35	21
西安话	31	24	42	55

普通话上声调，调值为 214，降升调。常见的语音偏误有：

1. 只降不升，调值为 21，这是语音缺陷。

2. 直接读成升调，调值为 24，这是语音错误。武汉的黄陂、新洲地区的人说普通话容易出现这个问题。

3. 降不到 1，或者升不到 4，属于语音缺陷。

普通话去声调，调值为 51，全降调。若降不到 1，或从 4 开始降，都为语音缺陷。

【综合练习】

1. 朗读词语

(1) 阴平练习(阳平＋阴平)

国歌　　葵花　　回声　　黄昏　　航空

决心　　晴天　　前方　　骑兵　　其他

霞光　　协商　　茶杯　　船舱　　除非

重新　　熟知　　时光　　昨天　　藏书

(2) 阳平练习(去声＋阳平)

近年　皱纹　事实　报仇　配合
放行　富强　地图　调查　落实
克服　课堂　会员　教材　季节
去年　善良　热情　上学　自觉

(3) 上声练习(去声＋上声)

制止　跳舞　地理　办法　聘请
密码　饭碗　大脑　电影　探险
录取　购买　个体　敬礼　戏曲
占有　热水　翅膀　字典　饲养

(4) 去声练习(阴平＋去声)

公共　黑夜　帮助　偏僻　方向
丰富　冬至　端正　推荐　通过
工作　观众　歌颂　开放　开会
欢乐　花絮　鲜艳　希望　松树

(5) 词语对比练习

工人—公认　土地—徒弟　分身—分神　工分—公愤
经济—竞技　摧残—璀璨　道理—倒立　教师—教室
同意—统一—同一　人名—任命—人命　实际—时机—事迹
乡间—相减—相见　纺织—防止—放置　资历—自立—自理
支援—职员—志愿　升级—生机—生计　环境—幻景—幻境
诗集—史记—事迹—失机　攻击—供给—功绩—共计　政治—整治—正值—争执
时间—事件—世间—实践　指使—致使—指示—志士　实施—事实—逝世—史诗

(6) 兼有四声的成语练习

山明水秀　风调雨顺　鞍前马后
兵强马壮　高朋满座　飞檐走壁
兔死狐悲　妙手回春　袖手旁观
寿比南山　逆水行舟　信以为真
聪明透顶　龙飞凤舞　异口同声
天罗地网　能工巧匠　语重心长

2. 朗读句子

(1) 国家兴亡,匹夫有责。
(2) 尺有所短,寸有所长。
(3) 野火烧不尽,春风吹又生。
(4) 不必预期困扰的来临,或忧虑也许决不会发生的事,要长守在阳光中。
(5) 我活得愈久,便愈确定热忱是所有特性和质性中最重要的。
(6) 失去金钱的人损失甚少,失去健康的人损失极多,失去勇气的人损失一切。

3. 朗读绕口令

(1)“同姓”不能念成“通信”,“通信”不能念成“同姓”,同姓可以互相通信,通信的不一定同姓。

(2) 老姥姥问姥姥,姥姥老问老姥姥。麻妈妈问妈妈,妈妈老问麻妈妈。

4. 朗读语段

最能体现大修难度的便是瓦作中“苫背”的环节。“苫背”是指在房顶做灰背的过程,它相当于为木建筑添上防水层。有句口诀是三浆三压,也就是上三遍石灰浆,然后再压上三遍。但这是个虚数。今天是晴天,干得快,三浆三压硬度就能符合要求,要是赶上阴天,说不定就要六浆六压。任何一个环节的疏漏都可能导致漏雨,而这对建筑的损坏是致命的。

——节选自作品5号　单霁翔《大匠无名》

(二) 掌握调类

方言区的人学习普通话要分辨方言与普通话的声调差异,纠正方言的声调错误。

各地方言的调类比较复杂。从湖北地区来看,有5个调类的,如天门、仙桃、京山等地方言;有6个调类的,如孝感、黄冈、咸宁等地方言,这给方言区的人们学习普通话带来困难。而武汉方言的调类与普通话一样,也是阴平、阳平、上声、去声四个调类。因此武汉人学习普通话比上述地区的人有一定的优势。但是,仍旧有许多字在普通话与武汉话中的调类不一致。如:武汉人说普通话容易把“赠”“召”读作阴平,它们的普通话声调是去声;把“脂”读作上声,而它的普通话声调也是阴平;把“潜”读作上声,而它的普通话的声调是阳平。因此,分辨调类,纠正武汉方音中调类的错误,便成为武汉地区人们学习普通话的难点。

【记忆方法】

声调辨正主要靠记忆,即记住那些容易出错的那些字的普通话调类。当然,这种记忆不是一味死记硬背,有效的办法是常听广播电视的播音,常说普通话,在听说过程中努力记住那些容易出错的字的调类。经过一段时间的实践和记忆,是完全可以记住大多数字的普通话调类的。在分辨调类时,需要注意以下几个方面的字:

1. 记住常用字的普通话调类

武汉人容易读错调类的常用字表

普通话调类	武汉话调类	例字
阴平	阳平	危、微、薇、庸、埃、搭、帆
	上声	估、脂、颇、割、倾、拥、褒
	去声	究、糙、听、应、谙、偎、襟
阳平	阳平	聋、研、魁、浑、俘、摩、仍
	上声	脯、惩、颓、儒、蠕、隅
	去声	俞、渝、逾、榆、愉

续　表

普通话调类	武汉话调类	例字
上声	阴平	璀、挑、马
	阳平	跑、筒、蕾、逞
	去声	导、蹈、企、伪、罕、犷、蚁、黍
去声	阴平	坞、殡、鬓、框、眶、逗、绢
	阳平	横、殉、徇、炽、傍、泞、桦
	上声	假、块、腕、震、境、档、辆、晦

2. 记住中古入声字的普通话调类

古代有入声，演变为今天的普通话，入声全部消失了。这些古入声字分散在普通话的阴平、阳平、上声、去声四声中，这就是人们常说的“入派四声”。但是这些古入声字在武汉方言中全部读阳平，所以，武汉话的阳平字比普通话的多。武汉人学习普通话就要记住这些古入声字的普通话调类。

3. 注意多音字的读音

多音字是普通话中比较普遍的现象，许多多音字表现为声调的不同。比如——处：处理(chǔ)；处所(chù)。结：结实(jiē)；结合(jié)。如果只掌握了这些多音字的一种读音，不考虑语言环境只用这一种读音，就会出现声调错误。因此，方言区的人们在学习普通话时要掌握常用多音字的读音。

发音例词(读准多音字的声调)：

情不自禁　沮丧　泡桐　挑战　拖累　记载

肖像　投奔　苏打　猜度　供养　济济

喷香　曲折　旋风　轧花机　应届　占卜

4. 记住异读词的声调

国家语言文字工作委员会、国家教育委员会、广播电视部于 1985 年 12 月 27 日联合发布了“关于《普通话异读词审音表》的通知”，《普通话异读词审音表》现在已成为普通话异读词的读音和标音的国家标准。这个表收录的词审音前后的读音有很大的变化，其中有些词的语音变化主要表现在声调方面，如：

	审音后读音	审音前读音
从容	cóngróng	cōngróng
档案	dàng'àn	dǎng'àn
悼念	dàoniàn	dǎoniàn
比较	bǐjiào	bǐjiǎo
围绕	wéiràо	wéirǎo

方言区的人学习普通话一定要认真学习《普通话异读词审音表》,记住异读词审音后的读音,提高普通话水平。

【综合练习】

1. 朗读词语

(1) 朗读下列常用词语

啄米　幌子　褒奖　稽查　陨石　手帕
挑衅　似乎　答复　宽窄　尘埃　聋哑
档案　振臂　手腕　徇私　窗框　伪劣
危险　逾越　马虎　研究　粗糙　一会儿

(2) 朗读下列多音字词语,并用多音字的另一种读音组成一个词

佣工　结合　拮据　胸脯　供给　刹那
撇开　喷香　择菜　旋转　附和　看守
记载　字帖　挣扎　颠簸　一宿　炮制

(3) 朗读下列古入声字,读准声调,并与它在武汉话中的声调比较

豁口　冰雹　姓翟　饱嗝　栅栏　笃实
蹩脚　通缉　蜀锦　轮廓　作坊　空隙
仆从　歇工　葛布　镊子　承诺　杂沓

(4) 朗读下列异读词

和蔼　婢女　糙米　伟绩　驯良　严惩
羸弱　魁梧　确凿　品质　笨拙　比较
袭击　悉数　下潜　缠绕　脊梁　油漆
从容　呆板　擂主　油脂　卓见　痉挛

2. 朗读句子

(1) 众人拾柴火焰高。
(2) 真金不怕火炼。
(3) 远亲不如近邻。
(4) 智者千虑,必有一失。
(5) 只要功夫深,铁杵磨成针。
(6) 一朝被蛇咬,十年怕井绳。
(7) 以小人之心,度君子之腹。

3. 朗读绕口令

(1) 姥姥喝酪,酪落姥姥捞酪;舅舅捉鸠,鸠飞舅舅揪鸠;妈妈骑马,马慢妈妈骂马,拿麻打马;妞妞扭牛,牛拗妞妞拧牛。

(2) 小石与小史,两人来争执。小石说"正直"应该读"政治",小史说"整治"应该念"整枝"。两人争得面红耳赤,谁也没读准"正直"、"整治"、"政治"和"整枝"。

4. 朗读语段

台湾岛上的山脉纵贯南北，中间的中央山脉犹如全岛的脊梁。西部为海拔近四千米的玉山山脉，是中国东部的最高峰。全岛约有三分之一的地方是平地，其余为山地。岛内有缎带般的瀑布，蓝宝石似的湖泊，四季常青的森林和果园，自然景色十分优美。西南部的阿里山和日月潭，台北市郊的大屯山风景区，都是闻名世界的游览胜地。

——节选自作品 45 号《中国的宝岛——台湾》

任务五　语流音变

★ 学习目标

1. 了解普通话语流音变的规律。
2. 掌握变调、轻声、儿化和“啊”变的读法。

★ 任务设定

请朗读下面对话：

游武汉

甲：我这次到武汉来，你可得好好儿尽“地主之谊”啊！

乙：没问题，这是应该的。那年我到北京，可没少给你添麻烦啊！这次到武汉你想去哪里游览？

甲：你说说，哪些地方值得一去？

乙：你对名胜古迹感兴趣吗？

甲：这儿都有哪些名胜古迹？

乙：多着呢！武汉有大大小小三百三十九处名胜古迹。

甲：这么多啊！你把主要的古迹给我介绍介绍。

乙：最有名的是号称“江南三大名楼”之一的黄鹤楼，还有与黄鹤楼隔江相望的晴川阁，湖北四大佛教禅院之一归元寺，龟山脚下的古琴台等等，一下子也说不完。

甲：武汉真了不起啊，既有“九省通衢”之称，还有这么多名胜古迹！

乙：武汉郊区还有几处景点也不错。

甲：说说看。

乙：黄陂区的木兰山、木兰湖啊，新洲区的道观河啊，江夏区的森林公园啊……我一下子也数不完。这一次，我一定做好这个“地主”，让你一饱眼福！还有口福！

甲：好！谢谢！那我们就先登黄鹤楼吧！边游览边谈美食！

乙：好！跟我来！

★ 思考与讨论

1. 对话里包含了哪些音变现象？
2. 怎样读好轻声、儿化和“啊”变词语？

★ 知识链接

人们在口语表达时发出一连串的音节，形成语流。在语流中，音节与音节、音素与音素、声调与声调互相影响，使语音发生或多或少的变化，这种现象就叫语流音变。在普通话的语流中，常见的音变现象有变调、轻声、儿化、语气词“啊”的音变。

一、变调

普通话的四个声调是音节单读时的声调，因此也称为“字调”。在词语、句子中音节与音节相连，单个音节的声调发生的变化称为变调。这种变化是语流中语音的“异化”现象。普通话的变调主要有“上声”的变调，“一、不”的变调等。

【发音要领】

(一) 上声的变调

普通话上声字除单念或在词尾、句尾时声调不变外，其他情况都要发生变化。

1. 上声调在非上声调(阴平、阳平、去声、轻声)前，丢掉后半段“14”上升的尾巴，调值由 214 变为半上 21，变调调值描写为 214 - 21。例如：

上声调在阴平前：

鸟枪 niǎoqiāng　　扭亏 nǐukuī　　苦瓜 kǔguā

法规 fǎguī　　眼圈 yǎnquān　　水兵 shuǐbīng

上声调在阳平前：

海螺 hǎiluó　　搞活 gǎohuó　　改革 gǎigé

考察 kǎochá　　产值 chǎnzhí　　体罚 tǐfá

上声调在去声前：

野外 yěwài　　老化 lǎohuà　　审定 shěndìng

有益 yǒuyì　　典范 dǐanfàn　　彩照 cǎizhào

上声调在轻音前：

姐夫 jiěfu　　比方 bǐfang　　老实 lǎoshi

倒腾 dǎoteng　　老婆 lǎopo　　脑袋 nǎodai

(1) 两个上声相连时，前一个上声变成阳平，调值由 214 变为 35，变调调值描写为 214 -35。例如：

领导 lǐngdǎo　　懒散 lǎnsǎn　　手指 shǒuzhǐ　　古典 gǔdiǎn

旅馆 lǚguǎn　　粉笔 fěnbǐ　　简短 jiǎnduǎn　　耳语 ěryǔ

把柄 bǎbǐng　　靶场 bǎchǎng　　打扰 dǎrǎo　　感慨 gǎnkǎi

(2) 三个上声音节相连时，如果后面没有其他音节，也不带什么语气，末尾音节一般不变调，开头、当中的上声音节根据词语结构的不同，有两种变调：

当词语的结构是双音节＋单音节(“双单格”)时，开头、当中的上声音节变成阳平，调值变为 35，跟阳平的调值一样。例如：

手写体 shǒuxǐetǐ　　展览馆 zhǎnlǎnguǎn　　胆小鬼 dǎnxiǎogǔi

洗脸水 xǐliǎnshuǐ　　洗染厂 xǐrǎnchǎng　　农产品 nóngchánpǐn

当词语的结构是单音节＋双音节(“单双格”)时，开头音节处在被强调的逻辑重音时，读作“半上”，调值变为 211，当中音节则读作“阳平”，调值变为 35。例如：

冷处理 lěngchǔlǐ　　纸老虎 zhǐlǎohǔ　　小拇指 xiǎomǔzhǐ

(3) 多个上声相连时，“化整为零”，再依上述规律变调。例如：“我找/小组长”可读为“wózhǎo/xiǎozǔzhǎng”。

(二) “一、不”的变调

1. “一”、“不”读原调。“一”的单字调是阴平声 55，“不”的单字调是去声 51，在单念或处在词句末尾的时候，不变调。例如：

一、二、三 yīèrsān　十一 shíyī　第一 dìyī
统一 tǒngyī　划一 huàyī　惟一 wéiyī
不 bù　偏不 piānbù　决不 juébù

2. “一”有两种变调：

(1) 在去声音节前调值变为 35，读阳平。例如：

一半 yíbàn　一旦 yídàn　一定 yídìng
一度 yídù　一概 yígài　一共 yígòng

(2) 在非去声（阴平、阳平、上声）音节前调值变为 51，读去声。（以下“一”字标变调）例如：

阴平前：一般 yìbān　一边 yìbiān　一生 yìshēng
阳平前：一头 yìtóu　一直 yìzhí　一群 yìqún
上声前：一举 yìjǔ　一体 yìtǐ　一早 yìzǎo

注：当“一”作为序数表示“第一”时不变调。例如：“一楼”的“一”不变调，表示“第一楼”或“第一层楼”，而变调则表示“全楼”。“一连”的“一”不变调表示“第一连”，而变调则表示“全连”，副词“一连”中的“一”要变调，如“一(yì)连五天”。

3. “不”字有一种变调。“不”在去声音节前调值变为 35，读阳平（以下“不”字标变调）。例如：

不必 búbì　不变 búbiàn　不测 búcè
不但 búdàn　不定 búdìng　不错 búcuò

“一”嵌在重叠的动词之间以及“不”夹在动词或形容词之间、夹在动词和补语之间，都轻读，属于“次轻音”。由于“次轻音”的声调仍依稀可见，当“一”和“不”夹在两个音节中间时，不是依前一个音节变为轻声的调值，而是当音量稍有加强，就依后一个音节产生变调，变调规律如前。例如：

看一看　想一想　笑一笑　走一走　学一学
等一等　多不多　少不少　看不看　好不好
行不行　了不得　起不来　拿不动　打不开

【偏误矫正】

在语流中，上声和“一、不”该变调时没变调或不该变调时变调都为语音错误；变调后调值不对也是语音错误。变调后调值不到位是语音缺陷。例如：

党委　腐朽　抚养　感染
脚手架　分水岭　炒米粉　展览馆
一片　一缕　一丝　一阵阵
不愿　不幸　不平等　巴不得

【记忆方法】

普通话连读变调歌诀：

普通话“四声”，连读要变调。

两“上”前变阳；

"上"连"阴"、"阳"、"去"，
"上"都变"半上"。
"一"、"不"去声前：
一律变阳平；
"一"、"不"后连"阴"、"阳"、"上"：
读成去声把调降。

【综合练习】

1. 朗读词语

(1) 上声变调的词语

◇上声连读的词语

矮小　保守　保险　本领　彼此　笔者　表演　把柄　靶场　版本
饱满　宝塔　保姆　保养　堡垒　本土　匕首　比拟　补给　哺乳
采访　采取　产品　场所　处理　处女　赶紧　导演　岛屿　打搅
打扰　诋毁　抵挡　典礼　典雅　狗嘴　抖擞　短跑　短语　躲闪

◇上声与非上声相连的词语

敞开　可惜　喜欢　有机　启发　小山　土丘　丑石　陨石　可能
远航　返航　捧回　小学　等于　响晴　羽毛　讨厌　美丽　乞丐
可是　主动　准确　远处　水桶　祈祷　铲子　准备　眼睛　勇气
打电报　外祖母　不只是　冷气机　大理石　古人类
有理有据　少数民族　多种多样　暮鼓晨钟　精美绝伦

(2) "一"、"不"变调的词语

不必　不但　不当　不过　不良　不堪　不轨　不得已
不锈钢　从容不迫　不骄不躁　不屈不挠　不胫而走
一旦　一概　一方　一头　一次　一丝　一律　一缕　一队
试一试　尝一尝　进一步　一笔勾销　一见如故　一毛不拔
一模一样　一触即发

2. 朗读句子

(1) 我这鞋出了一点儿毛病，不知怎么搞的，一走路就一瘸一拐的，您帮我修一修。
(2) 你能快一点儿吗？不要耽误下午一点半的火车。
(3) 您坐一坐，稍等一会儿就行了。
(4) 这是一种新产品，要不您试一试。

3. 朗读绕口令

yí　yì　yí　yí　bú　bú　bù
(1) 一个老僧一本经，一句一行念得清，不是老僧爱念经，不会念经当不了僧。

bú　bú　bù　yì　bú　yí　yí　bú　bú
(2) 不怕不会，就怕不学。一回学不会再来一回，一直学到会，我就不信学不会。

bù
(3) 黄猫毛短戴长毛帽，花猫毛长戴短毛帽，不知短毛猫的长毛帽比长毛猫的短毛帽好，还是长毛猫的短毛帽比短毛猫的长毛帽好。

4. 朗读语段

记得在小学里读书的时候，班上有一位“能文”的大师兄，在一篇作文的开头写下这么两句：“鹦鹉能言，不离于禽；猩猩能言，不离于兽。”我们看了都非常佩服。后来知道这两句是有来历的，只是字句有些出入。又过了若干年，才知道这两句话都有问题。鹦鹉能学人说话，可只是作为现成的公式来说，不会加以变化。只有人们说话是从具体情况出发，情况一变，话也跟着变。

——节选自作品 27 号　吕叔湘《人类的语言》

二、轻声

轻声是一种特殊的变调现象。由于它长期处于口语轻读音节的地位，失去了原有声调的调值，又重新构成自身特有的音高形式，听感上显得轻短模糊。一般地说，任何一种声调的字，在一定的条件下，都可以失去原来的声调，变为轻声。

轻声作为一种变调的语音现象，一定体现在词语和句子中，因此轻声音节的读音不能独立存在。固定读轻声的单音节助词、语气词也不例外，它们的实际轻声调值也要依靠前一个音节的声调来确定。绝大多数的轻声现象表现在一部分老资格的口语双音节词中，长期读作“重・最轻”的轻重音格式，使后一个音节的原调调值产生变化，构成轻声调值。

【发音要领】

轻声音节发音是轻短模糊。语音实验证明，轻声音节特性是由音高和音长这两个比较重要的因素构成。从音长上看，轻声音节一般短于正常重读音节的长度，如果把轻声音节连同它前面的音节看成一拍的时值，那么前面的音节占四分之三拍，而后面的轻声音节只占四分之一拍；从音高上看，轻声音节失去原有的声调调值，变为轻声音节特有的音高形式，形成轻声调值，但并非“轻”得听不清发音。

普通话轻声音节的调值有两种形式：

1. 当前面一个音节的声调是阴平、阳平、去声的时候，后面一个轻声音节的调形是短促的低降调，调值为（调值下加横线表示音长短，下同）$\underline{31}$。例如：

阴平・轻声	他的 tāde	桌子 zhuōzi	说了 shuōle
	哥哥 gēge	先生 xiānsheng	休息 xiūxi
	哆嗦 duōsuo	姑娘 gūniang	庄稼 zhuāngjia
阳平・轻声	房子 fángzi	晴了 qíngle	胡琴 húqin
	活泼 huópo	粮食 liángshi	行李 xíngli
	萝卜 luóbo	泥鳅 níqiu	婆婆 pópo
去声・轻声	坏的 huàide	扇子 shànzi	骆驼 luòtuo
	丈夫 zhàngfu	漂亮 piàoliang	吓唬 xiàhu
	意思 yìsi	困难 kùnnan	豆腐 dòufu

2. 当前面一个音节的声调是上声的时候，后面一个轻声音节的调形是短促的半高平调，调值为 $\underline{44}$（实际发音受前面上声的影响，往往开头略低于 4 度，形成一个微升调形。）例如：

上声·轻声	喇叭 lǎba	脊梁 jǐliang	我的 wǒde
	耳朵 ěrduo	嘱咐 zhǔfu	口袋 kǒudai
	老实 lǎoshi	马虎 mǎhu	使唤 shǐhuan

【偏误矫正】

把轻声音节读成非轻声是语音错误。如：把“漂亮 piàoliang”读成“piàoliàng”就是语音错误。把非轻声音节读成轻声音节也是语音错误。如：把“座次 zuòcì”读作“zuòci”也都是语音错误。轻声音节“轻”“短”的程度不够是语音缺陷。在实际运用中有很多词语容易误读为非轻声词语。例如：

神气	炉子	咳嗽	他们	软和	体面
三个	铁匠	帽子	学生	力量	糊涂
晃悠	搅和	报酬	馒头	儿子	数落

【记忆方法】

1. 记住轻声词的分布规律

(1) 助词“的、地、得、了、过”和语气词“吧、嘛、呢、啊”等。如：他的、愉快地、走得动、说着、吃了、你呢、谁啊、放心吧、好吗。

(2) 叠音词和动词的重叠形式后面的字。如：弟弟、娃娃、星星、坐坐、等等、商量商量。

(3) 构词用的虚语素“子、头”和表示多数的“们”等。如：桌子、扣子、木头、馒头、我们、代表们。

(4) 用在名词、代词后面表示方位的语素或词。例如：山上、树下、柜子里、左边、外面。

(5) 用在动词、形容词后面表示趋向的词“来、去、起来、下去”等。如：进来、拿来、出去、上去、说出来、走过去。

(6) 量词“个”也常读轻声。如：一个、这个、哪个。

2. 注意分辨一些词语有轻声和非轻声两读现象。这些词读法不同意义不同，往往有区别词义和区分词性的作用。例如：

地道 dìdao	真正的、纯粹的意思，是形容词。
地道 dìdào	是地面下掘成的交通坑道，是名词。
精神 jīngshen	表现出来的活力；活跃，有生气。
精神 jīngshén	指人的意识、思维活动和一般心理状态；宗旨，主要的意义。

3. 掌握已固定下来的轻声现象(字典、词典已收录的)。

【综合练习】

1. 朗读词语

(1) 阴平·轻声

巴掌	差事	包袱	包涵	鞭子	拨弄
称呼	眯缝	答应	耽搁	铺盖	灯笼
提防	稀罕	东西	东家	嘟囔	风筝
疯子	甘蔗	高粱	膏药	疙瘩	跟头

(2) 阳平·轻声

篮子　累赘　篱笆　连累　凉快　聋子

粮食　明白　名堂　娘家　狍子　脾气

石榴　勺子　拾掇　石匠　行李　衙门

云彩　琢磨　咱们　橘子　裁缝　财主

(3) 上声·轻声

膀子　本事　扁担　想过　打算　耳朵

稿子　寡妇　幌子　我们　喇嘛　懒得

里头　脑袋　女婿　暖和　嗓子　使唤

怎么　爽快　铁匠　尾巴　稳当　小伙子

(4) 去声·轻声

壮实　帐篷　状元　笑话　唾沫　亲家

念叨　镊子　疟疾　冒失　困难　佩服

利索　热闹　见识　扫帚　吓唬　岁数

豆腐　唾沫　运气　刺猬　凑合　钥匙

2. 朗读句子

(1) 孩子们欢喜,大人们也忙乱。他们必须预备过年吃的、喝的、穿的、用的,好在新年时显出万象更新的气象。

(2) 一个孩子说,秋天的风,像把大剪刀,它剪呀剪的,就把树上的叶子全剪光了。

(3) 我看看父亲,不好意思地低下头。

3. 朗读绕口令

(1) 桃子李子梨子栗子橘子柿子榛子,栽满院子村子和寨子。

(2) 大车拉小车,小车拉石头,石头掉下来,砸了脚指头。

4. 朗读语段

在它沉默的劳动中,人便得到应得的收成。

那时候,也许,它可以松一肩重担,站在树下,吃几口嫩草。偶尔摇摇尾巴,摆摆耳朵,赶走飞附身上的苍蝇,已经算是它最闲适的生活了。

——节选自作品 46 号　(香港)小思《中国的牛》

三、儿化

普通话的儿化现象主要由词尾"儿"变化而来。词尾"儿"本是一个独立的音节,由于口语中处于轻读的地位,长期与前面的音节流利地连读而产生音变,"儿"(er)失去了独立性,"化"到前一个音节上,只保持一个卷舌动作,使两个音节融合成为一个音节,前面音节里的韵母或多或少地发生变化。这种语音现象就是"儿化"。我们把这种带有卷舌色彩的韵母称为"儿化韵"。

儿化是普通话极为常见的现象。普通话的 39 个韵母中有 36 个韵母都可以儿化。儿化以后,有些原来不同的韵母变得相同了。原有的 39 个韵母就变成了 26 个韵母。"儿化

韵”用拼音书写时，只写成 r，不写作 er。如“坡儿”写作“pōr”。

【发音要领】

儿化音变的基本性质是使一个音节的主要元音带上卷舌色彩。儿化韵的音变条件取决于韵腹元音是否便于发生卷舌动作。儿化音变是从后向前使韵腹(主要元音)、韵尾(尾音)发生变化，对声母和韵头(介音)“i-、ü-、u-”没有影响。儿化的实际发音分为三类：

实际读法	韵母类别	举例
ar	原来的韵母是 a、ai、an，加上韵头读成 ar、iar、uar、üar 四种形式	ar：刀把儿　小孩儿　笔杆儿 iar：豆芽儿　一点儿　小钱儿 uar：花儿　一块儿　好玩儿 üar：圆圈儿
er (或加上 er)	原来的韵母是 e、ei、en、ü、üe、ie、i、-i(前)、-i(后)，去掉韵尾加上韵头读成 er、ier、uer、üer 四种形式	er：椅子背儿　窍门儿　山歌儿 ier：小街儿 ier：小鸡儿　脚印儿 uer：麦穗儿　花纹儿 ür：金鱼儿 üer：木橛儿　红裙儿 -i(前)：铁丝儿 -i(后)：没事儿
ur (或发音略松的 ur)	带韵尾-u(-o)的韵母读作-ur，ao、iao、ou、iou 四个韵母儿化时，发略松一点儿的 ur	ur：白兔儿　泪珠儿 略松 ur：草稿儿　小鸟儿　小猴儿 打球儿
元音鼻化的卷舌音	韵母带有-ng 韵尾的韵母	ang：帮忙儿　药方儿　后晌儿 iang：唱腔儿　瓜秧儿　小箱儿 uang：蛋黄儿　天窗儿　竹筐儿 eng：板凳儿　绿灯儿　小瓮儿 ing：电影儿　花瓶儿　打鸣儿 ong：没空儿　胡同儿　酒盅儿

【偏误矫正】

儿化词语无卷舌色彩是语音错误。带儿化韵的音节是两个汉字一个音节形式，如果读成两个音节也是语音错误。如：把“事儿 shìr”读成“shì′ér”，就是错误的。发儿化音是一定要卷舌到位，卷舌色彩不够则是语音缺陷。例如：

栅栏儿　瓜瓤儿　拉链儿　聊天儿　夹缝儿

人影儿　照片儿　胡同儿　有劲儿　线轴儿

【记忆方法】

1. 表示细小、亲切或喜爱的感情色彩的词语，很多都需要或可以儿化。如：小孩儿、小皮球儿、小勺儿、苹果脸儿、老头儿。

2. 有些词语儿化与否可以区别词义或区分词性。如：

尖—物体的末端细小，形容词。

尖儿——物体锐利或细小的末端，名词。

盖——由上而下地遮掩，动词。

盖儿——器物上部有遮掩作用的东西，名词。

3. 并不是每个词尾是“儿”的词语都必须儿化，具体有以下两种情况：

(1)“儿”具有实在的语言意义时，不能儿化。例如：

婴儿、幼儿(“儿”意指小孩子)男儿(“儿”意指年轻人)

(2) 有时在一句话中，为了凑足音节，词尾为“儿”也不能儿化。例如：

花儿为什么这样红？

蝉儿高唱，稻花飘香。

【综合练习】

1. 朗读词语

(1) 原韵母不变直接卷舌动作的词语

号码儿　小猴儿　模特儿　丑角儿　大伙儿

好好儿　刀把儿　老头儿　面条儿　挨个儿

白兔儿　板擦儿　饱嗝儿　爆肚儿　干活儿

(2) 丢掉韵尾加卷舌或直接加卷舌动作的词语

小孩儿　一点儿　串门儿　扣眼儿　冰棍儿

好玩儿　聊天儿　墨水儿　本色儿　唱片儿

打盹儿　刀背儿　单弦儿　够本儿　快板儿

(3) 主要元音后边加卷舌或换成卷舌动作的词语

金鱼儿　瓜子儿　橘汁儿　针鼻儿

咬字儿　铜子儿　枪子儿　玩意儿

没事儿　树枝儿　没词儿　挑刺儿

(4) 元音鼻化后加卷舌动作的词语

药方儿　打鸣儿　鼻梁儿　透亮儿

应名儿　胡同儿　甜杏儿　蛋黄儿

板凳儿　油灯儿　门缝儿　没空儿

2. 朗读句子

(1) 树叶儿绿得发亮，小草儿也青得逼你的眼。

(2) 风还在一个劲儿地刮，吹打着树上可怜的几片叶子，那上面，就快成光秃秃的了。

(3) 拒马河趁人们看不清它的容貌时豁开了嗓门儿韵味十足地唱呢！

3. 朗读绕口令

(1) 小姑娘，红脸蛋儿，红头绳儿，扎小辫儿，黑眼珠儿，滴溜儿转，手儿巧，心眼儿好，会做袜子会做鞋儿，能开地，能种菜，又会浇花儿又做饭。

(2) 进了门儿，倒杯水儿，喝了两口儿运运气儿。顺手拿起小唱本儿，唱一曲儿，又一曲儿，练完了嗓子我练嘴皮儿。绕口令儿，练字音儿，还有单弦儿牌子曲儿；小快板儿，大鼓词儿，又说又唱我真带劲儿。

4. 朗读语段

孩子们准备过年，第一件大事就是买杂拌儿。这是用花生、胶枣、榛子、栗子等干果与蜜饯掺和成的。孩子们喜欢吃这些零七八碎儿。第二件大事是买爆竹，特别是男孩子们。恐怕第三件事才是买各种玩意儿——风筝、空竹、口琴等。

——节选自作品 1 号　老舍《北京的春节》

四、“啊”变

语气词“啊”在口语中往往出现在句末和句中停顿处，它会受到前面一个音节的末尾的音素的影响而发生音变。我们把这种变化，叫作语气词“啊”的音变。

【发音要领】

“啊”变的读音取决于“啊”的前一个音节的末尾音素，把该音素当作“ɑ”的韵头或声母，二者组合在一起的实际读音，就是“啊”变的读音。发音时，只要根据“啊”变的规律，记住能与前面音节韵尾相组合则拼读，不能与前一音节韵尾相拼的则读作“yɑ”便可。读音时轻读并读得自然。例如：

音节末尾因素	读作	汉字写作	举例
ɑ、o(ɑo、iɑo 除外) e、i、ü、ê	yɑ	呀	他呀、我呀、鸡呀、车呀、洗呀、鱼呀、写呀
u(ɑo、iɑo)	wɑ	哇	哭哇、好哇、笑哇
-n	nɑ	哪	看哪、穿哪、紧哪
-ng	ngɑ	啊	香啊、唱啊、行啊
-i(前)	sɑ	啊	孩子啊、自私啊、几次啊
-i(后)、er、儿化韵	rɑ	啊	是啊、店小二啊、开门儿啊

【偏误矫正】

把语气词“啊”仍读作“ɑ”，或随意变读都是语音错误。如：把“说啊 shuō yɑ”读作“shuō wɑ”。

【综合练习】

1. 朗读词语

(1) “啊”读作“yɑ”

真美啊(呀)　很多啊(呀)　好车啊(呀)
注意啊(呀)　祝贺啊(呀)　争取啊(呀)
唱歌啊(呀)　真白啊(呀)　努力啊(呀)

(2) “啊”读作“wɑ”

快走啊(哇)　多好啊(哇)　别哭啊(哇)
跳舞啊(哇)　真巧啊(哇)　可笑啊(哇)
好书啊(哇)　没有啊(哇)　太小啊(哇)

(3)“啊”读“na”

抓紧啊(哪)　好人啊(哪)　小心啊(哪)
简单啊(哪)　真准啊(哪)　弹琴啊(哪)
壮观啊(哪)　认真啊(哪)　洗脸啊(哪)

(4)“啊”读“nga”

真香啊　太脏啊　不能啊　可敬啊
做梦啊　增光啊　多想啊　真忙啊
珍重啊　上苍啊　凉爽啊　好冷啊

(5)“啊”读“ra”

快吃啊　女儿啊　第二啊　悦耳啊
树枝啊　笔直啊　水池啊　有事啊
可耻啊　鱼翅啊　老师啊　历史啊

(6)“啊”读“sa”

写字啊　几次啊　如此啊　深思啊
告辞啊　公司啊　有刺啊　真丝啊
老四啊　诗词啊　相似啊　赏赐啊

2. 请按照“啊”变规律读出下列词语

一啊　二啊　三啊　四啊　五啊
六啊　七啊　八啊　九啊　十啊
风啊　雨啊　轻啊　叫啊　成啊

3. 朗读句子

(1) 我怔住,抬头看树,那上面,果真的,爬满阳光啊(nga),每根枝条上都是。

——节选自作品 12 号《孩子和秋风》

(2) 是啊(ra),如果我们在生活中能将心比心,就会对老人生出一份尊重,对孩子增加一份关爱,就会使人与人之间多一些宽容和理解。

——节选自作品 17 号《将心比心》

(3) 在它看来,狗该是多么庞大的怪物啊(wa)!

——节选自作品 22 号《麻雀》

4. 朗读绕口令

(1) 鸡啊,鸭啊,猫啊,狗啊,一块儿水里游啊!
牛啊,羊啊,马啊,螺啊,一块儿挤鸡窝啊!
狼啊,虫啊,虎啊,豹啊,一块儿街上跑啊!
兔啊,鹿啊,鼠儿啊,孩儿啊,一块儿上窗台儿啊!

(2) 啪!啪!啪!谁啊?张国老啊!
怎么不进来啊?怕狗咬啊!
衣兜儿里装的什么啊?大酸枣啊!
怎么不吃啊?怕牙倒啊!

胳肢窝里夹着什么啊？破棉袄啊！
怎么不穿啊？怕虱子咬啊！
怎么不叫你老伴儿给拿啊？
老伴儿死得早啊！
得了，我把狗打死了，下酒正好啊！

第二部分　普通话水平测试应考技巧

任务一　普通话水平测试概要

★ 训练目标

1. 了解国家普通话水平测试的性质和作用。
2. 了解国家普通话水平测试的等级标准、内容和考试方式。

★ 任务设定

观看国家普通话水平测试的流程演示动画片。

★ 思考与讨论

1. 你知道国家普通话水平测试的流程特点吗?
2. 怎样才能更好地应对国家普通话水平测试?

★ 知识链接

一、普通话水平测试的性质、作用

普通话是中华人民共和国国家通用语。推广和普及普通话是国家的基本语言政策。普通话水平测试是推广普通话的重要举措。

《中华人民共和国宪法》规定:“国家推广全国通用的普通话。”2000 年 10 月 31 日,第九届全国人民代表大会常务委员会第十八次会议通过了《中华人民共和国国家通用语言文字法》,并于 2001 年 1 月 1 日正式实施。它“是我国第一部语言文字方面的专项法律,它体现了国家的语言文字方针、政策,科学地总结了新中国成立 50 多年来的语言文字工作的成功经验,第一次以法律的形式明确了普通话和规范汉字作为国家通用语言文字的地位,对国家通用语言文字的使用做出了规定”。这项法律不仅再次明确了“国家推广普通话”(参见第三条),并且载入了有关普通话测试的条款。该法第十九条规定:“凡以普通话作为工作语言的岗位,其工作人员应当具备说普通话的能力。”该条第二款规定:“以普通话作为工作语言的播音员、节目主持人和影视话剧演员、教师、国家机关工作人员的普通话水平,应当分别达到国家规定的等级标准;对尚未达到国家规定的普通话等级标准的,分别情况进行培训。”

普通话水平测试作为一种语言测试写入国家法律,说明它不是某个行业、某个机构、某个部门的行为,它是国家立法执法行为。各级政府机构、有关行业、有关部门在进行普

通话培训和测试时，要明确这种国家法律意识。该法在第二十四条还规定："国务院语言文字工作部门颁布普通话水平测试等级标准。"这个规定说明普通话水平测试执行全国统一的等级标准。

普通话水平测试的积极作用就是推动全国普通话的普及，促进推广普通话工作走向制度化、规范化、科学化，促进全社会普通话水平的提高。

普通话水平测试是对应试人掌握和运用普通话所达到的规范程度的检测，是一种标准参照性或者说达标性测试，主要侧重于语言形式规范程度，不是语言知识测试，也不是表达技巧测试，更不是文化水平考试，尽管它跟知识、表达技巧、文化水平都有一定的关系。普通话水平测试是对有一定文化的成年人语言运用能力的测试，这种语言运用能力主要指从方言转到标准语的口语运用能力，即应试人按照普通话语音、词汇、语法规范说话的能力。所以，普通话水平测试就是对应试人掌握和运用普通话所达到的规范程度的检测，着眼于应试人已经达到普通话的哪一级哪一等，从而确定应试人是否达到工作岗位所要求的最低标准，为逐步实行持证上岗制度服务。因此，普通话水平测试实际上也是一种资格证书考试。

二、普通话水平测试等级标准

普通话水平测试分为"三级六等"。即一级甲等、一级乙等，二级甲等、二级乙等，三级甲等、三级乙等。

一级普通话是标准普通话。

一级甲等：非常标准、纯正，不允许有系统性的语音错误和系统性的语音缺陷。朗读和交谈时，语音标准，词汇语法正确无误，语调自然，表达流畅。测试总失分率在3%以内，得分97分或97分以上。

一级乙等：语音标准程度略逊于一级甲等，但也还是标准普通话。不允许有系统性语音错误和缺陷，但允许有少量语音失误或缺陷。测试总失分率在8%以内(92～96.9分)。

二级是比较标准的普通话。

二级甲等：在朗读和自由交谈时，声母、韵母、声调的发音基本标准，语调自然，表达流畅。少数难点音(平翘舌音、鼻边音、前后鼻韵母等)有时出现失误或有系统性缺陷。词汇、语法极少失误，测试总失分率在13%以内(87～91.9分)。

二级乙等：朗读和自由交谈时，声调有系统性错误或缺陷，声母、韵母难点音失误较多，有使用方言词汇、语法现象，方音语调较明显。测试总失分率在20%以内(80～86.9分)。

三级是一般的普通话，即不标准的普通话。

三级甲等：朗读和自由交谈时，声母韵母发音失误多，调值多不准确，方音语调明显。词汇、语法有失误。测试总失分率在30%以内(70～79.9分)。

三级乙等：朗读和自由交谈时，声韵调失误多，方音特征突出，方言语调明显。词汇、语法失误较多，表达不流畅。测试总失分率在40%以内(60～69.9分)。

不入级

语音呈现出的状态基本上就是方言，或测试总失分率超过40%，得分低于60分者，不能进入普通话等级。

三、普通话水平测试对象和等级要求

1. 国家机关工作人员应达到三级甲等以上水平；

2. 教师应达到二级以上水平，其中语文教师、幼儿园教师和对外汉语教学教师应当达到二级甲等以上水平，普通话教师和语音教师应当达到一级水平，学校其他人员应当达到三级甲等以上水平；

3. 播音员、节目主持人和影视话剧演员应当达到一级水平，其中省级广播电台、电视台的播音员和节目主持人应当达到一级甲等水平；

4. 公共服务行业从业人员应当达到三级以上水平，其中广播员、解说员、话务员、导游等特定岗位人员应当达到二级以上水平；

5. 高等院校和中等职业技术学校的毕业生应当达到二级以上水平。

四、普通话水平智能测试的内容

《普通话水平测试实施纲要》规定：普通话水平测试方式“一律采用口试”。

普通话水平测试共有四项内容（注：根据国家《普通话水平测试实施纲要》中的规定及湖北省各地区的实际情况，免去“选择判断”测试项）：

（一）读单音节字词。共有 100 个音节，其中不含轻声、儿化音节，限时 3.5 分钟，共 10 分。本项测试的目的是测查应试人声母、韵母、声调读音的标准程度。

（二）读多音节词语。共有 100 个音节，限时 2.5 分钟，共 20 分。本项测试的目的是测查应试人声母、韵母、声调和变调、轻声、儿化读音的标准程度。

（三）朗读短文。朗读 400 个音节的一篇短文，限时 4 分钟，共 30 分。本项测试的目的是测查应试人使用普通话朗读书面作品的水平。在测查声母、韵母、声调读音标准程度的同时，重点测查连读音变、停连、语调以及流畅程度。

（四）命题说话，限时 3 分钟，共 40 分。本项测试的目的是测查应试人在无文字凭借的情况下说普通话的水平，重点测查语音标准程度、词汇语法规范程度和自然流畅程度。

五、普通话水平智能测试流程

国家普通话水平测试（以下简称“水平测试”）与原来人工测试相比有诸多的不同，应试者将通过计算机完成全部测试。测试的第一项“读单音节字词”、第二项“读多音节词语”和第三项“朗读短文”，由计算机完成测试评分，而第四项“命题说话”是由普通话水平测试员根据应试者的录音在网上进行评分。水平测试的前三项得分，加上测试员人工评定的第四项评分，即应试者最后的测试得分。根据应试者的得分，再确认其普通话水平等级。

考试时，应试者要经过候考→检录→测试→离开考区等几个环节，每个环节都有相应的要求，特别是在测试环节，应试者如何上机，如何进入测试系统，如何试音，如何开始每一项测试等都需小心，操作失误将导致测试失败。下面根据机辅测试的流程，我们来看一看都有哪些注意事项。

（一）候考室候考

1. 应试人必须在准考证规定的时间提前30分钟进入候测室报到。迟到15分钟以上者按缺考处理。

2. 应试人需交验准考证和有效身份证，双证不齐者，不得参加测试。考务人员按报到顺序对应试人分组编号，等待机器设备识别二代身份证、照片采集。

3. 应试人应仔细阅读《普通话水平测试应试指南》和《普通话水平测试考场规则》。认真观看普通话水平测试演示动画片，熟悉测试软件的操作要领。

4. 应试人须听从工作人员安排，不得在候测室大声喧哗。

5. 应试人按编号由工作人员引导进入检录室。

（二）检录室验证身份

1. 在测试工作人员的带领下进入检录室。

2. 听从测试工作人员指挥，按顺序进行二代身份证扫码、照片采集。

3. 按照系统随机编排的机位号排队，等待进入备测室。

4. 应试人须听从工作人员安排，不得在检录室大声喧哗。

（三）测试室上机考试

1. 按照测试工作人员的要求妥善存放好测试时禁止携带的物品（手机、复习资料等）。考场内不得携带复习资料、录音（录像）器材等，关闭通信工具，手机放在指定位置，不得带进备测室和测试室，否则视为违纪。

2. 应试人在工作人员引导下携带准考证和身份证，按照系统随机编排的机位号有秩序地进入对应的测试室。

3. 应试人就座并戴好耳机，严格按照普通话测试系统的提示进行操作和测试。

4. 测试过程中，除正常的测试操作外，应试人不得进行其他操作，更不允许更改计算机系统设置。如造成计算机及其配件的损坏，应试人须承担相应的赔偿责任。

5. 测试中如出现异常情况，应试人要及时告知考务人员，并请其协助解决。

6. 测试完毕，请将耳机放回原处，并经考务人员允许后迅速离开考场。

7. 应试人须听从工作人员安排，不得在备测室大声喧哗。

8. 测试过程中，如发现应试人有作弊行为，如请人代考，携带复习资料、录音器材进入测试室，或查看手机等通信工具的，将取消本场考试资格，成绩以零分计。除按有关条例进行处分外，考生一年内不能参加普通话水平测试。

六、国家普通话水平智能测试操作提示

机辅测试过程中，应试人必须严格按照操作程序提示，逐项完成测试内容及相关操作：

考生登录→核对信息→试音→测试→结束考试

（一）考生登录

屏幕出现登录界面后，应试人以人脸识别的方式登录系统。

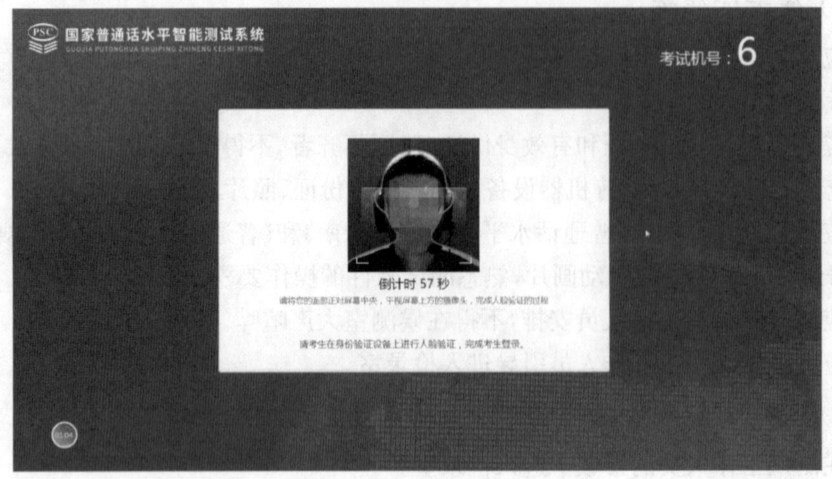

（二）佩戴耳机

应试人进入测试室就座后，考试机屏幕上会提示“请佩戴好您的耳机，等待试音指令”字样。应试人戴耳机时，要按照考务人员讲解的方法操作，注意佩戴方法，避免野蛮操作。戴好耳机后，将话筒调节到嘴巴侧前方 2～3 厘米距离处，不要手扶话筒。

（三）自动试音

进入试音界面，应试人在提示语结束并听到“嘟”的一声后，可开始用正常说话的音量朗读主屏中随机出现的试音内容。系统会根据应试人的朗读自动调节，以适应应试人的音量。下图为自动试音界面。

如果试音失败，系统会出现“试音不成功，需要再次试音”的提示。应试人点击“确认”按钮，提高说话音量，再进行一次试音。

如果第二次试音仍然不成功，系统会出现“试音失败，请联系监考老师！”的提示框。这时，应试人继续点击“确认”按钮，并与监考老师联系，监考老师会进行妥善处理。

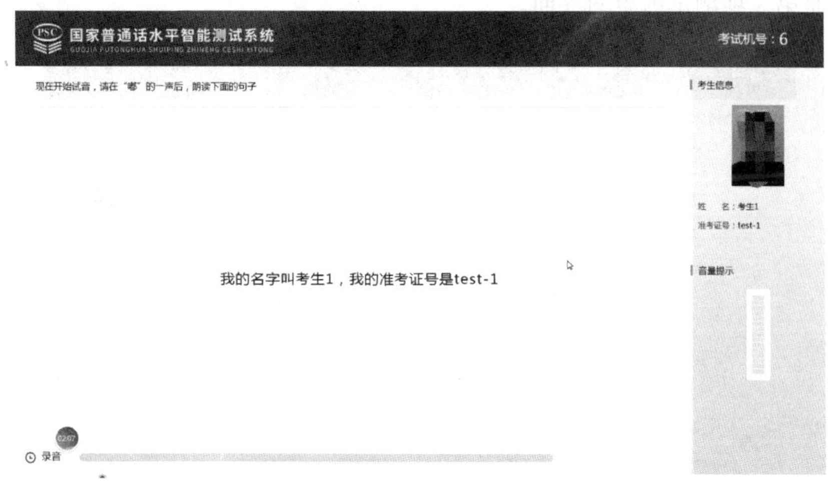

（四）开始测试

进入这个环节时，说明应试人已经进入四项测试内容的考核阶段。应试人要注意以下几个问题：

1. 智能测试共有四个测试项，每个测试项开始时都有一段语音提示，语音提示结束后会发出“嘟”的结束提示音，这时应试人才可以开始测试。

2. 测试过程中，应试人应该做到吐字清晰、语速适中，音量与试音时保持一致。

3. 测试过程中，应试人应根据屏幕下方时间提示条的提示，注意掌握时间。如果某项试题时间有余，可单击屏幕右下角的“下一题”按钮，则进入下一项测试。如果某项测试规定的时间用完，系统会自动进入下一项试题。

4. 测试过程中，应试人不能说该测试项以外的其他内容，以免影响评分。

5. 测试过程中，如有计算机硬件或测试程序软件方面的问题，应试人应告知考务人员，请监考老师予以解决。

下面是第一项测试内容的界面。

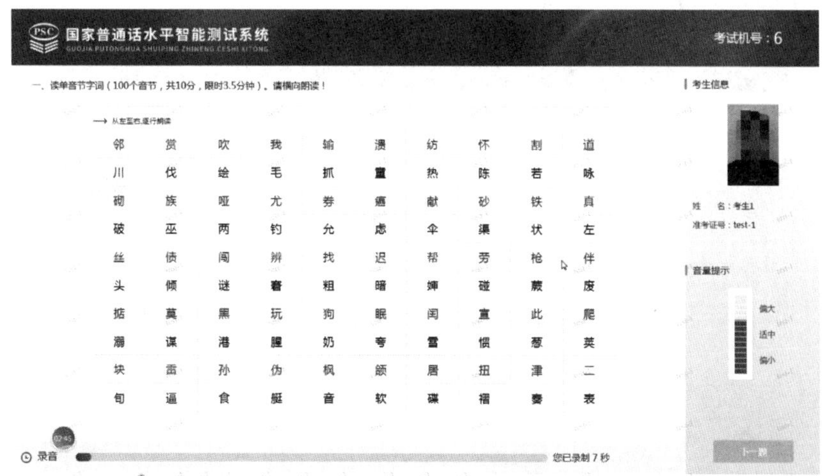

下面是第二项测试内容的界面。

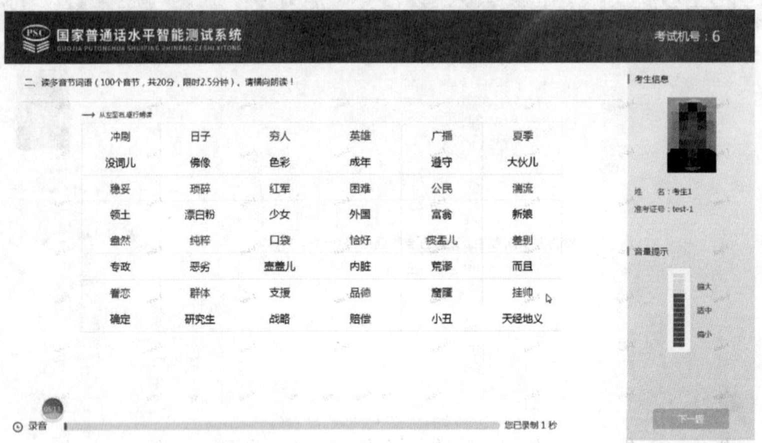

下面是第三项测试内容的界面。

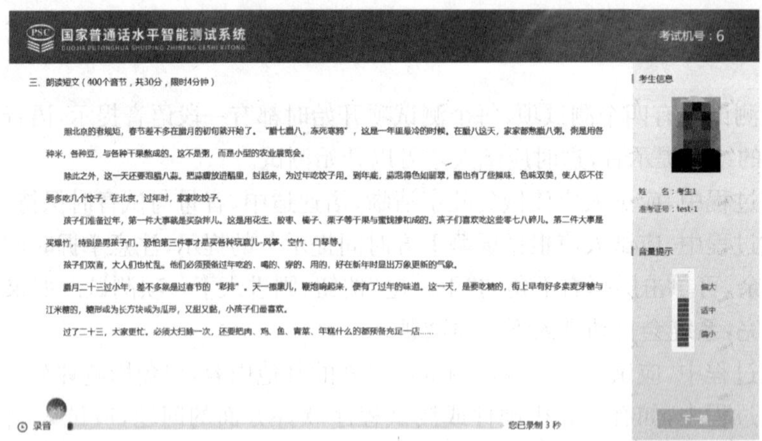

下面是第四项测试内容的界面。两个命题说话题目需要在 10 秒内用鼠标勾选，如果没有勾选，系统默认为第一个题目。

（五）测试结束

应试人依次完成四项测试后，系统会自动弹出“您已完成考试 请摘下耳机 安静离开”字样的提示框，表示已经成功结束本次考试。请应试人摘下耳机，安静离开测试室，拿好自己的物品离开考场。

下面是考试结束时的界面。

任务二　第一项测试应考技巧

★ 训练目标

1. 能够自如应对第一项“读单音节字词”的测试。
2. 把握第一项测试的朗读技巧。

★ 任务设定

听录音——普通话水平测试第一项模拟试题。

★ 思考与讨论

1. 在朗读普通话水平测试第一项试题时，应该注意哪些问题？
2. 在应对第一项测试时，我们应该掌握哪些应考技巧？

★ 知识链接

在普通话水平测试时，要想取得好成绩，应试人要努力学好普通话，真正提高普通话水平。同时，要了解水平测试的每个环节，弄懂测试要求，掌握测试应对技巧，减少不必要的失分。

一、积极参加考前培训

在报名工作完成后，各个测试机构一般都将会组织应试人参加考前培训。各个测试机构会聘请有经验的培训教师，对应试人进行与水平测试相关的技能培训。如让应试人了解考试流程和上机操作要领，针对已报名的应试人的普通话基础进行强化训练等。应试人在此阶段要抓住积极备考的好时机，具体要做好如下准备：

1. 认真练习

要想取得理想的成绩，应试人必须针对自己的实际情况，抓住重点，突破难点，进行强化训练。把知识转化为技能，并使技能运用得较为熟练。要通读普通话测试的字、词、文章等语言材料，对50个说话题目仔细研究和归纳，甚至是提前写好大纲、反复练说。

除了培训学习之外，还要利用业余时间去学习，针对自己语音的难点，进行重点训练。训练中要注意听说互助，即要把听辨与读说结合起来。辨别自己的发音与标准音的差距，反复练习，纠正方音。

2. 进行模拟测试

模拟测试的目的是检测平时学习的成果，也是为了适应正式测试的环境和程序。测试的程序是先朗读后说话。临场指定的朗读篇目和临场说话，最能考查出应试人的普通话基础和实际水平，也能检测应试人的灵活应变能力。因此，练就扎实的基本功是最重要的。模拟测试可以检测自己普通话的水平，还可以提前熟悉考试流程，这样可以估量自己的普通话水平达到了什么程度，知道自己的不足，便于进一步有针对性地进行训练。

二、掌握应考基本技巧

应试人平时的学习和训练是取得理想成绩的保证，而考前应考的注意事项也是每个

考生必须掌握的，否则会有不必要的失分。

1. 调整情绪、轻松应考

由于机辅测试不同以往人工测试，是置身于封闭的测试室，自己独立面对冰冷的机器无人交流，可能有些应试人难免心情紧张，本来是胸有成竹的，但由于不适应这种考试方式，最后不能正常发挥。有的人惧怕考试的氛围，怕见到监考老师等。因此，应试人应该调整好自己的心态，既不要胆怯、慌张，也不能太随便或不重视，要沉着冷静，从容应试，考出好等级。调整心态的基本方法，有以下几点：

（1）心理暗示法

可以在内心提示自己：我已经进行了充分的准备，所有的训练项目我都认真练习了，所有的难点问题我都解决了，并且进行了模拟测试。正式测试不可怕，我一定能考出好成绩。在这个房间里我可以大声说话，没有人干扰我……总之，以积极的心理状态提醒自己——我一定能行！千万不要强化那些不利因素，给自己带来心理压力。

（2）深呼吸法

深呼吸法就是吸满一口气，慢慢吐出，重复3～5次。按照生理学的观点，深呼吸能给体内增加充足的氧气，减缓心跳的速度，平衡心态。不少人心情紧张，心慌意乱，不妨试一试。

（3）"目中无人"法

有的考生害怕陌生人，害怕监考老师等。测试时可以这样暗示自己：我是本场考试的主人，我的普通话水平是非常好的；监考老师是为我服务的，他们都希望我考好，没什么理由怕他们等。不要把考务人员"放在心上"，即不要过分在乎他们的一举一动、一言一行，把注意力集中在如何读好说好每一题上面。

测试时，如果出现计算机设备故障等问题，导致无法测试也不要紧张，要及时向监考老师反映情况，监考老师会妥善处理。应试人要听从考务人员的安排，准备再次考试。

以上调整心态的方法只是辅助性的，关键还是应试人要内心强大。平时下了功夫，准备充分，普通话水平真正提高了，才会自信满满。

2. 调整音量、速度适中

试音是水平测试的一个重要环节。应试人要正确佩戴好耳机，将话筒调节到嘴巴侧前方2～3厘米距离处，不要离话筒过近，以免造成"喷话筒"现象。也不要手扶话筒，否则出现杂音影响电脑系统对语音的识别；也不能离话筒太远，否则会导致声音细弱无法采集。测试过程中，要轻拿轻放耳机，不要随意摆弄和调试，也不要随意触摸话筒、电源线、网线等设施，以免产生杂音或造成数据传输失败，影响测试成绩。

试音和测试时的用声大小要尽量保持一致，应采用中等音量，要注意观察试音和测试时界面右侧的音量提示，灯柱的最高点以居于中间"适中"范围为宜。同时，声音不要忽大忽小，也不要忽快忽慢，以免影响录音质量。

3. 控制时间、避免错漏

前三项测试须从左至右横向朗读，朗读时不要漏字、漏行、错行或重复读同一行。测试系统在第一项"读单音节字词"的排列上采用黑色字体和蓝色字体间隔排列的形式，一定程度上可以避免漏行、跳行现象。应试人在朗读前三项换行时，可稍微放慢速度，看清后再读。

第一项和第二项测试时，应试人如果发现个别字词读错了可以改读，系统评分时可以自动识别，但应在该字词读完后马上改读，不能隔字甚至是隔行改读。第三项朗读短文则不能回读改正，否则系统会依据评分规则进行扣分。

水平测试的每一项都有时间限定，第一项不能超过 3.5 分钟，第二项不能超过 2.5 分钟，第三项不能超过 4 分钟，否则电脑系统会自动跳入下一个界面，本部分考试将无法圆满完成。测试时，应试人要留意屏幕下方的时间滚动条，合理控制每一项的用时。其实，前三项所给的时间都比较充裕，应试人一般都不会超时。每考完一项后，应及时点击“下一题”按钮进入下一项的测试，以免录入过多的空白音或环境杂音。第四项命题说话必须说满 3 分钟，否则将依据评分标准扣缺时分。

总之，应试人在考前需要做必要的相应的准备，掌握临场应试技巧，避免不必要的失分。

三、单音节字词应试技巧

智能测试第一项内容是读单音节字词 100 个音节，其中不含轻声、儿化音节，限时 3.5 分钟，本题共 10 分。这项测试的目的是测查应试人声母、韵母、声调读音的标准程度。

读单音节字词是普通话水平测试中的基础检测。在这 100 个音节中，每个声母的出现一般不少于 3 次，每个韵母的出现一般不少于 2 次，4 个声调出现次数大致均衡。读错一个音节(该音节的声母、韵母或声调)扣 0.1 分，读音有缺陷每个音节扣 0.05 分。

(一) 读单音节字词声韵调要标准

1. 声母要发准

声母要发准，是指发音要找准部位，方法正确。比如 zh、ch、sh、r 和 z、c、s，一个是舌尖翘起来，抵硬颚前端；一个是舌头放平，舌尖前伸。这两组音都不能介于两个音之间，更不能互相混淆。f 和 h，一个是唇齿音，一个是舌根音，一个发音部位在前，一个发音部位在后，不能不分。“肚子饱了”和“兔子跑了”，发音部位相同，但方法不同，d 是不送气音，t 是送气音。

【训练】

读单音节字词

薄　彩　谬　烹　融　镀　毡　远　询　稳　烫　栓

绿　筐　凝　景　蘸　椒　航　尊　缝　笋　城　剑

庇　哺　沸　鹅　概　穗　喷　酿　畔　秘　券　族

2. 韵母要到位

韵母有单韵母、复韵母和鼻韵母，单韵母发音时，唇舌等部位无动程，吐字如珠，不拖泥带水。复韵母和鼻韵母都要有动程，变化自然，归音要到位，发出来的音要圆润。除此之外，还要注意唇形的变化，口腔的开闭，口腔开度的大小，唇形的圆展，舌位的前后等，都应该到位，不能虎头蛇尾。

【训练】

读下列字词,注意口腔、舌位、唇形要到位。

停 进 常 送 决 想 段 孙 庄 能 甩 穷 赞

审 赛 给 宣 寻 贴 假 妙 笛 许 族 耳 迟

撞 女 觉 熏 群 动 吕 兄 略 准 同 翁 绢

3. 声调要发全

这里需重点强调阳平和上声字的发音。阳平调是中升调,调值是35,尾部较高,是个上扬的调形。朗读阳平调时,一定注意尾部送到“5”的高度,否则阳平调没发全,不圆满。上声是降升调,先降后升,调值是214度,是全上。如果发音的时候只降不升,调型就成了降调,调值成了21度,是半上。读单音节字词时,要读上声调的曲折性特征,尾部要送到“4”这个半高处,否则是错误或缺陷。在朗读文章和说话的语流中可以读半上。

【训练】

读下列汉字,注意声调要读全。

书 马 社 直 渴 灼 刹 技 菊 热 骨 托 剧

铁 摘 活 录 挖 笔 铡 毒 眨 浴 吸 熟 测

缩 北 作 从 日 生 条 绑 才 折 粗 原 里

(二) 从左至右横读

100个单音节字词,一般分为10行,每行10个字。朗读时从第一排起,从左至右地朗读,不要从第一个字起从上往下朗读。

(三) 注意多音字的读法

单音节字词中有不少是多音字,朗读时,念任何一个音都是对的。但尽量要读出该字的常用读音。

【训练】

根据语境读下列多音节字。

把(握)　(咀)嚼　(供)给　模(样)　量(体裁衣)

(厚)朴　(反)省　着(落)　(首)都　冲(床)

(四) 不误读形近字

汉字的形体很多是相近或相似的,认读时,稍不注意很容易读错。形近字误读有两种情况,一是有的人朗读过快,“看走了眼”,如把“太”读作“大”。二是有些日常生活中不多用的字,在单独朗读该字,没有语境参考的情况下,很容易读错。比如把“赅”读成“骇”等。除了细心分辨,还要加强认读训练。

【训练】

读下面的形近字,注意它们声韵调的差异。

啤——碑　坚——竖　游——漩　馅——掐

矩——短　冠——寇　嗑——磕　屯——吨

佘——余　均——匀　拔——拨　巢——缫

(五) 速度适中,把握节律

朗读单音节字词时,只要每个音节读完整,一个接一个地往下读,就不会超时。有的人担心时间不够,快速抢读,有的字未读完全就被“吃”掉了,降低了准确率,因此切忌抢读。朗读也不能太慢,不能每一个字都揣摩或试读,速度太慢,说明基础太差,不熟练,准备不足。而超时则要一次性扣分。

(六) 读错了及时纠正

有时因为口误把字读错了,可以纠正,不计错误。如果对有的字没有把握读错了,不必再去想它,以免影响后面的朗读。

【综合训练】

请朗读下面的单音节字词模拟题,每题控制在 3.5 分钟内完成。

(一)

爱　得　回　弄　白　等　较　念　板　鹅
空　飘　茶　而　矿　匹　趁　浮　梨　枪
吃　高　俩　却　次　拐　连　日　从　句
灭　软　打　黑　磨　外　当　化　内　兄
击　泉　拽　绷　驾　若　舱　看　嗡　测
寺　恩　夸　搜　非　鸣　虽　否　捏　筝
瓜　品　屯　护　泼　厅　荒　勤　秃　羞
使　悦　须　群　下　跳　球　玄　玉　杂
列　枕　用　暂　原　周　广　晕　弯　簸
耳　说　钻　烧　作　棉　志　相　纫　赎

(二)

饿　箫　苏　蛆　腹　别　坡　捺　贫　妥
女　人　蟹　膘　膜　标　通　讯　揣　妾
肯　词　腌　缩　决　褪　鸣　胞　裆　舔
挪　瘸　混　较　港　氧　蒜　绿　乖　牛
判　眨　襄　摔　晕　从　瓶　肥　置　牵
吹　冤　逛　低　淌　舌　二　梯　疮　劝
挖　您　逢　嗑　尺　秦　损　俊　款　男
某　号　定　毁　胸　增　扇　修　铐　塔
囊　翁　染　耍　辙　晒　揉　渗　操　剜
偿　宰　鸥　槛　瞪　伞　委　逮　晾　托

(三)

涩　堵　粪　饼　砚　抵　夏　陕　酱　乔
帆　字　斟　阅　挖　怎　帽　取　撰　蹲
锤　万　腮　迟　困　伏　扔　儿　炼　明
烈　烤　偏　甲　凑　轮　扭　荣　掏　昂
拱　察　纺　捐　谷　擦　块　黑　奴　披

受　雄　恩　嚷　柴　忧　匀　搓　谓　腔
铝　锥　选　词　薰　至　光　寝　程　踩
禾　探　憎　瓢　厅　幂　王　均　某　东
级　鸟　岁　塔　多　萍　卧　北　投　雪
育　寡　莫　偿　永　鬓　淮　卵　驳　噎

（四）

钓　惹　自　允　儿　粒　癣　尊　苇　钟
屡　盯　呕　眶　淤　环　孙　劳　荒　神
站　果　氨　塔　旺　绞　跪　弥　猜　繁
日　图　炕　池　藻　用　海　浓　新　蝇
筑　棚　辩　灰　鼻　镇　叼　次　乖　内
膜　炒　派　诀　犬　频　爽　晨　刷　绺
纹　挎　肥　缺　软　窃　苍　纵　锡　雅
性　诚　腔　裂　鳃　逢　颇　灌　翁　索
兼　洒　防　涩　甩　辙　古　旁　鬓　蜗
爸　炯　牛　请　娘　出　特　某　烧　点

（五）

窗　德　允　儿　夏　琴　踹　凝　揪　盐
逗　边　爽　特　妆　癣　融　钙　永　刷
洪　润　催　外　帆　洁　卵　出　死　廖
躺　耕　款　陪　朵　持　许　榻　肿　碳
傻　冯　捐　牛　勉　层　逼　凭　我　蝶
幼　倪　厂　奏　盎　病　寅　住　匪　字
摸　拢　鬓　栓　女　锐　环　订　仰　例
山　买　哭　巧　凑　寡　艘　嫁　湿　酿
捧　穷　矮　瘸　贞　螯　波　联　撅　门
幅　孙　阔　遭　讯　黑　个　翁　准　齐

（六）

跳　旁　斟　表　安　准　厩　癣　佩　双
冗　握　凝　判　拐　臣　耍　编　柳　酱
口　浪　吃　统　颇　订　搔　扩　墙　酥
娶　摘　炯　室　比　洽　油　方　盆　擦
瘸　允　绝　赏　农　亏　槐　薪　迈　协
某　耕　竖　枣　注　谜　锯　凹　缘　歌
倪　撑　腿　犁　冰　罪　冯　润　德　蕊
拨　演　花　肉　蝶　奢　丸　吊　醇　字
等　二　初　进　惨　巡　哑　王　此　赛
法　婚　特　胸　暖　门　黑　瞒　赖　帘

任务三　第二项测试应考技巧

★ 训练目标

1. 能够自如应对第二项“读多音节字词语”的测试。

2. 把握第二项测试的朗读技巧。

★ 任务设定

听录音——普通话水平测试第二题的模拟试题。

★ 思考与讨论

1. 在测试第二项试题时，应该注意哪些问题？

2. 在应对第二项测试时，应该掌握哪些应考技巧？

★ 知识链接

一、词语的轻重格式

普通话的轻重音表现在词和语句里，词的轻重音是最基本的。根据普通话词的语音结构，我们把普通话轻重音分为四个等级，即：重音、中音、次轻音、最轻音。

重音——词的重读音节。普通话中双音节、三音节、四音节的词处在末尾的音节大多数读作重音。重音节一般情况下不产生变调。例如：语音、普通话、展览馆、二氧化碳。

中音——不强调重读也不特别轻读的一般音节，又称“次重音”。例如：书籍、火车、话筒。

次轻音——比“中音”略轻，声调受到影响，调值不够稳定，但调形的基本特征仍然依稀可辨。声母和韵母没有明显变化。例如：别人、护士、女子、试一试、看不看、公积金、大学生、亮亮堂堂。

轻音——特别轻读的音节，比正常重读音节的音长短得多，完全失去原调调值，重新构成自己特有的调值。韵母或声母往往发生明显变化，最轻音音节就是普通话的轻声音节，绝大多数出现在双音节词语中，在双音节词语中只出现在后一个音节。例如：袜子、馄饨、豆腐。

普通话的多音节语音结构中“次轻音”“最轻音”不会出现在第一个音节。

普通话主要的轻重音格式有以下几种：

(一) 单音节词绝大多数重读，只有少数固定读作次轻音或最轻音。

1. 用在名词、代词后面的表示方位的词(或语素)“上、下、里、边”等，读作次轻音。例如：旗杆下、墙上、袋子里、下面、这边。

2. 用在动词后面表示趋向的词，读作次轻音。例如：进来、拿来、出去、上去。

3. 助词“的、地、得、着、了、过”，读作最轻音。例如：我的、高兴地、说得好、笑着、吃了、看过。

4. 语气词“啊、吧、吗、呢”，读作最轻音。例如：(语气词可以根据实际音变写作“呀”

“哇”“哪”)她啊(呀)、跳啊(哇)、看啊(哪)、行啊、是啊、开门儿啊、自私啊、走吧、去吗、你呢。

上面列举的助词、语气词是轻音,在普通话里固定读轻声。这些单音节词的轻声调值要依据前一个音节确定。这部分单音节词数量极少,但出现频率很高。

(二) 双音节词的轻重音格式

1. 中·重格——前一个音节读中音,后一个音节读重音。双音节词绝大多数是这个格式。例如:民族、宏伟、青年、蜻蜓、编辑、人人。

2. 重·次轻格——前一个音节读重音,后一个音节读次轻音。后面轻读的音节,声母、韵母一般没有变化,原调调值仍依稀可辨。这类词语一般轻读,偶尔重读,读音不太稳定。我们可以称为“可轻读词语”。例如:工人、手艺、老鼠、娇气、女士、男子。

《现代汉语词典》在给这类词语注音时,一部分在轻读音节标注声调符号,但在音节前加圆点。例如:新鲜 xīn·xiān、客人 kè·rén、风水 fēng·shuǐ。另一部分词语,则未明确标注。例如:分析 fēnxī、臭虫 chòuchóng、老虎 lǎohǔ、制度 zhìdù。尽管词典用汉语拼音标注出轻读音节的声调符号,但实际读音可以允许后一个音节轻读(次轻音)。

3. 重·最轻格——前一个音节读重音,后一个音节读最轻音。这是轻声词的主要语音结构。例如:椅子、我们、石头、女儿、妈妈、衣服、耳朵。

(三) 三音节词的轻重音格式

1. 中·次轻·重——末尾的音节读重音,第一个音节读中音,中间的音节读次轻音,声调不太稳定,在慢速的读音中仍然保持原调调形,而在一般的会话速度里,会产生某种变调。这是绝大多数三音节词的轻重音格式。例如:打字员、西红柿、岳各庄。

2. 中·重·最轻——中间的音节读重音,第一个音节读中音,末尾的音节读最轻音。这种格式在三音节词中占少数。其中有的相当于双音节“重·最轻”格式前加一个限制性修饰成分或词缀。有的相当于双音节“重·最轻”格式后加一个轻读的词缀。例如:胡萝卜、小伙子、同学们。

3. 重·最轻·最轻——第一个音节读重音,后面的两个音节都读最轻音。其中有的相当于双音节“重·最轻”格式后加上一个轻读词缀。这种格式在三音节词中较少。例如:姑娘家、朋友们、娃娃们。

(四) 四音节词的轻重音格式

1. 中·次轻·中·重——末尾的音节读重音,第一个音节和第三个音节读中音,第二个音节读次轻音。这个格式在四音节词中占绝大多数,包括四字成语在内。例如:二氧化碳、清清楚楚、慌里慌张、嘻嘻哈哈、一马当先、心明眼亮。

2. 中·次轻·重·最轻——重音在第三音节,第一个音节读中音,第二个音节读次轻音,末尾的音节读最轻音。这种格式在四音节词中占极少数。例如:如意算盘、外甥媳妇(儿)。

五个音节以上的,大多是短语(词组),可以划分为双音节、三音节、四音节,参照上面的格式读音。

二、多音节词语应试技巧

这一项朗读多音节词语，大概有 50 个的词语，实际上也是 100 个音节。限时 2.5 分钟，本题共 20 分。本项测试的目的是测查应试人声母、韵母、声调以及变调、轻声、儿化读音的标准程度。在这 100 个音节中，声母、韵母、声调出现的次数与读单音节词的要求相同。另外，上声与上声相连的词语不少于 3 个，上声与非上声相连的词语不少于 4 个，儿化词不少于 4 个(应为不同的儿化韵)。读错一个音节(该音节的声母或韵母或声调或音变)扣 0.2 分，读音有缺陷每个音节扣 0.1 分。

(一) 从左至右，按词连读

这 50 个左右的多音节词语，朗读时，自第一排起，从左至右地朗读。多音节词语一般是多个语素(两个语素较多)组合表示一个意义；也有的是多个音节构成的单纯词，分开不表示任何意义。朗读时不能把它们割裂开来，一字一顿地读，要连贯地读。

(二) 注意轻重音格式

本项测试中的词语，大多数是双音节词语，1～2 个三音节或四音节的词语。朗读时，要按照词语轻重格式读好这些词语，否则会被扣分。

(三) 注意方言区难点音词语

1. 兼有平翘音的词语

蔬菜　储藏　声色　追随　失踪
瓷砖　杂志　尊重　辞职　增生

2. 兼有鼻边音词语

嫩绿　老年　能量　冷暖　奶酪　烂泥
内陆　年龄　努力　老年　脑力　能力

3. 兼有前后鼻韵母的词语

烹饪　聘请　成品　平信　冷饮　盆景
诚恳　神圣　民情　清新　精心　憎恨

4. 兼有 f-h 的词语

返还　盒饭　粉红　化肥　富豪　凤凰
发挥　缝合　花费　挥发　妨害　粉盒

(四) 词尾音节是上声的词语

多音节词语的词尾音节是上声的，上声调值要读完整。双音节词语两个音节都是上声的，前一个上声变读成阳平，后一个上声要读全上。

办理　本领　标准　尺码　热饮　永远　邀请
场所　博览　港口　清洗　整理　墨宝　短少

(五) 判断并读准轻声词

本题词语中有不少于 4 个的轻声词，这些轻声词没有标志，应试人要凭借语感准确判断哪些词是轻声词，并正确朗读。因此，平时要多记多练，熟练掌握轻声词的读法。

疟疾　戒指　摆设　掂量　寒碜　提防　行当

盘算　意思　便宜　价钱　答应　胳膊　葡萄

（六）读好儿化词

本题词语中有不少于 4 个儿化词，儿化词有明显的标志，在儿化韵音节的末尾写有"儿"，不要把"儿"当作第三个音节来读，而是要把"儿"音化到前面的音节中。另外，注意难点儿化韵的读法。

玩儿命　馅儿饼　抓阄儿　藕节儿　被窝儿

药方儿　小葱儿　电影儿　梨核儿　白兔儿

（七）读准异读词

异读词是指同一个词或语素有两种或两种以上的读音。异读词是受方言影响，主要是北京话的影响产生的。如："危险"的"危"，旧读阳平，今读阴平。北京语音有的存在文白两读（"文"指书面语，"白"指口语）。例如："血"，文读为 xuè，白读 xiě。1985 年 12 月，国家语言文字工作委员会、国家教育委员会（现为教育部）、广播电视部正式公布了《普通话异读词审音表》（详见附录），规定："自公布之日起，文教、出版、广播等部门及全国其他部门，行业所涉及的普通话异读词的读音、标音，均已本表为准。"

宁愿　畜牧　纤维　强迫　环绕　骨头

确凿　河沿　从容　挺括　剽窃　铜臭

【综合训练】

请朗读下面的多音节词语模拟题，每题控制在 2.5 分钟内完成。

（一）

就算	丢人	小瓮儿	含量	村庄	开花	灯泡儿
红娘	特色	荒谬	而且	定额	观赏	部分
侵略	捐税	收缩	鬼脸	趋势	拐弯儿	内容
若干	爆发	原材料	创办	抓紧	盛怒	运用
美景	面子	压迫	必需品	佛学	一直	启程
棒槌	山峰	罪孽	刺激	无穷	打听	通讯
木偶	昆虫	天下	做活儿	构造	自始至终	

（二）

喷洒	船长	艺术家	聪明	他们	红军	煤炭
工厂	发烧	嘟囔	黄瓜	效率	别针儿	责怪
大娘	参考	保温	产品	佛学	童话	男女
做活儿	缘故	谬论	穷困	今日	完整	决定性
斜坡	疲倦	爱国	能量	英雄	口罩儿	让位
叶子	封锁	核算	而且	转脸	人群	飞快
牙签儿	丢掉	往来	罪恶	首饰	此起彼伏	

（三）

通讯	央求	怀念	佛典	古兰经	内容	打算
创造	号码儿	亏损	穷人	傲然	不可思议	
党委	钢铁	奇怪	口哨儿	抓紧	恶化	功能
撇开	采访	效率	完全	墨汁儿	英雄	后悔
石油	从而	疟疾	濒临	下面	眉头	丢掉
评价	仙女	村子	状态	产品	桥梁	服务员
专程	帮手	脚跟	战略	夸奖	做活儿	群体

（四）

沉重	罪恶	主人翁	生存	萌发	而且	消费品
节日	矿产	露馅儿	高原	荒谬	司空见惯	
赶紧	必须	领海	恰当	没谱儿	窈窕	全部
绘画	挎包	栅栏	传统	作风	压力	扫帚
丢掉	虐待	火星儿	大娘	温柔	运输	确实
衰变	张罗	象征	亏损	窘迫	群体	苍穹
挨个儿	钢铁	推测	椅子	男女	外面	佛经

（五）

人群	男女	谅解	脑子	一致	领袖	记事儿
侵略	客厅	不许	波动	配合	胆囊	胡同儿
阔气	拼凑	画卷	谬论	下降	周岁	凶恶
膏药	怀抱	服务员	生产	创伤	手工业	穷困
外面	在哪儿	仍然	打铁	抓获	月份	挨个儿
说法	淘汰	纯粹	佛寺	恰当	完美	增添
水鸟	症状	进口	从而	训练	明白	算盘

（六）

做活儿	方向	纷争	周转	人群	佛学	率领
锦标赛	美元	匈奴	粗略	电压	提成儿	流行
职务	随后	恰当	从此	轻蔑	刀把儿	设备
然而	日益	开关	何况	小丑儿	推算	动画片
案子	团队	顾虑	围墙	谬论	窘迫	脑袋
给予	将军	能耐	折光	夸张	超额	怀念
产品	文明	线圈	通过	少爷	批发	肝脏

任务四　第三项测试应考技巧

★ 训练目标

1. 掌握应对普通话水平测试的要领，自如应对第三项测试。

2. 掌握第三项测试——朗读短文的技巧。

★ 任务设定

听录音——普通话水平测试第三题的模拟试题。

★ 思考与讨论

1. 在朗读普通话水平测试第三题时，应该注意些什么?

2. 在朗读普通话水平测试第三题时，我们应该掌握哪些应考技巧?

★ 知识链接

朗读文章是培养普通话语感的有效途径，是说好一口流利的普通话的桥梁。应试人应该加大朗读短文的训练力度，力求朗读文章准确、熟练。

一、"朗读短文"的要求和评分标准

国家普通话水平测试第三题，要求应试人朗读一篇 400 个音节的短文，限时 4 分钟，共 30 分。本题的目的是测查应试人使用普通话朗读书面作品的水平。在测查声母、韵母、声调读音标准程度的同时，重点测查连读音变、停连、语调以及流畅程度。本测试项的内容是国家测试大纲中规定的 50 篇短文，测试时，由电脑随机发签而定。

评分时以朗读作品的前 400 个音节为限。每错读、漏读或增读 1 个音节，扣 0.1 分。声母或韵母的系统性语音缺陷，视程度扣 0.5 分、1 分、1.5 分、2 分。超时扣 1 分。

二、"朗读短文"应考技巧

(一) 注意朗读的基本要求和技巧

朗读文章要求发音准确、吐字清晰；流畅自然、快慢适中；体味作品，感情适度。同时，朗读文章要注意运用停顿、重音、语调、节奏等一些表达技巧。

(二) 注意朗读短文的具体方法

朗读是把书面语言转换为发音规范的有声语言的过程，同时也是内心语言的外化过程。在这个过程中，眼、脑、嘴三者的配合非常重要，因为看似简单的朗读常常要经过一个复杂的过程:识记字词→视觉神经传导到大脑神经中枢→由大脑神经中枢指挥发音系统发出声音。在反复不断的"识记→朗读"过程中，视觉捕捉字词的能力、视觉神经准确而迅速的传导能力以及大脑神经系统对发音系统的指挥调动能力等，都得到培养和提升。这些能力提高了，朗读水平也就提升了。具体方法有以下几个方面：

1. 快看慢读，衔接自然

朗读是把书面语言转换为发音规范的有声语言的过程。同时，它也是心理语言的外化过程。在这个过程中,眼睛与嘴巴的配合尤为重要。我们要采取快看慢读的方法,即眼睛要比嘴巴快4～6个字为宜,嘴巴与眼睛配合自然,衔接流畅,速度不快不慢,这样才能避免结巴、重复等“卡壳”现象。

测试大纲规定以下三种情况即为朗读不流畅:

(1) 在语句中出现一字一迸,或一词一迸现象,不连贯;

(2) 语速过慢,或较长时间停顿;

(3) 朗读中出现回读情况。

朗读不流畅,视程度扣0.5分、1分、2分。如果只出现回读情况,1句扣0.5分、2～3句扣1分、4句以上扣2分,或3个词语以内扣0.5分、4～6个词语扣1分、7个词语以上扣2分,扣回读分则不扣增读分。朗读中如果还同时出现概念解释中对“朗读不流畅”描述的另两种情况,酌情加重扣分。

2. 着眼于句调,不“读破”句子

第三项“朗读短文”不像前两项那样,关注字词的声韵调等,它的“视野”要开阔一些,应试人要把注意力放在整个句子的句调上,更要关注全句语义的完整性。不能随意停顿,割裂句意甚至是造成歧义(这种现象我们称之为读破句子)。如作品31号中的一个句子:“池沼或河道的边沿很少砌齐整的石岸,总是高低屈曲任其自然。”有的考生测试时错误地断句,读成了:“池沼或河道的边沿很少砌齐/整的石岸,……”造成歧义。测试大纲规定:停顿造成对一个双音节或多音节词语的肢解或造成对一句话、一段话的误解,形成歧义,都视为停连不当。停连不当,视程度扣0.5分(1次)、1分(2～3次)、2分(4次以上)。

3. 克服方言语调

语调是所有语音现象在语流中整体的、综合的反映,涉及声、韵、调、轻重音、音变、语速和语气等。在测试中如果出现以下5类情况,被判定为存在语调偏误:

(1) 语流中声调有系统性缺陷;

(2) 语句音高的高低升降曲折等变化失当;

(3) 词语的轻重音格式及句重音失当;

(4) 语速过快、过慢或忽快忽慢,音长的变化不规范;

(5) 语气词带有明显的方言痕迹。

如果这几项有不规范的表现,并且重复出现,就给人以方言语调浓重的感觉。测试大纲规定:语调偏误,视程度扣0.5分、1分、1.5分、2分。主要依据上述对“语调偏误”描述的5类问题判定,出现1类扣0.5分、2～3类扣1分、4类以上视程度扣1.5分或2分。因此,在训练中要特别注意语调的规范。

4. 正确朗读轻声词和儿化词

普通话以北方话为基础方言。轻声和儿化现象则最能体现北方话的特点。在语流中,轻声和儿化能反映出朗读的自然性、流畅性和口语化特点。因此,读好轻声词和儿化词显得尤为重要。值得注意的是,口语中一般儿化,而短文的书面语没有写出“儿”字的,会在拼音的基本形式上加上“r”作为提示,朗读时应该读出儿化韵。例如作品1号中:“蒜瓣”拼写为“suànbànr”,“辣味”拼写为“làwèir”。

5. 正确朗读“啊”变

前两项是字词的测试，不涉及语句，而到了第三项除了考查字词的发音外，还涉及句调的问题。语气词“啊”的变化是第三项朗读短文中比较重要的内容，应试人要读好带有“啊”变的句子。如作品 34 号中：“孩子们是多么善于观察这一点啊。”这里的“啊”，按照音变规律应该读为“哪”。

6. 熟读每一篇文章

对纲要规定的 50 篇中的每一篇朗读作品都要熟读。每篇文章至少要读 5 遍以上，边分析边朗读，对作品的内容有深刻的理解，烂熟于心。正确把握语调，正确运用语气、停连、重音、节奏等表达技巧。朗读时开头要稳，不宜过快，要控制节奏，不慌不忙，切忌草率。测试过程中，不要仅限于追求字音的准确，还要重视语句的顺畅。只有这样，才能在训练中提高普通话的音准，培养良好的普通话语感，从而少失分。

7. 听读互助，反复练习

对照朗读范读录音进行朗读训练。可以开大范读音量，自己小声跟读，跟读时可以模仿范读的语音语调和语速节奏，增强普通话语感，增加熟练度。也可以给自己的朗读录音，然后听辨自己的朗读与范读的差别，再进一步纠正，反复练读。如果我们进行了充分的准备，熟读了每一个篇目，无论考试时碰到哪一篇文章，只要冷静地稍加回忆并调整好状态，就会读出最好的水平。

【综合训练】

难点语句训练

1. 容易读错的句子

(1) 有人看见一个作家写出一本好小说，或者看见一个科学家发表几篇有分量的论文，便仰慕不已，很想自己能够信手拈来，妙手成章，一觉醒来，誉满天下。

——(作品 4 号)

(2) 其工作流程为，由铁路专用的全球数字移动通信系统来实现数据传输，控制中心实时接收无线电波信号，由计算机自动排列出每趟列车的最佳运行速度和最小行车间隔距离，实现实时追踪控制，确保高速列车间隔合理地安全运行。

——(作品 7 号)

(3) 有时几股泉水交错流泻，遮断路面，我们得寻找着垫脚的石块跳跃着前进。

——(作品 8 号)

(4) 有一夜，那个在哥伦波上船的英国人指给我看天上的巨人。

——(作品 10 号)

(5) 海洋中含有许多生命所必需的无机盐，如氯化钠、氯化钾、碳酸盐、磷酸盐，还有溶解氧，原始生命可以毫不费力地从中吸取它所需要的元素。

——(作品 14 号)

(6) 在最早的六大新石器文化分布形势图中可以看到，中原处于这些文化分布的中央地带。

——(作品 15 号)

(7) 她圆润的歌喉在夜空中颤动，听起来辽远而又切近，柔和而又铿锵。戏词像珠子似的从她的一笑一颦中，从她优雅的“水袖”中，从她婀娜的身段中，一粒一粒地滚下来，滴在地上，溅到空中，落进每一个人的心里，引起一片深远的回音。

——(作品 20 号)

(8) 就拿奈良的一个角落来说吧，我重游了为之感受很深的唐招提寺，在寺内各处匆匆走了一遍，庭院依旧，但意想不到还看到了一些新的东西。……开花的季节已过，荷花朵朵已变为莲蓬累累。

——(作品 21 号)

(9) 它除了为人类提供木材及许多种生产、生活的原料之外，在维护生态环境方面也是功劳卓著，它用另一种“能吞能吐”的特殊功能孕育了人类。

——(作品 24 号)

(10) 或者是重峦叠嶂，或者是几座小山配合着竹子花木，全在乎设计者和匠师们生平多阅历，胸中有丘壑，才能使游览者攀登的时候忘却苏州城市，只觉得身在山间。

——(作品 31 号)

(11) 在画卷中最先露出的是山根底那座明朝建筑岱宗坊，慢慢地便现出王母池、斗母宫、经石峪。山是一层比一层深，一叠比一叠奇，层层叠叠，不知还会有多深多奇。

——(作品 32 号)

(12) 倒不是四岁时读母亲给我的商务印书馆出版的国文教科书第一册的“天、地、日、月、山、水、土、木”以后的那几册，而是七岁时开始自己读的“话说天下大势，分久必合，合久必分……”的《三国演义》。

——(作品 42 号)

(13) 人们用蚕茧制作丝绵时发现，盛放蚕茧的篾席上，会留下一层薄片，可用于书写。

——(作品 44 号)

(14) 在我所看见过的山水中，只有这里没有使我失望。到处都是绿，目之所及，那片淡而光润的绿色都在轻轻地颤动，仿佛要流入空中与心中似的。

——(作品 48 号)

(15) 填埋废弃塑料袋、塑料餐盒的土地，不能生长庄稼和树木，造成土地板结，而焚烧处理这些塑料垃圾，则会释放出多种化学有毒气体，其中一种称为二噁英的化合物，毒性极大。

——(作品 50 号)

2. 带有轻声词、儿化词或“啊”变的句子(加粗字为儿化词，加点字为轻声词)

(1) 把蒜**瓣**放进醋里，封起来，为过年吃饺子用。到年底，蒜泡得色如翡翠，醋也有了些辣**味**，色味双美，使人忍不住要多吃几个饺子。

——(作品 1 号)

(2) 这一天，是要吃糖的，街上早有好多卖麦芽糖与江米糖的，糖形或为长方**块**或为瓜形，又甜又黏，小孩子们最喜欢。

——(作品 1 号)

(3) 坐着，躺着，打两个**滚**，踢几脚**球**，赛几趟跑，捉几回迷藏。风轻悄悄的，草软绵绵的。

——(作品 2 号)

(4) 所谓“千里眼”，即高铁沿线的摄像头，几毫米见方的**石子儿**也逃不过它的法眼。

——(作品 7 号)

(5) 有时几股泉水交错流泻，遮断路面，我们得(děi)寻找着垫脚的石**块**跳跃着前进。

——(作品 8 号)

(6) 他仰向我的小**脸**，被风吹着，像只通红的小苹果。

——(作品 12 号)

(7) 我怔住，抬头看树，那上面，果真的，爬满阳光啊(nga)，每根枝条上都是。

——(作品 12 号)

(8) 一天，我陪患病的母亲去医院输液，年轻的护士为母亲扎了两针也没有扎进血管里，眼见针**眼**处鼓起青包。

——(作品 17 号)

(9) 是啊(ra)，如果我们在生活中能将心比心，就会对老人生出一份尊重，对孩子增加一份关爱，就会使人与人之间多一些宽容和理解。

——(作品 17 号)

(10) 在它看来，狗该是多么庞大的怪物啊(wa)！……是啊(ra)，请不要见笑。

——(作品 22 号)

(11) 我用铁锤在莲子上砸开了一条**缝**，让莲芽能够破壳而出，不至永远埋在泥中。

——(作品 25 号)

(12) 在画卷中最先露出的是山**根**底那座明朝建筑岱宗坊，慢慢地便现出王母池、斗母宫、经石峪。

——(作品 32 号)

(13) 现在回想起来，她那时有十八九岁。右嘴角边有榆钱大小一**块**黑痣。

——(作品 34 号)

(14) 孩子们是多么善于观察这一点啊(na)。

——(作品 34 号)

(15) 光是画上的人物，就有五百多个：有从乡下来的农民，有撑船的船工，有做各种买卖的生意人，有留着长胡子的道士，有走江湖的医生，有摆小**摊**的摊贩，有官吏和读书人，三百六十行，哪一行的人都画在上面了。

——(作品 39 号)

(16) 街上有挂着各种招牌的店铺、作坊、酒楼、茶**馆**，走在街上的，是来来往往、形态各异的人：有的骑着马，有的挑着担，有的赶着毛驴，有的推着独轮车，有的悠闲地在街上溜达。

——(作品 39 号)

(17) 在工作人员眼中，袁隆平其实就是一位身**板**硬朗的“人民农学家”，“老人下田从不要人搀扶，拿起套鞋，脚一蹬就走”。

——(作品 40 号)

(18) 谈到《三国演义》，我第一次读到关羽死了，哭了一场(cháng)，把书丢下了。

——(作品 42 号)

任务五　第四项测试应考技巧

★ 训练目标

1. 能够自如应对第四项“命题说话”的测试。
2. 掌握第四项“命题说话”的应考技巧。

★ 任务设定

听录音——普通话水平测试第四题模拟试题。

★ 思考与讨论

1. 在进行第四项测试时，应该注意哪些问题？
2. 在应对第四题测试时，应该掌握哪些应考技巧？

★ 知识链接

一、“命题说话”的特点

命题说话，限时 3 分钟，共 40 分。本项测试的目的是测查应试人在无文字凭借的情况下说普通话的水平，重点测查语音标准程度、词汇语法规范程度和自然流畅程度。

命题说话这一测试项，对整个普通话测试等级的影响巨大，成败关键在此一举，许多人都因这一项考试失利而兵败垂成。顺利完成说话项测试，尽量减少失分，应该是应试指导的重点。

国家普通话水平智能测试中的说话与其他言语形式有本质的区别：

1. 与朗读不同。朗读一般是在课堂上进行，它是用有声语言把书面文字再现出来。开会学习文件或报纸上的文章，也常用朗读的方式。普通话水平测试中的文章朗读是有文字凭借的，而说话是没有文字凭借的，需要根据交际的目的、对象和环境，临时组织语言，现想现说。

2. 与朗诵不同。朗诵是在朗读的基础上背诵，在讲台和舞台上表演，是一种艺术表演形式。而说话是一种言语交际活动。朗诵的声音一般都比较大，传得比较远，还可以对声音进行美化和夸张，节奏和语速时快时慢，声音的高低变化因内容的推进也比较明显。而说话一般是双向交流，距离较近，话语的声音比较小，只要对方能听得见；说话的声音一般比较平缓，高低变化不明显，更不需要进行夸张和美化，语速节奏偏快。

3. 与演讲不同。演讲有命题演讲和即兴演讲。命题演讲一般先写好演讲稿，是有文字凭借的；即兴演讲是临时确定讲题，没有文字凭借。但命题演讲和即兴演讲有一个共同的特点，即为了说明事理，抒发情感，具有较多成分的“演”的性质。说话虽然也有辅助性的态势语，但并不具有表演性。

4. 与生活中的说话不同。生活中的说话与普通话水平测试中的说话大体是一致的，但同中有异（见下表）。

相同点	不同点	
生活说话与测试说话	生活说话	测试说话
都是口头言语活动 无文字凭借，现想现说，句式简短，口语化，语速自然	完成交际任务 可以使用方言 话题自由 双向或多向 有打断、重复 有语病	检测普通话水平 必须讲普通话 话题有中心 单向说话 连贯自然 词汇语法规范

二、“命题说话”应考技巧

（一）学会审题分类

命题说话是在朗读单音节字词、朗读双音节词语和朗读短文这三项基础上的高层次的考量。前三项都是有文字凭借的，而说话是没有文字凭借的，是把思维状态下的内部语言转化为有声的外部语言的过程。说话既要考虑普通话的标准规范，注意发音，也要考虑内容的表达，组织好语言，这就给说话训练提出了更高的要求。

1. 准确审查说话题目

说话审题与口头作文审题没有什么差别，只是表达的形式不同。审题是说话的第一步，说话首先要确定说什么，围绕什么主题和中心来说。

（1）抓住关键词语。比如“假日生活”这个题目，关键词是“假日”。“假日”即是自己在节假日中的生活状态，可以说自己喜欢做的事儿，也可以说发生在节假日难忘的事情。总之，应该选取自己做得最多或感受最深的事情作为话题。

（2）立意要有正能量。任何一个话题都可以从正面或侧面说明一个道理，给人以启示，让人从中得到教益。比如“难忘的旅行”，一定会给人留下深刻的印象。无论去什么地方，经历如何，都应该激励或告诫人们正确的为人处世之道，积极乐观的心态，祖国或世界的美景，真善美的高尚境界等，摒弃那些低级庸俗的假恶丑的东西。

2. 分类审查说话题目

纲要中给出了50个说话题目，题目数量较多，分类审题可以节省时间，提高准备效率和训练水平。说话题目从述说方式看，无外乎记叙和论说两大类，我们归纳如下：

- 记叙
  - 记人
    - 老师
    - 朋友
    - 尊敬的人
    - 我欣赏的历史人物
  - 记事
    - 我的理想(或愿望)
    - 难忘的旅行
    - 我所在的学校(或公司、团队、其他机构)
    - 让我快乐的事情
    - 向往的地方
    - 让我感动的事情
  - 记生活
    - 我的一天
    - 假日生活
    - 过去的一年
    - 童年生活
  - 记所爱
    - 珍贵的礼物
    - 我喜爱的植物
    - 我的兴趣爱好
    - 我喜欢的季节(或天气)
    - 我喜欢的美食
    - 我喜爱的动物
    - 我喜欢的节日
    - 我喜欢的职业(或专业)
    - 我喜爱的艺术形式

- 论说
  - 论人
    - 谈个人修养
    - 家庭对个人成长的影响
    - 对亲情(或友情、爱情)的理解
    - 自律与我
  - 论事
    - 劳动的体会
    - 学习普通话(或其他语言)的体会
    - 生活中的诚信
    - 谈服饰
    - 对终身学习的看法
    - 谈谈卫生与健康
    - 对环境保护的认识
    - 对团队精神的理解
    - 谈中国传统文化
    - 科技发展与社会生活
    - 对幸福的理解
    - 如何保持良好的心态
    - 对垃圾分类的认识
    - 网络时代的生活
    - 对美的看法
    - 谈传统美德
    - 小家、大家与国家
  - 说明
    - 印象深刻的书籍(或报刊)
    - 我了解的地域文化(或风俗)
    - 体育运动的乐趣
    - 我了解的十二生肖

（二）精心选材，切题恰当

选材与切题是解决我们说话时说什么的问题。审题和立意之后，应当迅速选取能够说明题旨的材料。选材应该选自己熟悉的材料，有话可说的材料。比如可选自己亲身经历过的，也可选自己耳闻目睹的甚至是自己合情合理想象的。总之都应该是自己有话可说的材料。选取的材料应该是真实可信的，具体实在的，富有真情实感的，不能给人以假、大、空的感觉，不能给人以胡编乱造的印象。

对话题找准恰当的切入点，将生疏的题目化为熟悉的题目，设法将大题化为小题。比如“谈社会公德（或职业道德）”，这个题目很大，听起来感觉比较宏观。我们可以选取经常发生在身边的具体的事情，从微观角度入手。比如给老人让座问题，“中国式”过马路问题，公共场所吸烟吐痰问题等，这些都是社会公德的细小的体现，可以从某一点切入，把大题目化为小题目，把抽象的题目化为具体的题目，这样就有话可说了。

为防止内容散漫，离题万里，“命题说话”务必开门见山，由话题开始。例如话题“尊敬的人”，可能很多考生会说到最尊敬的老师。那就先说明最尊敬的老师是谁，为什么？后面再说其他人、其他事，都无关紧要。再如，说“我喜欢的节日”一题，必先说出自己喜欢的节日是哪一个，为什么喜欢，通常在这个节日中做些什么等等。还可以说第二个甚至是第三个喜欢的节日。如果在当中涉及人、事，从而进一步阐述其他，可接下去说，不算跑题。

值得注意的是，命题说话这一项测试一开始就应报出自己选定的话题，之后马上开始说话，不要等待“嘟”声，报出话题后要在 10 秒钟之内进入说话内容阶段。也不要现场思考、犹豫，否则会影响表达的流畅性，会被扣分。

（三）迅速构思，结构合理

构思和话题结构是解决我们说话时怎么说的问题。先说什么，后说什么，哪些多说，哪些少说等等。在说话时，通常我们可以采取连锁式和“三么”式的构思方式进行说话。

（1）连锁式构思方式

所谓连锁式，是指思维像锁链一样，一环扣一环连续不断。可以按照时间、地点的顺序，也可以按照事件发生发展的顺序来构思。如《难忘的旅行》一题，可以从时间（出发时间、到达某景点的时间等）和地点或景点的变化角度述说某次旅行的经过。其中可以讲到涉及的人、事、理等。有的地方可以详细述说，有的地方可以略讲。这种构思方式比较适用于记叙类话题。

（2）“三么”式构思方式

所谓“三么”是指“是什么、为什么、怎么”。是一种引出问题（是什么）、分析问题（为什么）和解决问题的思维方式。如《对环境保护的认识》一题，可以从身边雾霾、水污染、食品安全等现象说明环境问题有哪些，进一步阐述保护环境的重要性，再谈我们该如何保护环境等等。这种构思方式比较适用于论说类话题。

（四）循序渐进，由易到难

对于初学普通话的人来说，马上进行脱稿命题说话可能会有一定的困难，我们不妨采用渐进的方式进行说话训练。

1. 先写稿，再复述。按照事先写好的讲稿进行复述训练可以降低难度，易于把握。复述练习时，可以先把原稿朗读几遍，熟悉内容后先选择一两段进行复述（每段100字左右），如果顺利，再进行全稿详细复述。复述过程中，注意突出重点语句，把语音发准，把话说清楚、说连贯，保持原稿话语的感情基调。

2. 先写提纲，再说话。先写出命题说话某个话题的提纲，再根据提纲的提示完成整个话题讲述。应试人要事先做好准备，对整个说话内容的结构、材料有整体认识。提纲可以是提要的形式，也可以是图表的形式。讲述可以分时间长短试讲，开始时讲1分钟，第二遍讲2分钟，最后讲满3分钟。

3. 半即兴说话练习。“命题说话”事实上是一种半即兴式的命题说话。它要求应试人抽到题目后，选择其一，在完全无文字依托的情况下，根据考前所准备的内容，迅速构思成篇，完成3分钟说话。训练时，我们可随意抽取一个话题，回忆已拟好的提纲（或腹稿），脑海中迅速完成全篇说话的结构布局，稍加思索，即刻开始全篇的试讲。

（五）语音力求准确到位

语音的正确与否，是整个普通话测试考查的重点，也是说话项测试的核心，是得分高低的关键所在。

普通话测试大纲把此项语音标准程度划分为六档，占25分。这六档分别是：

一档：语音标准，或极少有失误。扣0分、0.5分、1分、1.5分、2分。

二档：语音错误在10次以下，有方音但不明显（声、韵、调偶有错误但不成系统；语调偏误方面只单纯出现少数轻重音格式把握失当）。扣3分、4分。

三档：语音错误在10次以下，但方音比较明显（声、韵、调出现1～2类系统性错误；有3类以内系统性缺陷；有语调偏误）；或语音错误在10～15次之间，有方音但不明显。扣5分、6分。

四档：语音错误在10～15次之间，方音比较明显。扣7分、8分。

五档：语音错误超过15次，方音明显（声、韵、调出现3～4类系统性错误；有3类以上系统性缺陷；有明显的语调偏误）。扣9分、10分、11分。

六档：语音错误多，方音重（声、韵、调出现4类以上系统性错误，缺陷多，有浓郁的典型地方特点发音，但尚能听出是普通话）。扣12分、13分、14分。

测试员在对语音标准程度进行评分时，采用的是定量和定性相结合的方法，即根据应试者说话时出现的语音错误率和测试员对应试者说话的总体印象来评定分数。因此，应试者一要降低语音错误率，二要把握好语调、语速、节奏等技巧，给测试员留下良好的语音总体印象。

（六）不用方言词汇、语法

说话时要使用合乎现代汉语规范的词汇和语法，不能使用方言词语和方言语法。例如武汉人常说的“撮白（撒谎）、胯子（腿）、造耶（可怜）”等都是典型的方言词语，“把支笔我（给我一支笔）”“做什么事情在（在做什么事情）”“水开得翻翻神（水烧得很开已经翻滚）”等，都是典型的方言语法句式，考试时绝对禁用。测试大纲规定：词汇、语法偶有不规范的（典型的方言词汇或方言语法）情况，视程度扣1分、2分；词汇、语法屡有不规范的（典型的方言词汇或方言语法）情况，视程度扣3分、4分。

（七）语调自然，时间说足

说话时语调要自然，就像与朋友聊天或谈心一样，尽量用口语化的状态说话，多用短句、口语词，少用长句、书面语。切忌拿腔捏调，让人感觉是在背书或朗诵。测试大纲规定：语言基本流畅，口语化较差，有背稿子的表现，视程度扣 0.5 分、1 分；语言不连贯（长时间停顿或多次重复），语调生硬。视程度扣 2 分、3 分。所以，说话时允许有少许口头衬词和短时间的停顿，但不能出现大段留白，给人难以为继的印象。

说话时间一定要保证说足 3 分钟。测试大纲规定：缺时 1 分钟以内（含 1 分钟），扣 1 分、2 分、3 分；缺时 1 分钟以上，扣 4 分、5 分、6 分；说话不满 30 秒（含 30 秒），本测试项计为 0 分。因此，即便是说话内容不丰富、立意不够深刻、选材不够恰当、修辞不够完美，也要坚持说下去，尽量说够时间。机辅测试中，本项测试时，应试人可根据电脑显示时间滚动条情况，控制时间。

（八）语速适中，语音清晰

普通话正常语速约每分钟 240 个音节，受场合、职业、语境等因素影响，可以上下浮动，大致在每分钟 150～300 音节之间。因考试时说话时间是有严格限定的，说话太快，容易到了后面没有话说，留下大段语言空白，从而被扣掉缺时分；语速过快，还易造成吃字或口齿不清现象，影响发音质量。而适当放慢语速，既可以提供更充足的思考时间，又有利于吐字归音，不失为降低语音错误率的一个好办法。

（九）避免离题、杜绝无效语料

应试者进行“命题说话”测试时，一定要注意不能离题，这里说的“离题”，是指说话一开始就东扯西拉，不着边际，有的考生事先备好某一篇稿子，无论遇到什么题目都用此应对，甚至是驴唇不对马嘴，闹出笑话。测试大纲中规定：应试人说话离题，视程度扣 4 分、5 分、6 分。应试人也不能背诵事先准备好的诗歌、媒体刊载的文章（包括《大纲》60 篇朗读作品），如有此现象则被判定为“朗读文本”，有此类问题，扣 5 分。应试人更不能以唱歌、数数、读秒、反复重复某一句话等代替命题说话，否则视为无效语料。有无效语料的按累计占时多少来算，参照缺时扣分法扣分。

【综合训练】

1. 请先写一篇题为《我喜欢的美食》的讲话稿，再进行复述。
2. 请先给《谈个人修养》一题写一个提纲，再进行说话练习。
3. 请从 30 个说话题中随意抽取一个话题，思考 3 分钟后立即说话，说话时计时，说满 3 分钟。

第三部分　普通话水平测试实践训练

任务一　词语训练

★ 训练目标

通过有针对性的词语训练，掌握普通话常用词语、易错词语的朗读技巧。

★ 任务设定

请朗读下列词语：
小草——小炒　商业——桑叶　栽花——摘花
水流——水牛　脑子——老子　难住——拦住
瓜分——刮风　民心——明星　金鱼——鲸鱼

★ 思考与讨论

1. 你能发好平翘舌音、鼻边音和前后鼻韵母等易错读音吗？
2. 如何记住易错词语的读音呢？

★ 实战训练

（词语这部分不变，还是原来旧教材的词语训练）

任务二　朗读短文训练

★ 训练目标

通过朗读短文的训练，掌握普通话测试中50篇短文朗读技巧。

★ 任务设定

请朗读短文片段：

农历八月十八是一年一度的观潮日。这一天早上，我们来到了海宁市的盐官镇，据说这里是观潮最好的地方。我们随着观潮的人群，登上了海塘大堤。宽阔的钱塘江横卧在眼前。江面很平静，越往东越宽，在雨后的阳光下，笼罩着一层蒙蒙的薄雾。

★ 思考与讨论

你能朗读好普通话水平测试50篇中的每一篇短文吗?

扫码可听音频

★ 实战训练

作品 1 号

照北京的老规矩，春节差不多在腊月的初旬就开始了。“腊七腊八，冻死寒鸦”，这是一年里最冷的时候。在腊八这天，家家都熬腊八粥。粥是用各种米，各种豆，与各种干果熬成的。这不是粥，而是小型的农业展览会。

除此之外，这一天还要泡腊八蒜。把蒜瓣放进醋里，封起来，为过年吃饺子用。到年底，蒜泡得色如翡翠，醋也有了些辣味，色味双美，使人忍不住要多吃几个饺子。在北京，过年时，家家吃饺子。

孩子们准备过年，第一件大事就是买杂拌儿。这是用花生、胶枣、榛子、栗子等干果与蜜饯掺和成的。孩子们喜欢吃这些零七八碎儿。第二件大事是买爆竹，特别是男孩子们。恐怕第三件事才是买各种玩意儿——风筝、空竹、口琴等。

孩子们欢喜，大人们也忙乱。他们必须预备过年吃的、喝的、穿的、用的，好在新年时显出万象更新的气象。

腊月二十三过小年，差不多就是过春节的“彩排”。天一擦黑儿，鞭炮响起来，便有了过年的味道。这一天，是要吃糖的，街上早有好多卖麦芽糖与江米糖的，糖形或为长方块或为瓜形，又甜又黏，小孩子们最喜欢。

过了二十三，大家更忙。必须大扫除一次，还要把肉、鸡、鱼、青菜、年糕什么的都预备充足——店//铺多数正月初一到初五关门，到正月初六才开张。

节选自老舍《北京的春节》

朗读提示：

老舍先生用充满北京儿的朴实语言，描绘了一幅幅老北京的民风民俗的画卷，展现了中国节日习俗的隆重、热闹、温馨和美好，表达了作者对中国传统文化的认同和喜爱之情。文中轻声词和儿化词较多，注意下列词语读音：

蒜瓣　suànbànr

辣味　làwèir

掺和　chānhuo

长方块　chángfāngkuàir

Zuòpǐn 1 Hào

Zhào Běijīng de lǎo guīju,Chūnjié chà · bùduō zài làyuè de chūxún jiù kāishǐ le · “Làqī làbā,dòngsǐ hányā”,zhè shì yì nián · lǐ zuì lěng de shíhou. Zài làbā zhè tiān jiājiā dōu áo làbāzhōu. Zhōu shì yòng gè zhǒng mǐ, gè zhǒng dòu, yǔ gè zhǒng gānguǒ áochéng de. Zhè bú shì zhōu,ér shì xiǎoxíng de nóngyè zhánlǎnhuì.

Chú cǐ zhī wài,zhè yì tiān hái yào pào làbāsuàn. Bǎ suànbànr fàngjìn cù · lǐ,fēng qǐ · lái,wèi guònián chī jiǎozi yòng. Dào niándǐ,suàn pào de sè rú fěicuì,cù yě yǒule xiē làwèir, sè wèi shuāng měi, shǐ rén rěn · búzhù yào duō chī jǐ gè jiǎozi. Zài běijīng,guònián shí,jiājiā chī jiǎozi.

Háizimen zhǔnbèi guònián, dì-yī jiàn dàshì jiù shì mǎi zábànr. Zhè shì yòngHuāshēng、jiāozǎo、zhēnzi、lìzi děng gānguǒ yǔ mìjiàn chānhuo chéng de. Háizimen xǐhuan chī zhèxiē língqī-bāsuìr. Dì-èr jiàn dàshì shì mǎi bàozhú,tèbié shì nánháizimen. Kǒngpà dì-sān jiàn shì cái shì mǎi gè zhǒng wányìr ——fēngzheng、kōngzhú、kǒuqín děng.

Háizimen huānxǐ,dà · rénmen yě mángluàn. Tāmen bìxū yùbèi guònián chīde、hēde、chuānde、yòngde,hǎo zài xīnnián shí xiǎnchū wànxiàng-gēngxīn de qìxiàng.

Làyuè èrshísān guò xiǎonián,chà · bùduō jiù shì guò Chūnjié de“cǎipái ”. Tiān yì cāhēir,biānpào xiǎng qǐ · lái,biàn yǒule guònián de wèi · dào. Zhè yì tiān,shì yào chī táng de,jiē · shàng zǎo yǒu hǎoduō mài màiyátáng yǔ jiāngmǐtáng de, tángxíng huò wéi chángfāngkuàir huò wéi guāxíng,yòu tián yòu nián,xiǎoháizimen zuì xǐhuan.

Guòle èrshísān,dàjiā gèng máng. Bìxū dàsǎochú yí cì,hái yào bǎ ròu、jī、yú、qīngcài、niángāo shénme de dōu yùbèi chōngzú ——diàn//pū duōshù zhēngyuè chūyī dào chūwǔ guānmén,dào zhēngyuè chūliù cái kāizhāng.

Jiéxuǎn zì Lǎoshě《Běijīng de Chūnjié》

作品 2 号

盼望着，盼望着，东风来了，春天的脚步近了。

一切都像刚睡醒的样子，欣欣然张开了眼。山朗润起来了，水涨起来了，太阳的脸红起来了。

小草偷偷地从土里钻出来，嫩嫩的，绿绿的。园子里，田野里，瞧去，一大片一大片满是的。坐着，躺着，打两个滚，踢几脚球，赛几趟跑，捉几回迷藏。风轻悄悄的，草软绵绵的。

……

"吹面不寒杨柳风"，不错的，像母亲的手抚摸着你。风里带来些新翻的泥土的气息，混着青草味儿，还有各种花的香，都在微微湿润的空气里酝酿。鸟儿将巢安在繁花绿叶当中，高兴起来了，呼朋引伴地卖弄清脆的喉咙，唱出宛转的曲子，跟轻风流水应和着。牛背上牧童的短笛，这时候也成天嘹亮地响着。

雨是最寻常的，一下就是三两天。可别恼。看，像牛毛，像花针，像细丝，密密地斜织着，人家屋顶上全笼着一层薄烟。树叶儿却绿得发亮，小草儿也青得逼你的眼。傍晚时候，上灯了，一点点黄晕的光，烘托出一片安静而和平的夜。在乡下，小路上，石桥边，有撑起伞慢慢走着的人，地里还有工作的农民，披着蓑戴着笠。他们的房屋，稀稀疏疏的，在雨里静默着。

天上风筝渐渐多了，地上孩子也多了。城里乡下，家家户户，老老小小，//也赶趟儿似的，一个个都出来了。舒活舒活筋骨，抖擞抖擞精神，各做各的一份儿事去。"一年之计在于春"，刚起头儿，有的是工夫，有的是希望。

春天像刚落地的娃娃，从头到脚都是新的，它生长着。

春天像小姑娘，花枝招展的，笑着，走着。

春天像健壮的青年，有铁一般的胳膊和腰脚，领着我们上前去。

节选自朱自清《春》

朗读提示：

这是朱自清先生贮满诗意的散文，描写了南方春天特有的景色，呈现出一派生机和活力。文中平翘舌音较多，如"春天、睡醒、山、水、小草"等。轻声词和儿化词也较多，也有儿读音节的词语。注意下列词语读音：

打两个滚　dǎ liǎng gè gǔnr

踢几脚球　tī jǐ jiǎo qiúr

鸟儿　niǎo'ér

薄烟　bóyān

Zuòpǐn 2 Hào

Pànwàng zhe, pànwàng zhe, dōngfēng lái le, chūntiān de jiǎobù jìn le.

Yíqiè dōu xiàng gāng shuìxǐng de yàngzi, xīnxīnrán zhāngkāi le yǎn. Shān lǎngrùn qǐ • lái le, shuǐ zhǎng qǐ • lái le, tài • yáng de liǎn hóng qǐ • lái le.

Xiǎocǎo tōutōu de cóng tǔ • lǐ zuān chū • lái, nènnèn de, lǜlǜ de. Yuánzi • lǐ, tiányě • lǐ, qiáo • qù, yí dà piàn yí dà piàn mǎn shì de. Zuòzhe, tǎngzhe, dǎ liǎnggè gǔnr, tī jǐ jiǎo qiúr, sài jǐ tàng pǎo, zhuō jǐ huí mícáng. Fēng qīngqiāoqiāo de, cǎo ruǎnmiánmián de.

……

"Chuī miàn bù hán yángliǔ fēng", búcuò de, xiàng mǔ • qīn de shǒu fǔmōzhe nǐ. Fēng • lǐ dàilái xiē xīn fān de nítǔ de qìxī, húnzhe qīngcǎo wèir, hái yǒu gè zhǒng huā de xiāng, dōu zài wēiwēi shīrùn de kōngqì • lǐ yùnniàng. Niǎo' ér jiāng cháo ān zài fánhuā-lǜyè dāngzhōng, gāoxìng qǐ • lái le, hūpéng-yǐnbàn de mài • nòng qīngcuì de hóu • lóng, chàngchū wǎnzhuǎn de qǔzi, gēn qīngfēng-liúshuǐ yìnghèzhe. Niúbèi • shàng mùtóng de duǎndí, zhè shíhou yě chéngtiān liáoliàng de xiǎngzhe.

Yǔ shì zuì xúncháng de, yí xià jiù shì sān-liǎng tiān. Kě bié nǎo. Kàn, xiàng niúmáo, xiàng huāzhēn, xiàng xìsī, mìmì de xié zhīzhe, rénjiā wūdǐng • shàng quán lóngzhe yì céng bóyān. Shùyèr què lǜ de fāliàng, xiǎocǎor yě qīng de bī nǐ de yǎn. Bàngwǎn shíhou, shàngdēng le, yìdiǎndiǎn huángyūn de guāng, hōngtuō chū yí piàn ānjìng ér hépíng de yè. Zài xiāngxia, xiǎolù • shàng, shíqiáo biān, yǒu chēngqǐ sǎn mànmàn zǒuzhe de rén, dì • lǐ hái yǒu gōngzuò de nóngmín, pīzhe suō dàizhe lì. Tāmen de fángwū, xīxīshūshū de, zài yǔ • lǐ jìngmòzhe.

Tiān • shàng fēngzheng jiànjiàn duō le, dì • shàng háizi yě duō le. Chéng • lǐ xiāngxia, jiājiāhùhù, lǎolǎoxiǎoxiǎo, // yě gǎntàngr shìde, yígègè dōu chū • lái le. Shūhuó shūhuó jīngǔ, dǒusǒu dǒusǒu jīngshen, gè zuò gè de yí fènr shì • qù. "Yì nián zhī jì zàiyú chūn", gāng qǐtóur, yǒu de shì gōngfu, yǒu de shì xīwàng.

Chūntiān xiàng gāng luòdì de wáwa, cóng tóu dào jiǎo dōu shì xīn de, tā shēngzhǎngzhe.

Chūntiān xiàng xiǎo gūniang, huāzhī-zhāozhǎn de, xiào zhe, zǒu zhe.

Chūntiān xiàng jiànzhuàng de qīngnián, yǒu tiě yìbān de gēbo hé yāojiǎo, lǐngzhe wǒmen shàngqián • qù.

Jiéxuǎn zì Zhū Zìqīng《Chūn》

作品3号

燕子去了，有再来的时候；杨柳枯了，有再青的时候；桃花谢了，有再开的时候。但是，聪明的，你告诉我，我们的日子为什么一去不复返呢？——是有人偷了他们罢：那是谁？又藏在何处呢？是他们自己逃走了罢：现在又到了哪里呢？

去的尽管去了，来的尽管来着；去来的中间，又怎样地匆匆呢？早上我起来的时候，小屋里射进两三方斜斜的太阳。太阳他有脚啊，轻轻悄悄地挪移了；我也茫茫然跟着旋转。于是——洗手的时候，日子从水盆里过去；吃饭的时候，日子从饭碗里过去；默默时，便从凝然的双眼前过去。我觉察他去的匆匆了，伸出手遮挽时，他又从遮挽着的手边过去；天黑时，我躺在床上，他便伶伶俐俐地从我身上跨过，从我脚边飞去了。等我睁开眼和太阳再见，这算又溜走了一日。我掩着面叹息，但是新来的日子的影儿又开始在叹息里闪过了。

在逃去如飞的日子里，在千门万户的世界里的我能做些什么呢？只有徘徊罢了，只有匆匆罢了；在八千多日的匆匆里，除徘徊外，又剩些什么呢？过去的日子如轻烟，被微风吹散了，如薄雾，被初阳蒸融了；我留着些什么痕迹呢？我何曾留着像游丝样的痕迹呢？我赤裸裸//来到这世界，转眼间也将赤裸裸的回去罢？但不能平的，为什么偏白白走这一遭啊？

你聪明的，告诉我，我们的日子为什么一去不复返呢？

节选自朱自清《匆匆》

朗读提示：

这是朱自清先生的一篇脍炙人口的散文，表达了作者对时光流逝的无奈和惋惜。文中轻声词语较多，如“时候、日子”等；要注意鼻边音词语“挪移、伶伶俐俐、溜走、留着”等发音；正确读出带有语气词“啊”变的句子，如“太阳他有脚啊(wa)……”“为什么偏白白走这一遭啊(wa)?”等。此外，还要注意问句语调要上扬，如“我们的日子为什么一去不复返呢？↗——是有人偷了他们罢：那是谁？↗又藏在何处呢？↗是他们自己逃走了罢：现在又到了哪里呢？↗”等。注意下列词语读音：

尽管 jǐnguǎn

旋转 xuánzhuǎn

影儿 yǐng’ér

薄雾 bówù

Zuòpǐn 3 Hào

Yànzi qù le，yǒu zài lái de shíhou；yángliǔ kū le，yǒu zài qīng de shíhou；táohuā xiè le，yǒu zài kāi de shíhou. Dàn shì，cōng • míng de，nǐ gàosu wǒ，wǒmen de rìzi wèi shénme yí qù bú fù fǎn ne? ——Shì yǒu rén tōule tāmen ba：nà shì shuí? Yòu cáng zài héchù ne? Shì tāmen zìjǐ táozǒule ba：xiànzài yòudàole nǎ • lǐ ne?

Qù de jǐnguǎn qù le，lái de jǐnguǎn lái zhe；qù-lái de zhōngjiān，yòu zěnyàng de cōngcōng ne? Zǎoshang wǒ qǐ • lái de shíhou，xiǎowū • lǐ shèjìn liǎng-sān fāng xiéxié de tài • yáng. Tài • yáng tā yǒu jiǎo wa，qīngqīngqiāoqiāo de nuóyí le；wǒ yě mángmángrán gēnzhe xuánzhuǎn. Yúshì——xǐ shǒu de shíhou，rìzi cóng shuǐpén • lǐ guò • qù；chī fàn de shíhou，rìzi cóng fànwǎn • lǐ guò • qù；mòmò Shí，biàn cóng níngrán de shuāngyǎn qián guò • qù. Wǒ juéchá tā qù de cōngcōng le，shēnchū shǒu zhēwǎn shí，tā yòu cóng zhēwǎnzhe de shǒu biān guò • qù；tiān hēi shí，wǒ tǎng zài chuáng • shàng，tā biàn línglínglìlì de cóng wǒshēn • shàng kuà • guò，cóng wǒ jiǎo biān fēiqù le. Děng wǒ zhēngkāi yǎn hé tài • yáng zàijiàn，zhè suàn yòu liūzǒu le yí rì. Wǒ yǎnzhe miàn tànxī. Dànshì xīn lái de rìzi de yǐng'ér yòu kāishǐ zài tànxī • lǐ shǎn • guò le.

Zài táo qù rú fēi de rìzi lǐ，zài qiānmén-wànhù de shìjiè lǐ de wǒ néng zuò xiē shénme ne? Zhǐyǒu páihuái bàle，zhǐyǒu cōngcōng bà le；zài bā qiān duō rì de cōngcōng • lǐ，chú páihuái wài，yòu shèng xiē shénme ne? Guòqù de rìzi rú Qīngyān，bèi wēifēng chuīsàn le，rú bówù，bèi chūyáng zhēngróng le；wǒ liúzhe xiē shénme hénjì ne? Wǒ hécéng liúzhe xiàng yóusī yàng de hénjì ne? Wǒ chìluǒluǒ//láidào zhè shìjiè，zhuányǎnjiān yě jiāng chìluǒluǒ de huí • qù ba? Dàn bù néng píng de，wèi shénme piān báibái zǒu zhè yì zāo wa?

Nǐ cōng • míng de，gàosu wǒ，women de rìzi wèi shénme yí qù bú fù fǎn ne?

Jiéxuǎn zì Zhū Zìqīng《Cōngcōng》

作品 4 号

有的人在工作、学习中缺乏耐性和韧性,他们一旦碰了钉子,走了弯路,就开始怀疑自己是否有研究才能。其实,我可以告诉大家,许多有名的科学家和作家,都是经过很多次失败,走过很多弯路才成功的。有人看见一个作家写出一本好小说,或者看见一个科学家发表几篇有分量的论文,便仰慕不已,很想自己能够信手拈来,妙手成章,一觉醒来,誉满天下。其实,成功的作品和论文只不过是作家、学者们整个创作和研究中的极小部分,甚至数量上还不及失败作品的十分之一。大家看到的只是他们成功的作品,而失败的作品是不会公开发表出来的。

要知道,一个科学家在攻克科学堡垒的长征中,失败的次数和经验,远比成功的经验要丰富、深刻得多。失败虽然不是什么令人快乐的事情,但也决不应该因此气馁。在进行研究时,研究方向不正确,走了些岔路,白费了许多精力,这也是常有的事。但不要紧,可以再调换方向进行研究。更重要的是要善于吸取失败的教训,总结已有的经验,再继续前进。

根据我自己的体会,所谓天才,就是坚持不断的努力。有些人也许觉得我在数学方面有什么天分,//其实从我身上是找不到这种天分的。我读小学时,因为成绩不好,没有拿到毕业证书,只拿到一张修业证书。初中一年级时,我的数学也是经过补考才及格的。但是说来奇怪,从初中二年级以后,我就发生了一个根本转变,因为我认识到既然我的资质差些,就应该多用点儿时间来学习。别人学一小时,我就学两小时,这样,我的数学成绩得以不断提高。

一直到现在我也贯彻这个原则:别人看一篇东西要三小时,我就花三个半小时。经过长期积累,就多少可以看出成绩来。并且在基本技巧烂熟之后,往往能够一个钟头就看懂一篇人家看十天半月也解不透的文章。所以,前一段时间的加倍努力,在后一段时间能收到预想不到的效果。

是的,聪明在于学习,天才在于积累。

节选自华罗庚《聪明在于学习,天才在于积累》

朗读提示:

华罗庚先生通过本文语重心长地告诉人们,勤奋和脚踏实地是一个人成功的必要条件。作品朴实无华,朗读时语气舒缓,注意鼻边音和后鼻韵母的字词的读音。如下列词语的读音:

气馁 qìněi

进行 jìnxíng

调换 diàohuàn

努力 nǔlì

Zuòpǐn 4 Hào

Yǒude rén zài gōngzuò、xuéxí zhōng quēfá nàixìng hé rènxìng, tāmen yídànpèngle dīngzi, zǒule wānlù, jiù kāishǐ huáiyí zìjǐ shìfǒu yǒu yánjiū cáinéng. Qíshí, wǒ kéyǐ gàosu dàjiā, xǔduō yǒumíng de kēxuéjiā hé zuòjiā, dōu shì jīngguò hěn duō cì shībài, zǒuguo hěn duō wānlù cái chénggōng de. Yǒu rén kàn • jiàn yí gèzuòjiā xiěchū yì běn hǎo xiǎoshuō, huòzhě kàn • jiàn yí gè kēxuéjiā fābiǎo jǐ piān yǒu fèn • liàng de lùnwén, biàn yǎngmù-bùyǐ, hěn xiǎng zìjǐ nénggòu xìnshǒu--niān lái, miàoshǒu-chéngzhāng, yí jiào xǐnglái, yùmǎn-tiānxià. Qí shí, chénggōng de zuòpǐn hé lùnwén zhǐ búguò shì zuòjiā、xuézhěmen zhěnggè chuàngzuò héyánjiū zhōng de jí xiǎo bùfen, shènzhì shùliàng • shàng hái bù jí shībài zuòpǐn de shí fēn zhī yī. Dàjiā kàndào de zhǐ shì tāmen chénggōng de zuòpǐn, ér shībài de zuòpǐn shì bú huì gōngkāi fābiǎo chū • lái de.

Yào zhī • dào, yí gè kēxuéjiā zài gōngkè kēxué báolěi de chángzhēng zhōng, shībài de cìshù hé jīngyàn, yuǎn bǐ chénggōng de jīngyàn yào fēngfù、shēnkède duō. Shībài suīrán bú shì shénme lìng rén kuàilè de shìqing, dàn yě juébùyīnggāi yīncǐ qìněi. Zài jìnxíng yánjiū shí, yánjiū fāngxiàng bú zhèngquè, zǒule xiē chàlù, báifèile xǔduō jīnglì, zhè yě shì cháng yǒu de shì. Dàn bú yàojǐn, kěyǐ zài diàohuàn fāngxiàng jìnxíng yánjiū. Gèng zhòngyào de shì yào shànyú xīqǔ shībài de jiàoxùn, zǒngjié yǐ yǒu de jīngyàn, zài jìxù qiánjìn.

Gēnjù wǒ zìjǐ de tǐhuì, suǒwèi tiāncái, jiù shì jiānchí búduàn de nǔlì. Yǒuxiērén yéxǔ jué • dé wǒ zài shùxué fāngmiàn yǒu shénme tiānfēn, // qí shí cóng wǒshēn • shàng shì zhǎo • bú dào zhè zhǒng tiānfèn de. Wǒ dú xiǎoxué shí, yīn • wèichéngjì bùhǎo, méi • yǒu nádào bìyè zhèngshū, zhǐ nádào yì zhāng xiūyè Zhèngshū. Chūzhōng yī niánjí shí, wǒ de shùxué yě shì jīngguò búkǎo cái jígé de. Dànshì shuō lái qíguài, cóng chūzhōng èr niánjí yǐhòu, wǒ jiù fāshēngle yí gègēnběn zhuǎnbiàn, yīn • wèi wǒ rènshí dào jìrán wǒ de zīzhì chà xiē, jiù yīnggāi duō yòng diánr shíjiān lái xuéxí. Bié • rén xué yì xiǎoshí, wǒ jiù xué liǎng xiǎoshí, Zhèyàng, wǒ de shùxué chéngjì déyǐ búduàn tígāo.

Yì zhí dào xiànzài wǒ yě guànchè zhège yuánzé: bié • rén kàn yì piān dōngxi yào sān xiǎoshí, wǒ jiù huā sān gè bàn xiǎoshí. Jīngguò chángqī jīlěi, jiù duōshǎo kéyǐ kànchū chéngjì lái. Bìngqiě zài jīběn jìqiǎo lànshú zhīhòu, wángwǎng nénggòu yí gè zhōngtóu jiù kàndǒng yì piān rénjia kàn shítiān-bànyuèyě jiě • bú tòu de wénzhāng. Suóyǐ, qián yí duàn shíjiān de jiābèi nǔlì, zài hòu yí duàn shíjiān néng shōudào yùxiǎng • bú dào de xiàoguǒ.

Shì de,cōng • míng zàiyú xuéxí,tiāncái zàiyú jīlěi.

Jiéxuǎn zì Huà Luógēng《Cōng • míng zàiyú Xuéxí,Tiāncái zàiyú jīlěi》

作品 5 号

去过故宫大修现场的人，就会发现这里和外面工地的劳作景象有个明显的区别：这里没有起重机，建筑材料都是以手推车的形式送往工地，遇到人力无法运送的木料时，工人们会使用百年不变的工具——滑轮组。故宫修缮，尊重着“四原”原则，即原材料、原工艺、原结构、原型制。在不影响体现传统工艺技术手法特点的地方，工匠可以用电动工具，比如开荒料、截头。大多数时候工匠都用传统工具：木匠画线用的是墨斗、画签、毛笔、方尺、杖竿、五尺；加工制作木构件使用的工具有锛、凿、斧、锯、刨等等。

最能体现大修难度的便是瓦作中“苫背”的环节。“苫背”是指在房顶做灰背的过程，它相当于为木建筑添上防水层。有句口诀是三浆三压，也就是上三遍石灰浆，然后再压上三遍。但这是个虚数。今天是晴天，干得快，三浆三压硬度就能符合要求，要是赶上阴天，说不定就要六浆六压。任何一个环节的疏漏都可能导致漏雨，而这对建筑的损坏是致命的。

“工”字早在殷墟甲骨卜辞中就已经出现过。《周官》与《春秋左传》记载周王朝与诸侯都设有掌管营造的机构。无数的名工巧匠为我们留下了那么多宏伟的建筑，但却//很少被列入史籍，扬名于后世。

匠人之所以称之为“匠”，其实不仅仅是因为他们拥有了某种娴熟的技能，毕竟技能还可以通过时间的累积“熟能生巧”，但蕴藏在“手艺”之上的那种对建筑本身的敬畏和热爱却需要从历史的长河中去寻觅。

将壮丽的紫禁城完好地交给未来，最能仰仗的便是这些默默奉献的匠人。故宫的修护注定是一场没有终点的接力，而他们就是最好的接力者。

节选自单霁翔《大匠无名》

朗读提示：

作者通过对故宫博物院古建筑建造过程的说明和描绘，对我国文化遗产做了很好地守护和传承。朗读时注意文中的专业术语，语气中肯，语调平稳。注意下列词语的读音：

地方　dìfang

截头　jiétóu

木匠　mùjiang

杖竿　zhànggān

刨　bào

符合　fúhé

记载　jìzǎi

Zuòpǐn 5 Hào

Qùguo Gùgōng dàxiū xiànchǎng de rén, jiù huì fāxiàn zhè • lǐ hé wài • miàngōngdì de láozuò jǐngxiàng yǒu gè míngxiǎn de qūbié: zhè • lǐ méi • yǒu qǐzhòngjī, jiànzhù cáiliào dōu shì yǐ shǒutuīchē de xíngshì sòng wǎng gōngdì, yùdào rénlì wúfǎ yùnsòng de mùliào shí, gōngrénmen huì shǐyòng bǎinián-búbiàn de gōngjù——huálúnzǔ. Gùgōng xiūshàn, zūnzhòngzhe"Sì-Yuán"yuánzé, jí yuán cáiliào、yuán gōngyì、yuán jiégòu、yuán xíngzhì. Zài bù yíngxiǎng tǐxiàn chuántǒng gōngyì jìshù shóufǎ tèdiǎn de dìfang, gōngjiàng kéyǐ yòng diàndònggōngjù, bǐrú kāi huāngliào、jié tóu. Dàduōshù shíhou gōngjiàng dōu yòng chuántǒng gōngjù: mùjiang huà xiàn yòng de shì mòdòu、huàqiān、máobǐ、fāngchǐ、zhànggān、wǔchǐ; jiāgōng zhìzuò mùgòujiàn shǐyòng de gōngjù yǒu bēn、záo、fǔ、jù、báo děngděng.

Zuì néng tǐxiàn dàxiū nándù de biàn shì wǎzuò zhōng"shānbèi"de huánjié. "Shānbèi"shì zhǐ zài fángdǐng zuò huībèi de guòchéng, tā xiāngdāngyú wèi mùjiànzhù tiān • shàng fángshuǐcéng. Yǒu jù kǒujué shì sānjiāng-sānyā, yě jiù shì shàng sān biàn shíhuījiāng, ránhòu zài yā • shàng sān biàn. Dàn zhè shì gè xūshù. Jīntiān shì qíngtiān, gān de kuài, sānjiāng-sānyā yìngdù jiù néng fúhé yāoqiú, yàoshì gǎn • shàng yīntiān, shuō • búdìng jiù yào liùjiāng-liùyā. Rènhé yí gè huánjié de shūlòu dōu kěnéng dǎozhì lòuyǔ, ér zhè duì jiànzhù de sǔnhuài shì zhìmìngDe.

"Gōng"zì zǎo zài Yīnxū jiǎgǔ bǔcí zhōng jiù yǐ • jīng chūxiànguo.《Zhōu guān》yǔ《Chūnqiū Zuǒzhuàn》jìzǎi Zhōu wángcháo yǔ zhūhóu dōu shèyǒu zhángguǎn yíngzào de jīgòu. Wúshù de rénggōng-qiǎojiàng wèi wǒmen liú • xiàle nàme duō hóngwěi de jiànzhù, dàn què//hěn shǎo bèi lièrù shǐjí, yángmíng yú Hòushì.

Jiàngrén zhīsuǒyǐ chēng zhī wéi"jiàng", qíshí bù jǐnjǐn shì yīn • wèi tāmen yōngyǒule mǒu zhǒng xiánshú de jìnéng, bìjìng jìnéng hái kéyǐ tōngguò shíjiān de lěijī "shúnéngshēngqiǎo", dàn yùncáng zài"shǒuyì"zhī shàng de nà zhǒngduì jiànzhù běnshēn de jìngwèi hé rè'ài què xūyào cóng lìshǐ de chánghé zhōng qù xúnmì.

Jiāng zhuànglì de Zǐjìnchéng wánhǎo de jiāo gěi wèilái, zuì néng yǎngzhàng de biàn shì zhèxiē mòmò fèngxiàn de jiàngrén. Gùgōng de xiūhù zhùdìng shì yì chǎng méi • yǒu zhōngdiǎn de jiēlì, ér tāmen jiù shì zuì hǎo de jiēlìzhě.

Jiéxuǎn zì Shàn Jìxiáng《Dà Jiàng Wú Míng》

作品6号

立春过后，大地渐渐从沉睡中苏醒过来。冰雪融化，草木萌发，各种花次第开放。再过两个月，燕子翩然归来。不久，布谷鸟也来了。于是转入炎热的夏季，这是植物孕育果实的时期。到了秋天，果实成熟，植物的叶子渐渐变黄，在秋风中簌簌地落下来。北雁南飞，活跃在田间草际的昆虫也都销声匿迹。到处呈现一片衰草连天的景象，准备迎接风雪载途的寒冬。在地球上温带和亚热带区域里，年年如是，周而复始。

几千年来，劳动人民注意了草木荣枯、候鸟去来等自然现象同气候的关系，据以安排农事。杏花开了，就好像大自然在传语要赶快耕地；桃花开了，又好像在暗示要赶快种谷子。布谷鸟开始唱歌，劳动人民懂得它在唱什么："阿公阿婆，割麦插禾。"这样看来，花香鸟语，草长莺飞，都是大自然的语言。

这些自然现象，我国古代劳动人民称它为物候。物候知识在我国起源很早。古代流传下来的许多农谚就包含了丰富的物候知识。到了近代，利用物候知识来研究农业生产，已经发展为一门科学，就是物候学。物候学记录植物的生长荣枯，动物的养育往来，如桃花开、燕子来等自然现象，从而了解随着时节//推移的气候变化和这种变化对动植物的影响。

节选自竺可桢《大自然的语言》

朗读提示：

作者通过这篇科学小品文，用通俗生动的语言介绍了物候学的有关知识，讲述了物候知识对农业生产的重要作用。语言准确、生动有趣。本文四字熟语较多，如"北雁南飞、销声匿迹、衰草连天、风雪载途、周而复始、草长莺飞"等，朗读时注意这些词语的读音。

Zuòpǐn 6 Hào

Lìchūn guò hòu, dàdì jiànjiàn cóng chénshuì zhōng sūxǐng guò • lái. Bīngxuě Rónghuà, cǎomù méngfā, gè zhǒng huā cìdì kāifàng. Zài guò liǎng gè yuè, yànzi piānrán guīlái. Bùjiǔ, bùgǔniǎo yě lái le. Yúshì zhuǎnrù yánrè de xiàjì, zhè shì zhíwù yùnyù guǒshí de shíqī. Dàole qiūtiān, guǒshí chéngshú, zhíwù de yèzi jiànjiàn biàn huáng, zài qiūfēng zhōng sùsù de luò xià • lái. Běiyàn-nánfēi, huóyuè zài tiánjiān-cǎojì de kūnchóng yě dōu xiāoshēng-nìjì. Dàochù chéngxiàn yí piàn Shuāicǎo-liántiān de jǐngxiàng, zhǔnbèi yíngjiē fēngxuě-zǎitú de hándōng. Zài dìqiú • shàng wēndài hé yàrèdài qūyù • lǐ, niánnián rú shì, zhōu'érfùshǐ.

Jǐ qiān nián lái, láodòng rénmín zhùyìle cǎomù-róngkū、hòuniǎo-qùlái děng zìrán xiànxiàng tóng qìhòu de guānxi, jù yǐ ānpái nóngshì. Xìnghuā kāi le, jiù hǎoxiàng dàzìrán zài chuányǔ yào gǎnkuài gēng dì; táohuā kāi le, yòu hǎoxiàng zài ànshì yào gǎnkuài zhòng gǔzi. Bùgǔniǎo kāishǐ chànggē, láodòng rénmín dǒng • dé tā zài chàng shénme: "Āgōng āpó, gē mài chā hé." Zhèyàng kànlái, Huāxiāng-niǎoyǔ, cǎocháng-yīngfēi, dōu shì dàzìrán de yǔyán.

Zhèxiē zìrán xiànxiàng, wǒguó gǔdài láodòng rénmín chēng tā wéi wùhòu. Wùhòu zhīshi zài wǒguó qǐyuán hěn zǎo. Gǔdài liúchuán xià • lái de xǔduō nóngyàn jiù bāohánle fēngfù de wùhòu zhīshi. Dàole jìndài, lìyòng wùhòu zhīshi lái yánjiū nóngyè shēngchǎn, yǐ • jīng fāzhǎn wéi yì mén kēxué, jiù shì wùhòuxué. Wùhòuxué jìlù zhíwù de shēngzhǎng-róngkū, dòngwù de yǎngyù-wǎnglái, rú táohuā kāi、yànzi lái děng zìrán xiànxiàng, cóng'ér liǎojiě suízhe shíjié//tuīyí de qìhòu biànhuà hé zhè zhǒng biànhuà duì dòng-zhíwù de yǐngxiǎng.

Jiéxuǎn zì Zhú Kězhēn《Dàzìrán de Yǔyán》

作品 7 号

当高速列车从眼前呼啸而过时，那种转瞬即逝的感觉让人们不得不发问：高速列车跑得那么快，司机能看清路吗？

高速列车的速度非常快，最低时速标准是二百公里。且不说能见度低的雾霾天，就是晴空万里的大白天，即使是视力好的司机，也不能保证正确识别地面的信号。当肉眼看到前面有障碍时，已经来不及反应。

专家告诉我，目前，我国时速三百公里以上的高铁线路不设置信号机，高速列车不用看信号行车，而是通过列控系统自动识别前进方向。其工作流程为，由铁路专用的全球数字移动通信系统来实现数据传输，控制中心实时接收无线电波信号，由计算机自动排列出每趟列车的最佳运行速度和最小行车间隔距离，实现实时追踪控制，确保高速列车间隔合理地安全运行。当然，时速二百至二百五十公里的高铁线路，仍然设置信号灯控制装置，由传统的轨道电路进行信号传输。

中国自古就有“千里眼”的传说，今日高铁让古人的传说成为现实。

所谓“千里眼”，即高铁沿线的摄像头，几毫米见方的石子儿也逃不过它的法眼。通过摄像头实时采集沿线高速列车运行的信息，一旦//出现故障或者异物侵限，高铁调度指挥中心监控终端的界面上就会出现一个红色的框将目标锁定，同时，监控系统马上报警显示。调度指挥中心会迅速把指令传递给高速列车司机。

节选自王雄《当今“千里眼”》

朗读提示：

作者通过这篇科学小品文，用严谨生动的语言介绍了高速列车的信号装置“千里眼”，反映了当今社会科技的进步。朗读时，语气中要透着自豪感。本文专业术语较多，有的语句比较长，如“专家告诉我，……安全运行”一句话几乎成为一个自然语段。朗读时，注意划分好语节，找好换气口，注意下列词语的读音：

转瞬即逝　zhuǎnshùn-jíshì

间隔　jiàngé

仍然　réngrán

石子儿　shízǐr

Zuòpǐn 7 Hào

Dāng gāosù lièchē cóng yǎnqián hūxiào ér guò shí,nà zhǒng zhuǎnshùn--jíshì de gǎnjué ràng rénmen bù · débù fāwèn: gāosù lièchē pǎo de nàme kuài, sījī néng kànqīng lù ma?

Gāosù lièchē de sùdù fēicháng kuài,zuì dī shísù biāozhǔn shì èrbǎi gōnglǐ. Qiě bù shuō néngjiàndù dī de wùmáitiān,jiù shì qíngkōng-wànlǐ de dàbáitiān,jíshǐ shì shìlì hǎo de sījī,yě bù néng bǎozhèng zhèngquè shíbié dìmiàn de xìnhào. Dāng ròuyǎn kàndào qián · miàn yǒu zhàng'ài shí,yǐ · jīng lái · bùjí fǎnyìng.

Zhuānjiā gàosu wǒ,mùqián,wǒguó shísù sānbǎi gōnglǐ yǐshàng de gāotiě xiànlù bú shèzhì xìnhàojī,gāosù lièchē bú yòng kàn xìnhào xíngchē,ér shì tōngguò liè-kòng xìtǒng zìdòng shíbié qiánjìn fāngxiàng. Qí gōngzuò liúchéng wéi, yóu tiělù zhuānyòng de quánqiú shùzì yídòng tōngxìn xìtǒng lái shíxiàn shùjù chuánshū, kòngzhì zhōngxīn shíshí jiēshōu wúxiàn diànbō xìnhào,yóu jìsuànjī zìdòng páiliè chū měi tàng lièchē de zuì jiā yùnxíng sùdù hé zuì xiǎo xíngchē jiàngé jùlí,shíxiàn shíshí zhuīzōng kòngzhì,quèbǎo gāosù lièchē jiàngé hélǐ de ānquán yùnxíng. Dāng rán, shísù èrbǎi zhì èrbǎi wǔshí gōnglǐ de gāotiě Xiànlù, réngrán shèzhì xìnhàodēng kòngzhì zhuāngzhì,yóu chuántǒng de guǐdào diànlù jìnxíng xìnhào chuánshū.

Zhōngguó zìgǔ jiù yǒu"qiānlǐyǎn" de chuánshuō, jīnrì gāotiě ràng gǔrén de chuánshuō chéngwéi xiànshí.

Suǒwèi"qiānlǐyǎn",jí gāotiě yánxiàn de shèxiàngtóu,jǐ háomǐ jiànfāng de shízǐr yě táo · bú guò tā de fǎyǎn. Tōngguò shèxiàngtóu shíshí cǎijí yánxiàn gāosù lièchē yùnxíng de xìnxī, yí dàn// chūxiàn gùzhàng huòzhě yìwù qīnxiàn, gāotiě diàodù zhǐhuī zhōngxīn jiānkòng zhōngduān de jièmiàn · shàng jiù huì chūxiàn yí gè hóngsè de kuàng jiāng mùbiāo suǒdìng,tóng shí,jiānkòng xìtǒng mǎshàng bàojǐng xiǎnshì. Diàodù zhǐhuī zhōngxīn huì xùnsù bǎ zhǐlìng chuándì gěi gāosù lièchē sījī.

Jiéxuǎn zì Wáng Xióng《Dāngjīn"Qiānlǐyǎn"》

作品 8 号

从肇庆市驱车半小时左右，便到了东郊风景名胜鼎湖山。下了几天的小雨刚停，满山笼罩着轻纱似的薄雾。

过了寒翠桥，就听到淙淙的泉声。进山一看，草丛石缝，到处都涌流着清亮的泉水。草丰林茂，一路上泉水时隐时现，泉声不绝于耳。有时几股泉水交错流泻，遮断路面，我们得寻找着垫脚的石块跳跃着前进。愈往上走树愈密，绿阴愈浓。湿漉漉的绿叶，犹如大海的波浪，一层一层涌向山顶。泉水隐到了浓阴的深处，而泉声却更加清纯悦耳。忽然，云中传来钟声，顿时山鸣谷应，悠悠扬扬。安详厚重的钟声和欢快活泼的泉声，在雨后宁静的暮色中，汇成一片美妙的音响。

我们循着钟声，来到了半山腰的庆云寺。这是一座建于明代、规模宏大的岭南著名古刹。庭院里繁花似锦，古树参天。有一株与古刹同龄的茶花，还有两株从斯里兰卡引种的、有二百多年树龄的菩提树。我们决定就在这座寺院里借宿。

入夜，山中万籁俱寂，只有泉声一直传送到枕边。一路上听到的各种泉声，这时候躺在床上，可以用心细细地聆听、辨识、品味。那像小提琴一样轻柔的，是草丛中流淌的小溪的声音；那像琵琶一样清脆的，//是在石缝间跌落的涧水的声音；那像大提琴一样厚重回响的，是无数道细流汇聚于空谷的声音；那像铜管齐鸣一样雄浑磅礴的，是飞瀑急流跌入深潭的声音。还有一些泉声忽高忽低，忽急忽缓，忽清忽浊，忽扬忽抑，是泉水正在绕过树根，拍打卵石，穿越草丛，流连花间……

蒙眬中，那滋润着鼎湖山万木，孕育出蓬勃生机的清泉，仿佛汩汩地流进了我的心田。

节选自谢大光《鼎湖山听泉》

朗读提示：

这是一篇优美的写景散文，表达了作者对鼎湖山泉水的喜爱和对大自然的热爱之情。文中辞藻优美，语气中透着自豪感。本文后鼻韵母较多，如“肇庆、风景、轻纱、淙淙、泉声、明代、山鸣谷应、岭南、聆听、清脆”等。朗读时，注意这些词语的读音。

Zuòpǐn 8 Hào

Cóng Zhàoqìng Shì qūchē bàn xiǎoshí zuǒyòu, biàn dàole dōngjiāo fēngjǐng míngshèng Dǐnghú Shān. Xiàle jǐ tiān de xiǎoyǔ gāng tíng, mǎn shān lǒngzhàozhe qīngshā shìde bówù.

Guòle Háncuìqiáo, jiù tīngdào cóngcóng de quánshēng. Jìn shān yí kàn, cǎocóng shífèng, dàochù dōu yǒngliúzhe qīngliàng de quánshuǐ. Cǎofēng-línmào, yílù • shàng quánshuǐ shí yǐn shí xiàn, quánshēng bùjuéyú'ěr. Yǒushí jǐ gǔ quánshuǐ jiāocuò liúxiè, zhēduàn lùmiàn, wǒmen děi xúnzhǎozhe diànjiǎo de shíkuàir tiàoyuèzhe qiánjìn. Yù wǎng shàng zǒu shù yù mì, lǜyīn yù nóng. Shīlùlù de lǜyè, yóu rú dàhǎi de bōlàng, yì céng yì céng yǒngxiàng shāndǐng. Quánshuǐ yǐndàole nóngyīn de shēnchù, ér quánshēng què gèng jiā qīngchún yuè'ěr. Hūrán, yún zhōng chuán • lái zhōngshēng, dùnshí shān míng gǔ yìng, yōuyōuyángyáng. Ānxiáng hòuzhòng de zhōngshēng hé huānkuài huópo de quánshēng, zài yǔhòu níngjìng de mùsè zhōng, huìchéng yí piàn měimiào de yīnxiǎng.

Wǒmen xúnzhe zhōngshēng, láidàole bànshānyāo de QìngYún Sì. Zhè shì yí zuò jiànyú Míngdài、guīmó hóngdà de Lǐngnán zhùmíng gǔchà. Tíngyuàn • lǐ fánhuā-sìjǐn, gǔshù- cāntiān. Yǒu yì zhū yǔ gǔchà tónglíng de cháhuā, hái yǒu liǎng zhū cóng Sīlǐlánkǎ yǐnzhòng de、yǒu èrbǎi duō nián shùlíng de pútíshù. Wǒmen juédìng jiù zài zhè zuò sìyuàn • lǐ jièsù.

Rùyè, shān zhōng wànlài-jùjì, zhǐ yǒu quánshēng yìzhí chuánsòng dào zhěnbiān. Yílù • shàng tīngdào de gè zhǒng quánshēng, zhè shíhou tǎng zài chuáng • shàng, kěyǐ yòng xīn xìxì de língtīng、biànshí、pǐnwèi. Nà xiàng xiǎotíqín yíyàng qīngróu de, shì cǎocóng zhōng liútǎng de xiǎoxī de shēngyīn; nà xiàng pí • pá yíyàng qīngcuì de, // shì zài shífèngr jiān diēluò de jiànshuǐ de shēngyīn; nà xiàng dàtíqín yíyàng hòuzhòng huíxiǎng de, shì wúshù dào xìliú huìjù yú kōnggǔ de shēngyīn; nà xiàng tóngguǎn qímíng yíyàng xiónghún pángbó de, shì fēipù-jíliú diērù shēntán de shēngyīn. Hái yǒu yíxiē quánshēng hū gāo hū dī, hū jí hū huǎn, hū qīng hū zhuó, hū yáng hū yì, shì quánshuǐ zhèngzài rào • guò shùgēn, pāidǎ luǎnshí, chuānyuè cǎocóng, liúlián huājiān ……

Ménglóng zhōng, nà zīrùnzhe Dǐnghú Shān wàn mù, yùnyù chū péngbó shēngjī de qīngquán, fǎngfú gǔgǔ de liújìnle wǒ de xīntián.

Jiéxuǎn zì Xiè Dàguāng《Dǐnghú Shān Tīng Quán》

作品 9 号

我常想读书人是世间幸福人，因为他除了拥有现实的世界之外，还拥有另一个更为浩瀚也更为丰富的世界。现实的世界是人人都有的，而后一个世界却为读书人所独有。由此我想，那些失去或不能阅读的人是多么的不幸，他们的丧失是不可补偿的。世间有诸多的不平等，财富的不平等，权力的不平等，而阅读能力的拥有或丧失却体现为精神的不平等。

一个人的一生，只能经历自己拥有的那一份欣悦，那一份苦难，也许再加上他亲自闻知的那一些关于自身以外的经历和经验。然而，人们通过阅读，却能进入不同时空的诸多他人的世界。这样，具有阅读能力的人，无形间获得了超越有限生命的无限可能性。阅读不仅使他多识了草木虫鱼之名，而且可以上溯远古下及未来，饱览存在的与非存在的奇风异俗。

更为重要的是，读书加惠于人们的不仅是知识的增广，而且还在于精神的感化与陶冶。人们从读书学做人，从那些往哲先贤以及当代才俊的著述中学得他们的人格。人们从《论语》中学得智慧的思考，从《史记》中学得严肃的历史精神，从《正气歌》中学得人格的刚烈，从马克思学得人世//的激情，从鲁迅学得批判精神，从托尔斯泰学得道德的执着。歌德的诗句刻写着睿智的人生，拜伦的诗句呼唤着奋斗的热情。一个读书人，一个有机会拥有超乎个人生命体验的幸运人。

节选自谢冕《读书人是幸福人》

朗读提示：

这是一篇哲理性散文，书面语较多，语调平缓深沉，寓意深刻。朗读时，注意文中平翘舌声母的读音，如“读书人、世界、亲自闻知、草木虫鱼、上溯、才俊、著述”等词语。还要注意下列容易读错的词语：

因为　yīnwèi

能力　nénglì

精神　jīngshén

论语　Lúnyǔ

Zuò pǐn 9 hào

Wǒ cháng xiǎng dúshūrén shì shìjiān xìngfú rén, yīn • wèi tā chúle yōngyǒu xiànshí de shìjiè zhī wài, hái yōngyǒu lìng yí gè gèngwéi hàohàn yě gèngwéi fēngfù de shìjiè. Xiànshí de shìjiè shì rénrén dōu yǒu de, ér hòu yí gè shìjiè què wéi dúshūrén suǒ dúyǒu. Yóu cǐ wǒ xiǎng, nàxiē shīqù huò bù néng yuèdú de rén shì duōme de búxìng, tāmen de sàngshī shì bù kě bǔcháng de. Shìjiān yǒu zhūduō de bù píngděng, cáifù de bù píngděng, quánlì de bù píngděng, ér yuèdú nénglì de yōngyǒu huò sàngshī què tǐxiàn wéi jīngshén de bù píngděng.

Yí gè rén de yìshēng, zhǐnéng jīnglì zìjǐ yōngyǒu de nà yí fèn xīnyuè, nà yí fèn kǔnàn, yéxǔ zài jiā • shàng tā qīnzì wén zhī de nà yì xiē guānyú zìshēn yǐwài de jīnglì hé jīngyàn. Rán'ér, rénmen tōngguò yuèdú, què néng jìnrù bùtóng shíkōng de zhūduō tārén de shìjiè. Zhèyàng, jùyǒu yuèdú nénglì de rén, wúxíng jiān huòdé le chāoyuè yǒuxiàn shēngmìng de wúxiàn kěnéngxìng. Yuèdú bùjǐn shǐ tā duō shíle cǎo-mù-chóng-yú zhī míng, érqiě kěyǐ shàngsù yuǎngǔ xià jí Wèilái, bǎolǎn cúnzài de yǔ fēicúnzài de qífēng-yìsú.

Gèngwéi zhòngyào de shì, dúshū jiāhuì yú rénmen de bùjǐn shì zhīshi de Zēngguǎng, érqiě hái zàiyú jīngshen de gǎnhuà yǔ táoyě. Rénmen cóng dúshū xué zuòrén, cóng nàxiē wǎngzhé xiānxián yǐjí dāngdài cáijùn de zhùshù zhōng xuédé tāmen deréngé. Rénmen cóng《Lúnyǔ》zhōng xuédé zhìhuì de sīkǎo, cóng《Shǐjì》zhōng xuédé yánsù de lìshǐ jīngshén, cóng《Zhèngqìgē》zhōng xuédé réngé de gāngliè, cóng Mǎkèsī xuédé rénshì // de jīqíng, cóng Lǔ Xùn xuédé pīpàn jīngshén, cóng Tuō'ěrsītài xuédé dàodé de zhízhuó. Gēdé de shījù kèxiě zhe ruìzhì de rénshēng, Bàilún de shījù hūhuàn zhe fèndòu de rèqíng. Yí gè dúshūrén, yí gè yǒu jī • huì yōngyǒu chāohū gèrén shēngmìng tǐyàn de xìngyùn rén.

Jiéxuǎn zì Xiè Miǎn《Dúshūrén Shì Xìngfú Rén》

作品 10 号

我爱月夜，但我也爱星天。从前在家乡七八月的夜晚在庭院里纳凉的时候，我最爱看天上密密麻麻的繁星。望着星天，我就会忘记一切，仿佛回到了母亲的怀里似的。

三年前在南京我住的地方有一道后门，每晚我打开后门，便看见一个静寂的夜。下面是一片菜园，上面是星群密布的蓝天。星光在我们的肉眼里虽然微小，然而它使我们觉得光明无处不在。那时候我正在读一些天文学的书，也认得一些星星，好像它们就是我的朋友，它们常常在和我谈话一样。

如今在海上，每晚和繁星相对，我把它们认得很熟了。我躺在舱面上，仰望天空。深蓝色的天空里悬着无数半明半昧的星。船在动，星也在动，它们是这样低，真是摇摇欲坠呢！渐渐地我的眼睛模糊了，我好像看见无数萤火虫在我的周围飞舞。海上的夜是柔和的，是静寂的，是梦幻的。我望着许多认识的星，我仿佛看见它们在对我眨眼，我仿佛听见它们在小声说话。这时我忘记了一切。在星的怀抱中我微笑着，我沉睡着。我觉得自己是一个小孩子，现在睡在母亲的怀里了。

有一夜，那个在哥伦波上船的英国人指给我看天上的巨人。他用手指着：//那四颗明亮的星是头，下面的几颗是身子，这几颗是手，那几颗是腿和脚，还有三颗星算是腰带。经他这一番指点，我果然看清楚了那个天上的巨人。看，那个巨人还在跑呢！

节选自巴金《繁星》

朗读提示：

这篇散文感情基调恬淡温馨，语调舒缓，意境美好。朗读时，注意读准文中带有 ing 韵母词语，如“星天、繁星、星群密布、星光、星星、光明、静寂、萤火虫”等，读准轻声词“似的、朋友、眼睛、模糊、清楚”等词语。

Zuòpǐn 10 Hào

Wǒ ài yuèyè，dàn wǒ yě ài xīngtiān. Cóngqián zài jiāxiāng qī-bāyuè de yèwǎn zài tíngyuàn • lǐ nàliáng de shíhou，wǒ zuì ài kàn tiān • shàng mìmì-mámá de fánxīng. Wàngzhe xīngtiān，Wǒ jiù huì wàngjì yíqiè，fǎngfú huídàole mǔ • qīn de huái • lǐ shìde.

Sān nián qián zài Nánjīng wǒ zhù de dìfang yǒu yí dào hòumén，měi wǎn wǒ dǎkāi hòumén，biàn kàn • jiàn yí gè jìngjì de yè. Xià • miàn shì yí piàn càiyuán，shàng • miàn shì xīngqún mìbù de lántiān. Xīngguāng zài wǒmen de ròuyǎn • lǐ suīrán wēixiǎo，rán'ér tā shǐ wǒmen jué • dé guāngmíng wúchǔ-bù zài. Nà shíhou wǒ zhèngzài dú yìxiē tiānwénxué de shū，yě rènde yìxiē xīngxing，hǎoxiàng tāmen jiùshì wǒ de péngyou，tāmen chángcháng zài hé wǒ tánhuà yíyàng.

Rújīn zài hǎi • shàng，měi wǎn hé fánxīng xiāngduì，wǒ bǎ tāmen rèndé hěn shú le. Wǒ tǎng zài cāngmiàn • shàng，yǎngwàng tiānkōng. Shēnlánsè de tiānkōng • lǐ xuánzhe wúshù bànmíng-bànmèi de xīng. Chuán zài dòng，xīng yě zài dòng，tāmen shì zhèyàng dī，zhēn shì yáoyáo-yù zhuì ne! Jiànjiàn de wǒ de yǎnjing móhu le，wǒ hǎoxiàng kàn • jiàn wúshù yínghuǒchóng zài wǒ de zhōuwéi fēiwǔ. Hǎi • shàng de yè shì róuhé de，shì jìngjì de，shì mènghuàn de. Wǒ wàngzhe xǔduō rènshí de xīng，wǒ fǎngfú kàn • jiàn tāmen zài duì wǒ zhǎyǎn，wǒ fǎngfú tīng • jiàn tāmen zài xiǎoshēng shuōhuà. Zhèshí wǒ wàngjìle yíqiè. Zài xīng de huáibào zhōng wǒ wēixiàozhe，wǒ chénshuìzhe. Wǒ jué • dé zìjǐ shì yí gè xiǎoháizi，xiànzài shuì zài mǔ • qīn de huái • lǐ le.

Yǒu yí yè，nàge zài gēlúnbō shàng chuán de Yīngguórén zhǐ gěi wǒ kàn • tiān shàng de jùrén. Tā yòng shǒu zhǐzhe：//Nà sì kē míngliàng de xīng shì tóu，xià • miàn de jǐ kē shì shēnzi，zhè jǐ kē shì shǒu，nà jǐ kē shì tuǐ hé jiǎo，háiyǒu sān kē xīng suàn shì yāodài. Jīng tā zhè yìfān zhǐdiǎn，wǒ guǒrán kàn qīngchule nàgè tiān • shàng de jùrén. Kàn，nàge jùrén hái zài pǎo ne!

Jiéxuǎn zì Bā Jīn《Fánxīng》

作品 11 号

钱塘江大潮，自古以来被称为天下奇观。

农历八月十八是一年一度的观潮日。这一天早上，我们来到了海宁市的盐官镇，据说这里是观潮最好的地方。我们随着观潮的人群，登上了海塘大堤。宽阔的钱塘江横卧在眼前。江面很平静，越往东越宽，在雨后的阳光下，笼罩着一层蒙蒙的薄雾。镇海古塔、中山亭和观潮台屹立在江边。远处，几座小山在云雾中若隐若现。江潮还没有来，海塘大堤上早已人山人海。大家昂首东望，等着，盼着。

午后一点左右，从远处传来隆隆的响声，好像闷雷滚动。顿时人声鼎沸，有人告诉我们，潮来了！我们踮着脚往东望去，江面还是风平浪静，看不出有什么变化。过了一会儿，响声越来越大，只见东边水天相接的地方出现了一条白线，人群又沸腾起来。

那条白线很快地向我们移来，逐渐拉长，变粗，横贯江面。再近些，只见白浪翻滚，形成一堵两丈多高的水墙。浪潮越来越近，犹如千万匹白色战马齐头并进，浩浩荡荡地飞奔而来；那声音如同山崩地裂，好像大地都被震得颤动起来。

霎时，潮头奔腾西去，可是余波还在漫天卷地般涌来，江面上依旧风号浪吼。过了好久，钱塘江才恢复了//平静。看看堤下，江水已经涨了两丈来高了。

节选自赵宗成、朱明元《观潮》

朗读提示：

这是一篇文质兼美的文章。作者写出了钱塘江大潮的雄奇壮丽、气势非凡，抒发了对祖国壮丽山河的热爱之情。本文中对钱塘江大潮有着细致的描写，朗读时注意读出大潮的奔涌气势，语速略快，但快而不乱。注意下列词语的读音：

地方　dìfang

大堤　dàdī

踮　diǎn

Zuò pǐn 11 hào

Qiántáng jiāng dàcháo,zìgǔ yǐlái bèi chēngwéi tiānxià qíguān.

Nónglì bāyuè shíbā shì yì nián yí dù de guāncháorì. Zhè yì tiān zǎoshang,wǒmen láidàole Hǎiníng Shì de Yánguān Zhèn, jùshuō zhè • lǐ shì guāncháo zuì hǎo de dìfang. Wǒmen suízhe guāncháo de rénqún,dēng • shàngle hǎitáng dàdī. Kuānkuò de Qiántáng Jiāng héngwò zài yǎnqián. Jiāngmiàn hěn píngjìng, yuè wǎng dōng yuè kuān, zài yǔhòu de yángguāng • xià, lǒngzhàozhe yì céng méngméng de bówù. Zhènhǎi gǔtǎ、Zhōngshāntíng hé Guāncháotái yìlì zài jiāng Biān. Yuǎnchù, jǐ zuò xiǎoshān zài yúnwù zhōng ruòyǐn-ruòxiàn. Jiāngcháo hái méi • yǒu lái,hǎitáng dàdī • shàng zǎoyǐ rénshān-rénhǎi. Dàjiā ángshǒu dōng Wàng,děngzhe,pànzhe.

Wǔhòu yī diǎn zuǒyòu,cóng yuǎnchù chuánlái lónglóng de xiǎngshēng,hǎoxiàng mènléi gǔndòng. Dùnshí rénshēng-dǐngfèi,yǒu rén gàosu wǒmen,cháo lái le! Wǒmen diǎnzhe jiǎo wǎng dōng wàng • qù,jiāngmiàn háishi fēngpíng • làngjìng,kàn • bù chū yǒu shénme biànhuà. Guòle yíhuìr, xiǎng shēng yuè lái yuè dà,zhǐ jiàn dōng • biān shuǐtiān-xiāngjiē de dìfang chūxiànle yì tiáo báixiàn,rénqún yòu fèiténg qǐ • lái.

Nà tiáo báixiàn hěn kuài de xiàng wǒmen yí • lái, zhújiàn lā cháng, biàn cū, héngguàn jiāngmiàn. Zài jìn xiē,zhǐ jiàn báilàng fāngǔn,xíngchéng yì dǔ liǎng zhàng duō gāo de shuǐqiáng. Làngcháo yuè lái yuè jìn, yóurú qiān-wàn pǐ báisè zhànmǎ qítóu-bìngjìn,hàohàodàngdàng de fēibēn'érlái; nà shēngyīn rútóng Shānbēng-dìliè, hǎoxiàng dàdì dōu bèi zhèn de chàndòng qǐ • lái.

Shàshí,cháotóu bēnténg xī qù,kěshì yúbō hái zài màntiān-juǎndì bān yǒng • lái, jiāngmiàn • shàng yījiù fēngháo-lànghǒu. Guòle hǎojiǔ,Qiántáng Jiāng cái huīfùle// píngjìng. Kànkan dī xià,jiāngshuǐ yǐ • jīng zhǎngle liǎng zhàng lái gāo le.

Jiéxuǎn zì Zhào Zōngchéng、Zhū Míngyuán《Guān Cháo》

作品 12 号

我和几个孩子站在一片园子里，感受秋天的风。园子里长着几棵高大的梧桐树，我们的脚底下，铺了一层厚厚的梧桐叶。叶枯黄，脚踩在上面，嘎吱嘎吱脆响。风还在一个劲儿地刮，吹打着树上可怜的几片叶子，那上面，就快成光秃秃的了。

我给孩子们上写作课，让孩子们描摹这秋天的风。以为他们一定会说寒冷、残酷和荒凉之类的，结果却出乎我的意料。

一个孩子说，秋天的风，像把大剪刀，它剪呀剪的，就把树上的叶子全剪光了。

我赞许了这个比喻。有二月春风似剪刀之说，秋天的风，何尝不是一把剪刀呢？只不过，它剪出来的不是花红叶绿，而是败柳残荷。

剪完了，它让阳光来住，这个孩子突然接着说一句。他仰向我的小脸，被风吹着，像只通红的小苹果。我怔住，抬头看树，那上面，果真的，爬满阳光啊，每根枝条上都是。失与得，从来都是如此均衡，树在失去叶子的同时，却承接了满树的阳光。

一个孩子说，秋天的风，像个魔术师，它会变出好多好吃的，菱角呀，花生呀，苹果呀，葡萄呀。还有桂花，可以做桂花糕。我昨天吃了桂花糕，妈妈说，是风变出来的。

我笑了。小可爱，经你这么一说，秋天的风，还真是香的。我和孩//子们一起嗅，似乎就闻见了风的味道，像块蒸得热气腾腾的桂花糕。

节选自丁立梅《孩子和秋风》

朗读提示：

这篇散文细腻优美，让人们感受到了生活细微处的美好，感悟到世界带来的浓浓的善意。感情基调是恬淡温馨的，语调舒缓。朗读时注意下列词语的读音：

嘎吱嘎吱　gāzhī gāzhī

一个劲儿　yígèjìnr

小脸　xiǎoliǎnr

怔住　zhèngzhù

菱角　língjiǎo

Zuòpǐn 12 Hào

Wǒ hé jǐ gè háizi zhàn zài yí piàn yuánzi • lǐ, gǎnshòu qiūtiān de fēng. Yuánzi • lǐzhǎngzhe jǐ kē gāodà de wútóngshù, wǒmen de jiǎo dǐ • xià, pūle yì céng hòuhòu de wútóngyè. Yè kūhuáng, jiǎo cǎi zài shàng • miàn, gāzhī gāzhī cuìxiǎng. Fēng hái zài yígèjìnr de guā, chuīdǎzhe shù • shàng kělián de jǐ piàn yèzi, nà shàng • mian, jiù kuài chéng guāngtūtū de le.

Wǒ gěi háizimen shàng xiězuòkè, ràng háizimen miáomó zhè qiūtiān de Fēng. Yǐwéi tāmen yídìng huì shuō hánlěng、cánkù hé huāngliáng zhīlèi de, jiéguǒ què chūhū wǒ de yìliào.

Yí gè háizishuō, qiūtiān de fēng, xiàng bǎ dà jiǎndāo, tā jiǎn ya jiǎn de, jiù bǎ shù • shàng de yèzi quán jiǎnguāng le.

Wǒ zànxǔle zhège bǐyù. Yǒu èryuè chūnfēng sì jiǎndāo zhī shuō, qiūtiān de Fēng, hécháng bú shì yì bǎ jiǎndāone? Zhǐ búguò, tā jiǎn chū • lái de bú shì Huāhóng-yèlǜ, ér shì bàiliǔ-cánhé.

Jiǎnwán le, tā ràng yángguāng lái zhù, zhège háizi tūrán jiēzhe shuō yí jù. Tā yǎng xiàng wǒ de xiǎoliǎnr, bèi fēng chuīzhe, xiàng zhī tōnghóng de xiǎo Píngguǒ. Wǒ zhēngzhù, tái tóu kàn shù, nà shàng • mian, guǒzhēn de, pámǎn yángguāng ngā, měi gēn zhītiáo • shàng dōu shì. Shī yǔ dé, cónglái dōu shì rúcǐ Jūnhéng, shù zài shīqù yèzi de tóng shí, què chéngjiēle mǎn shù de yángguāng.

Yí gè háizi shuō, qiūtiān de fēng, xiàng gè móshùshī, tā huì biànchū hǎoduō hǎochīde, língjiao ya, huāshēng ya, píngguǒ ya, pú • tao ya. Hái yǒu guìhuā, kéyǐ zuò guìhuāgāo. Wǒ zuótiān chīle guìhuāgāo, māma shuō, shì fēng biàn chū • lái de.

Wǒ xiào le. Xiǎokě'ài, jīng nǐ zhème yì shuō, qiūtiān de fēng, hái zhēn shì xiāng de. Wǒ hé hái//zimen yìqǐ xiù, sìhū jiù wénjiànle fēng de wèi • dào, xiàng kuàir zhēng de rèqì-téngténg de guìhuāgāo.

Jiéxuǎn zì Dīng Lìméi《Háizi hé Qiūfēng》

作品13号

夕阳落山不久，西方的天空，还燃烧着一片橘红色的晚霞。大海，也被这霞光染成了红色，而且比天空的景色更要壮观。因为它是活动的，每当一排排波浪涌起的时候，那映照在浪峰上的霞光，又红又亮，简直就像一片片霍霍燃烧着的火焰，闪烁着，消失了。而后面的一排，又闪烁着，滚动着，涌了过来。

天空的霞光渐渐地淡下去了，深红的颜色变成了绯红，绯红又变为浅红。最后，当这一切红光都消失了的时候，那突然显得高而远了的天空，则呈现出一片肃穆的神色。最早出现的启明星，在这蓝色的天幕上闪烁起来了。它是那么大，那么亮，整个广漠的天幕上只有它在那里放射着令人注目的光辉，活像一盏悬挂在高空的明灯。

夜色加浓，苍空中的"明灯"越来越多了。而城市各处的真的灯火也次第亮了起来，尤其是围绕在海港周围山坡上的那一片灯光，从半空倒映在乌蓝的海面上，随着波浪，晃动着，闪烁着，像一串流动着的珍珠，和那一片片密布在苍穹里的星斗互相辉映，煞是好看。

在这幽美的夜色中，我踏着软绵绵的沙滩，沿着海边，慢慢地向前走去。海水，轻轻地抚摸着细软的沙滩，发出温柔的//唰唰声。晚来的海风，清新而又凉爽。我的心里，有着说不出的兴奋和愉快。

夜风轻飘飘地吹拂着，空气中飘荡着一种大海和田禾相混合的香味儿，柔软的沙滩上还残留着白天太阳炙晒的余温。那些在各个工作岗位上劳动了一天的人们，三三两两地来到这软绵绵的沙滩上，他们浴着凉爽的海风，望着那缀满了星星的夜空，尽情地说笑，尽情地休憩。

节选自峻青《海滨仲夏夜》

朗读提示：

这篇抒情散文感情基调恬淡不失欢快，语调舒缓，语气柔和，意境优美。朗读时，注意文中"燃烧、时候、绯红、启明星、令人注目、明灯、珍珠、轻轻、香味儿、休憩"等词语的读音。

绯红　fēihóng

神色　shénsè

苍穹　cāngqióng

Zuòpǐn 13 Hào

Xīyáng luòshān bùjiǔ, xīfāng de tiānkōng, hái ránshāozhe yí piàn júhóngsè de wǎnxiá. Dàhǎi, yě bèi zhè xiáguāng rǎnchéngle hóngsè, érqiě bǐ tiānkōng de jǐngsè gèng yào zhuàngguān. Yīn • wèi tā shì huó • dòng de, měidāng yìpáipái bōlàng yǒngqǐ de shíhou, nà yìngzhào zài làngfēng • shàng de xiáguāng, yòu hóng yòu liàng, jiǎnzhí jiù xiàng yípiànpiàn huòhuò ránshāozhe de huǒyàn, shǎnshuò zhe, xiāoshī le. ér hòu • miàn de yì pái, yòu shǎnshuòzhe, gǔndòngzhe, yǒngle guò • lái.

Tiānkōng de xiáguāng jiànjiàn de dàn xià • qù le, shēnhóng de yánsè biànchéngle fēihóng, fēihóng yòu biànwéi qiǎnhóng. Zuìhòu, dāng zhè yíqiè hóngguāng dōu xiāoshīle de shíhou, nà tūrán xiǎn • dé gāo ér yuǎn le de tiānkōng, zé chéngxiàn chū yí piàn sùmù de shénsè. Zuì zǎo chūxiàn de qǐmíngxīng, zài zhè lánsè de tiānmù • shàng shǎnshuò qǐ • lái le. Tā shì nàme dà, nàme liàng, zhěng gè guǎngmò de tiānmù • shàng zhǐyǒu tā zài nà • lǐ fàngshèzhe lìng rén zhùmù de guānghuī, huóxiàng yì zhǎn xuánguà zài gāokōng de míngdēng.

Yèsè jiā nóng, cāngkōng zhōng de “míngdēng” yuèláiyuè duō le. ér chéngshì gè chù de zhēn de dēnghuǒ yě cìdì liàngle qǐ • lái, yóuqí shì wéirào zài hǎigǎng zhōuwéi shānpō • shàng de nà yí piàn dēngguāng, cóng bànkōng dàoyìng zài wūlán de hǎimiàn • shàng, suízhe bōlàng, huàngdòngzhe, shǎnshuòzhe, xiàng yí chuàn liúdòngzhe de zhēnzhū, hé nà yípiànpiàn mìbù zài cāngqióng • lǐ de xīngdǒu hùxiāng huīyìng, shà shì hǎokàn.

Zài zhè yōuměi de yèsè zhōng, wǒ tàzhe ruǎnmiánmián de shātān, yánzhe hǎibiān, mànmàn de xiàngqián zǒu • qù. Hǎishuǐ, qīngqīng de fǔmōzhe xìruǎn de shātān, fāchū wēnróu de // shuāshuā shēng. Wǎnlái de hǎifēng, qīngxīn ér yòu liángshuǎng. Wǒ de xīn • lǐ, yǒuzhe shuō • bùchū de xīngfèn hé yúkuài.

Yèfēng qīngpiāopiāo de chuīfúzhe, kōngqì zhōng piāodàng • zhe yì zhǒng dàhǎi hé tiánhé xiāng hùnhé de xiāngwèir, róuruǎn de shātān • shàng hái cánliúzhe bái • tiān tài • yáng zhìshài de yúwēn. Nàxiē zài gè gè gōngzuò gǎngwèi • shàng láodòngle yì tiān de rénmen, sānsān-liǎngliǎng de láidào zhè ruǎnmiánmián de shātān • shàng, tāmen yù zhe liángshuǎng de hǎifēng, wàngzhe nà zhuìmǎnle xīngxing de yèkōng, jìnqíng de shuōxiào, jìnqíng de xiūqì.

Jiéxuǎn zì Jùn Qīng《Hǎibīn Zhòngxià Yè》

作品 14 号

生命在海洋里诞生绝不是偶然的，海洋的物理和化学性质，使它成为孕育原始生命的摇篮。

我们知道，水是生物的重要组成部分，许多动物组织的含水量在百分之八十以上，而一些海洋生物的含水量高达百分之九十五。水是新陈代谢的重要媒介，没有它，体内的一系列生理和生物化学反应就无法进行，生命也就停止。因此，在短时期内动物缺水要比缺少食物更加危险。水对今天的生命是如此重要，它对脆弱的原始生命，更是举足轻重了。生命在海洋里诞生，就不会有缺水之忧。

水是一种良好的溶剂。海洋中含有许多生命所必需的无机盐，如氯化钠、氯化钾、碳酸盐、磷酸盐，还有溶解氧，原始生命可以毫不费力地从中吸取它所需要的元素。

水具有很高的热容量，加之海洋浩大，任凭夏季烈日曝晒，冬季寒风扫荡，它的温度变化却比较小。因此，巨大的海洋就像是天然的"温箱"，是孕育原始生命的温床。

阳光虽然为生命所必需，但是阳光中的紫外线却有扼杀原始生命的危险。水能有效地吸收紫外线，因而又为原始生命提供了天然的"屏障"。

这一切都是原始生命得以产生和发展的必要条件。//

节选自童裳亮《海洋与生命》

朗读提示：

这篇说明文感情基调平和，书面语较多，语调平稳。朗读时，注意文中平翘舌声母的读音，如"生命、水、组织、举足轻重"等词语；注意读准易错的"氯化钠、氯化钾、溶解氧、曝晒、扼杀、屏障"等词语；注意句中停顿。

氯化钠　lǜhuànà

热容量　rèróngliàng

比较　bǐjiào

提供　tígōng

Zuòpǐn 14 Hào

Shēngmìng zài hǎiyáng · lǐ dànshēng jué bù shì ǒurán de,hǎiyáng de wùlǐ hé huàxué xìngzhì,shǐ tā chéngwéi yùnyù yuánshǐ shēngmìng de yáolán.

Wǒmen zhī · dào,shuǐ shì shēngwù de zhòngyào zǔchéng bùfen,xǔduō dòngwù zǔzhī de hánshuǐliàng zài bǎi fēn zhī bāshí yǐshàng,ér yìxiē hǎiyáng shēngwù de hánshuǐliàng gāodá bǎ fēn zhī jiǔshíwǔ. Shuǐ shì xīnchén-dàixiè de zhòngyào méijiè, méi · yǒu tā, tǐnèi de yíxìliè shēnglǐ hé shēngwù huàxué fǎnyìng jiù wúfǎ jìnxíng. Shēngmìng yě jiù tíngzhǐ. Yīncǐ, zài duǎn shíqī nèi dòngwù quē shuǐ yào bǐ quēshǎo shíwù gèngjiā wēixiǎn. Shuǐ duì jīntiān de shēngmìng shì rúcǐ zhòngyào, tā duì cuìruò de yuánshǐ shēngmìng, gèng shì jǔzú-qīngzhòng le. Shēngmìng zài hǎiyáng · lǐ dànshēng, jiù bú huì yǒu quē shuǐ zhī yōu.

Shuǐ shì yì zhǒng liánghǎo de róngjì. Hǎiyáng zhōng hányǒu xǔduō shēngmìng suǒ bìxū de wújīyán, rú lǜhuànà、lǜhuàjiǎ、tànsuānyán、línsuānyán, háiyǒu róngjiěyǎng, yuánshǐ shēngmìng kěyǐ háobú fèilì de cóngzhōng xīqǔ tā suǒ xūyào de yuánsù.

Shuǐ jùyǒu hěn gāo de rè róngliàng, jiāzhī hǎiyáng hàodà, rènpíng xiàjì lièrì pùshài, dōngjì hánfēng sǎodàng, tā de wēndù biànhuà què bǐjiào xiǎo. Yīncǐ, jùdà de hǎiyáng jiù xiàng shì tiānrán de “wēn xiāng”, shì yùnyù yuánshǐ shēngmìng de wēnchuáng.

Yángguāng suīrán wéi shēngmìng suǒ bìxū, dànshì yángguāng zhōng de zǐwàixiàn què yǒu èshā yuánshǐ shēngmìng de wēixiǎn. Shuǐ néng yǒuxiào de xīshōu zǐwàixiàn. Yīn’ér yòu wèi yuánshǐ shēngmìng tígōngle tiānrán de“píngzhàng”.

Zhè yíqiē dōu shì yuánshǐ shēngmìng déyǐ chǎnshēng hé fāzhǎn de bìyào tiáojiàn. //

Jiéxuǎn zì Tóng Chángliàng《Hǎiyáng yǔ Shēngmìng》

作品15号

在我国历史地理中，有三大都城密集区，它们是：关中盆地、洛阳盆地、北京小平原。其中每一个地区都曾诞生过四个以上大型王朝的都城。而关中盆地、洛阳盆地是前朝历史的两个都城密集区，正是它们构成了早期文明核心地带中最重要的内容。

为什么这个地带会成为华夏文明最先进的地区？这主要是由两个方面的条件促成的，一个是自然环境方面的，一个是人文环境方面的。

在自然环境方面，这里是我国温带季风气候带的南部，降雨、气温、土壤等条件都可以满足旱作农业的需求。中国北方的古代农作物，主要是一年生的粟和黍。黄河中下游的自然环境为粟黍作物的种植和高产提供了得天独厚的条件。农业生产的发达，会促进整个社会经济的发展，从而推动社会的进步。

在人文环境方面，这里是南北方、东西方大交流的轴心地区。在最早的六大新石器文化分布形势图中可以看到，中原处于这些文化分布的中央地带。无论是考古发现还是历史传说，都有南北文化长距离交流、东西文化相互碰撞的证据。中原地区在空间上恰恰位居中心，成为信息最发达、眼界最宽广、活动最//繁忙、竞争最激烈的地方。正是这些活动，推动了各项人文事务的发展，文明的方方面面就是在处理各类事务的过程中被开创出来的。

节选自唐晓峰《华夏文明的发展与融合》

朗读提示：

这篇说明文让我们了解到了中华文明形成过程中的很多知识。本文专有名词较多，朗读时注意语节的划分，注意句子的停连和重音，如“在最早的|六大新石器文化|分布形势图中|可以看到，中原|处于这些文化分布的|中央地带”等。注意下列词语读音：

粟　sù

黍　shǔ

处于　chǔyú

Zuòpǐn 15 Hào

Zài wǒguó lìshǐ dìlǐ zhōng，yǒu sān dà dūchéng mìjíqū，tāmen shì：Guānzhōng Péndì、Luòyáng Péndì、Běijīng Xiǎopíngyuán. Qízhōng měi yí gè dìqū dōu céng dànshēngguo sì gè yǐshàng dàxíng wángcháo de dūchéng. ÉrGuānzhōng Péndì、Luòyáng Péndì shì qiáncháo lìshǐ de liǎng gè dūchéng mìjíqū，zhèng shì tāmen gòuchéngle zǎoqī wénmíng héxīn dìdài zhōng zuì zhòngyào de nèiróng.

Wèi shénme zhège dìdài huì chéngwéi Huáxià wénmíng zuì xiānjìn de dìqū？Zhè zhǔyào shì yóu liǎng gè fāngmiàn de tiáojiàn cùchéng de，yí gè shì zìrán huánjìng fāngmiàn de，yí gè shì rénwén huánjìng fāngmiàn de.

Zài zìrán huánjìng fāngmiàn，zhè • lǐ shì wǒguó wēndài jìfēng qìhòudài de nánbù，jiàngyǔ、qìwēn、túrǎng děng tiáojiàn dōu kéyǐ mǎnzú hànzuò nóngyè de xūqiú. Zhōngguó běifāng de gǔdài nóngzuòwù，zhǔyào shì yìniánshēng de sù hé shǔ. Huánghé zhōng-xiàyóu de zìrán huánjìng wèi sù-shǔ zuòwù de zhòngzhíhé gāochǎn tígōngle détiān-dúhòu de tiáojiàn. Nóngyè shēngchǎn de fādá，huìcùjìn zhěnggè shèhuì jīngjì de fāzhǎn，cóng'ér tuīdòng shèhuì de jìnbù.

Zài rénwén huánjìng fāngmiàn，zhè • lǐ shì nán-běifāng、dōng-xīfāng dàjiāoliú de zhòuxīn dìqū. Zài zuì zǎo de liù dà xīn shíqì wénhuà fēnbù xíngshìtú zhōng kěyǐ kàndào，Zhōngyuán chǔyú zhèxiē wénhuà fēnbù de zhōngyāng dìdài. Wúlùn shì kǎogǔ fāxiàn háishi lìshǐ chuánshuō，dōu yǒu nán-běi wén huà chángjùlí jiāoliú、dōng-xī wénhuà xiānghù pèngzhuàng de zhèngjù. Zhōngyuán dìqū zài kōngjiān • shàng qiàqià wèijū zhōngxīn，chéngwéi xìnxī zuì fādá、yǎnjiè zuì kuānguǎng、huó • dòng zuì //fánmáng、jìngzhēng zuì jīliè de dìfang. Zhèng shì zhèxiē huó • dòng，tuīdòngle gè xiàng rénwén shìwù de fāzhǎn，wénmíng de fāngfāngmiànmiàn jiù shì zài chǔlǐ gè lèi shìwù de guòchéng zhōng bèi kāichuàng chū • lái de.

Jiéxuǎn zì Táng Xiǎofēng《Huáxià Wénmíng de Fāzhǎn yǔ Rónghé》

作品 16 号

于很多中国人而言，火车就是故乡。在中国人的心中，故乡的地位尤为重要，老家的意义非同寻常，所以，即便是坐过无数次火车，但印象最深刻的，或许还是返乡那一趟车。那一列列返乡的火车所停靠的站台边，熙攘的人流中，匆忙的脚步里，张望的目光下，涌动着的都是思乡的情绪。每一次看见返乡那趟火车，总觉得是那样可爱与亲切，仿佛看见了千里之外的故乡。上火车后，车启动的一刹那，在车轮与铁轨碰撞的“况且”声中，思乡的情绪便陡然在车厢里弥漫开来。你知道，它将驶向的，是你最熟悉也最温暖的故乡。再过几个或者十几个小时，你就会回到故乡的怀抱。这般感受，相信在很多人的身上都曾发生过。尤其在春节、中秋等传统节日到来之际，亲人团聚的时刻，更为强烈。

火车是故乡，火车也是远方。速度的提升，铁路的延伸，让人们通过火车实现了向远方自由流动的梦想。今天的中国老百姓，坐着火车，可以去往九百六十多万平方公里土地上的天南地北，来到祖国东部的平原，到达祖国南方的海边，走进祖国西部的沙漠，踏上祖国北方的草原，去观三山五岳，去看大江大河……

火车与空//间有着密切的联系，与时间的关系也让人觉得颇有意思。那长长的车厢，仿佛一头连着中国的过去，一头连着中国的未来。

节选自舒翼《记忆像铁轨一样长》

朗读提示：

这篇文章表达了中国人的思乡之情和爱国之志。本文平翘舌音较多，朗读时注意长句子的停连和重音，如“今天的中国老百姓，坐着火车，可以去往|九百六十多万平方公里土地上的|天南地北，来到祖国东部的平原，到达祖国南方的海边，走进祖国西部的沙漠，踏上祖国北方的草原，去观三山五岳，去看大江大河……”等。注意下列词语读音：

即便　jíbiàn

一刹那　yíchànà

三山五岳　sānshān-wǔyuè

Zuòpǐn 16 Hào

Yú hěnduō zhōngguórén ér yán, huǒchē jiù shì gùxiāng. Zài zhōngguórén de xīnzhōng, gùxiāng de dìwèi yóuwéi zhòngyào, lǎojiā de yìyì fēitóng-xúncháng, Suǒyǐ, jíbiàn shì zuòguo wúshù cì huǒchē, dàn yìnxiàng zuì shēnkè de, huòxǔ hái shi fǎnxiāng nà yí tàng chē. Nà yílièliè fǎnxiāng de huǒchē suǒ tíngkào de zhàntái biān, xīrǎng de rénliú zhōng, cōngmáng de jiǎobù • lǐ, zhāngwàng de mùguāng • xià, yǒngdòngzhe de dōushì sīxiāng de qíngxù. Měi yí cì kàn • jiàn fǎnxiāng nà tàng huǒchē, zǒng jué • dé shì nà yàng kě'ài yǔ qīnqiè, fǎngfú kàn • jiànle qiānlǐ zhī wài de gùxiāng. Shàng huǒchē hòu, chē qǐdòng de yích nà, zài chēlún yǔ tiěguǐ pèngzhuàng de "kuàngqiě" shēng zhōng, sīxiāng de qíngxù biàn dǒurán zài chēxiāng • lǐ mímàn kāi • lái. Nǐ zhī • dào, tā jiāng shǐxiàng de, shì nǐ zuì shú • xī yě zuì wēnnuǎn de gùxiāng. Zài guò jǐ gè huòzhě shíjǐ gè xiǎoshí, nǐ jiù huì huídào gùxiāng de huáibào. Zhèbān gǎnshòu, xiāngxìn zài hěnduō rén de shēn • shàng dōu céng fāshēngguo. Yóuqí zài Chūnjié、Zhōngqiū děng chuántǒng jiérì dàolái zhījì, qīnrén tuánjù de shíkè, gèngwéi qiángliè.

Huǒchē shì gùxiāng, huǒchē yě shì yuǎnfāng. Sùdù de tíshēng, tiělù de yánshēn, ràng rénmen tōngguò huǒchē shíxiànle xiàng yuǎnfāng zìyóu liúdòng de mèngxiǎng. Jīntiān de Zhōngguó lǎobǎixìng, zuòzhe huǒchē, kěyǐ qù wǎng jiǔbǎi liùshí duō wàn píngfāng gōnglǐ tǔdì • shàng de tiānnán-dìběi, láidào zǔguó dōngbù de píngyuán, dàodá zǔguó nánfāng de hǎi biān, zǒu • jìn zǔguó xībù de shā mò, tà • shàng zǔ guó běifāng de cǎoyuán, qù guān sānshān-wǔyuè, qù kàn Dàjiāng-dàhé……

Huǒchē yǔ kōng // jiān yǒuzhe mìqiè de liánxì, yǔ shíjiān de guānxi yě ràngrén jué • de pō yǒu yìsi. Nà chángcháng de chēxiāng, fǎngfú yìtóu liánzhe Zhōngguó de guòqù, yìtóu liánzhe Zhōngguó de wèilái.

Jiéxuǎn Zì Shū Yì《Jìyì Xiàng Tiěguǐ Yíyàng Cháng》

作品 17 号

奶奶给我讲过这样一件事：有一次她去商店，走在她前面的一位阿姨推开沉重的大门，一直等到她跟上来才松开手。当奶奶向她道谢的时候，那位阿姨轻轻地说："我的妈妈和您的年龄差不多，我希望她遇到这种时候，也有人为她开门。"听了这件事，我的心温暖了许久。

一天，我陪患病的母亲去医院输液，年轻的护士为母亲扎了两针也没有扎进血管里，眼见针眼处鼓起青包。我正要抱怨几句，一抬头看见了母亲平静的眼神——她正在注视着护士额头上密密的汗珠，我不禁收住了涌到嘴边的话。只见母亲轻轻地对护士说："不要紧，再来一次！"第三针果然成功了。那位护士终于长出了一口气，她连声说："阿姨，真对不起。我是来实习的，这是我第一次给病人扎针，太紧张了。要不是您的鼓励，我真不敢给您扎了。"母亲用另一只手拉着我，平静地对护士说："这是我的女儿，和你差不多大小，正在医科大学读书，她也将面对自己的第一个患者。我真希望她第一次扎针的时候，也能得到患者的宽容和鼓励。"听了母亲的话，我的心里充满了温暖与幸福。

是啊，如果我们在生活中能将心比心，就会对老人生出一份//尊重，对孩子增加一份关爱，就会使人与人之间多一些宽容和理解。

节选自姜桂华《将心比心》

朗读提示：

这篇文章揭示了尊敬老人、关爱晚辈、换位思考、互帮互助的中国传统美德。本文平翘舌音较多，朗读时注意语气的变化和句子的停连重音，如"一天，我陪患病的母亲|去医院输液，年轻的护士|为母亲扎了两针|也没有扎进血管里，眼见针眼处鼓起青包。我正要抱怨几句，一抬头|看见了母亲平静的眼神——她正在注视着|护士额头上密密的汗珠，我不禁收住了涌到嘴边的话"等。注意下列词语读音：

年龄　niánlíng

针眼　zhēnyǎnr

不禁　bùjīn

Zuòpǐn 17 Hào

Nǎinai gěi wǒ jiǎngguo zhèyàng yí jiàn shì：yǒu yí cì tā qù shāngdiàn，zǒu zài tā qián • miàn de yí wèi āyí tuīkāi chénzhòng de dàmén，yìzhí děngdào tā gēn shàng • lái cái sōngkāi shǒu. Dāng nǎinai xiàng tā dàoxiè de shíhou，nà wèi āyí qīngqīng de shuō："Wǒ de māma hé nín de niánlíng chà • bùduō，wǒ xīwàng tā yùdào zhèzhǒng shíhou，yě yǒu rén wèi tā kāimén. "Tīngle zhè jiàn shì，wǒ de xīn wēnnuǎnle xǔjiǔ.

Yì tiān，wǒ péi huànbìng de mǔ • qīn qù yīyuàn shūyè，niánqīng de hùshi wèi mǔ • qīn zhāle liǎng zhēn yě méi • yǒu zhā jìn xuèguǎn • lǐ，yǎnjiàn zhēnyǎnr chù gǔqǐ qīngbāo. Wǒ zhèng yào bàoyuàn jǐ jù，yì tái tóu kàn • jiànle mǔ • qīn píngjìng de yǎnshén——tā zhèngzài zhùshìzhe hùshi étóu • shàng mìmì de hànzhū，wǒ bùjīn shōuzhùle yǒngdào zuǐ biān de huà. Zhǐ jiàn mǔ • qīn qīngqīng de duì hùshi shuō："Bù yàojǐn，zài lái yí cì！"Dì-sān zhēn guǒrán chénggōng le. Nà wèi hù shi zhōngyú cháng chūle yì kǒu qì，tā liánshēng shuō："Āyí，zhēn duì • bù qǐ. Wǒ shì lái shíxí de，zhè shì wǒ dì-yī cì gěi bìngrén zhā zhēn，tài jǐnzhāng le. Yào • búshì nín de gǔlì，wǒ zhēn bù gǎn gěi nín zhā le. "Mǔ • qīn yòng lìng yì zhī shǒu lāzhe wǒ，píngjìng de duì hùshi shuō："Zhè shì wǒ de nǚ'ér，hé nǐ chà • bùduō dàxiǎo，zhèngzài yīkē dàxué dúshū，tā yě jiāng miànduì zìjǐ de dì-yīgè huànzhě. Wǒ zhēn xīwàng tā dì-yī cì zhā zhēn de shíhou，yě néng dédào huànzhě de kuānróng hé gǔlì. "Tīngle mǔ • qīn de huà，wǒ de xīn • lǐ chōngmǎnle wēnnuǎn yǔ xìngfú.

Shì ra，rúguǒ wǒmen zài shēnghuó zhōng néng jiāngxīn-bǐxīn，jiù huì duì lǎorén shēngchū yí fèn// zūnzhòng，duì háizi zēngjiā yí fèn guān'ài，jiù huì shǐ rén yǔ rén zhījiān duō yìxiē kuānróng hé lǐjiě.

Jiéxuǎn zì Jiāng Guìhuá《Jiāngxīn-bǐxīn》

作品 18 号

晋祠之美，在山，在树，在水。

这里的山，巍巍的，有如一道屏障；长长的，又如伸开的两臂，将晋祠拥在怀中。春日黄花满山，径幽香远；秋来草木萧疏，天高水清。无论什么时候拾级登山都会心旷神怡。

这里的树，以古老苍劲见长。有两棵老树：一棵是周柏，另一棵是唐槐。那周柏，树干劲直，树皮皱裂，顶上挑着几根青青的疏枝，偃卧于石阶旁。那唐槐，老干粗大，虬枝盘屈，一簇簇柔条，绿叶如盖。还有水边殿外的松柏槐柳，无不显出苍劲的风骨。以造型奇特见长的，有的偃如老妪负水，有的挺如壮士托天，不一而足。圣母殿前的左扭柏，拔地而起，直冲云霄，它的树皮上的纹理一齐向左边拧去，一圈一圈，丝纹不乱，像地下旋起了一股烟，又似天上垂下了一根绳。晋祠在古木的荫护下，显得分外幽静、典雅。

这里的水，多、清、静、柔。在园里信步，但见这里一泓深潭，那里一条小渠。桥下有河，亭中有井，路边有溪。石间细流脉脉，如线如缕；林中碧波闪闪，如锦如缎。这些水都来自"难老泉"。泉上有亭，亭上悬挂着清代著名学者傅山写的"难老泉"三个字。这么多的水长流不息，日日夜夜发出叮叮咚咚的响声。水的清澈真令人叫绝，无论//多深的水，只要光线好，游鱼碎石，历历可见。水的流势都不大，清清的微波，将长长的草蔓拉成一缕缕的丝，铺在河底，挂在岸边，合着那些金鱼、青苔以及石栏的倒影，织成一条条大飘带，穿亭绕榭，冉冉不绝。当年李白来到这里，曾赞叹说："晋祠流水如碧玉。"当你沿着流水去观赏那亭台楼阁时，也许会这样问：这几百间建筑怕都是在水上漂着的吧！

节选自梁衡《晋祠》

朗读提示：

这篇文章把自然山水与先贤伟人融为一体，写法独特，表达了对祖国山水的热爱和哲学思考。本文前后鼻音的字和四字熟语较多，如"屏障、径幽香远、草木萧疏、苍劲、虬枝盘屈、老妪负水、荫护、细流脉脉、如线如缕、清澈"等。注意这些词语的读音。另外"拾级"的"拾"字读"shè"，不要读错。

Zuòpǐn 18 Hào

Jìncí zhī měi,zài shān,zài shù,zài shuǐ.

Zhè • lǐ de shān, wēiwēi de, yǒurú yí dào píngzhàng; chángcháng de, yòu rú shēnkāi de liǎngbì, jiāng Jìncí yōng zài huáizhōng. Chūnrì huánghuā mǎn shān, jìngyōu-xiāngyuǎn; qiūlái cǎomù xiāoshū, tiāngāo-shuǐqīng. Wúlùn shénme shíhou shèjí dēngshān dōu huì xīnkuàng-shényí.

Zhè • lǐ de shù, yǐ gǔlǎo cāngjìng jiàncháng. Yǒu liǎng kē lǎoshù: yì kē shì zhōubǎi,lìng yì kē shì tánghuái. Nà zhōubǎi,shùgàn jìngzhí,shùpí zhòuliè,dǐng • shàng tiǎozhe jǐ gēn qīngqīng de shūzhī,yǎnwò yú shíjiē páng. Nà tánghuái,lǎogàn cūdà,qiúzhī pánqū,yí cùcù róutiáo,lǜyè rú gài. Hái yǒu shuǐ biān diàn wài de sōng-bǎi-huái-liǔ,wúbù xiǎnchū cāngjìng de fēnggǔ. Yǐ zàoxíng qítè jiàncháng de,yǒude yǎn rú lǎoyù fù shuǐ,yǒude tǐng rú zhuàngshì tuō tiān,bùyī'érzú. Shèngmǔdiàn qián de zuǒniǔbǎi,bádì'érqǐ,zhíchōng-yúnxiāo,tā de shùpí • shàng de wénlǐ yìqí xiàng zuǒ • biān nǐngqù,yì quān yì quān,sīwén bú luàn,xiàng dì • xià xuánqǐle yì gǔ yān, yòu sì tiān • shàng chuíxiàle yì gēn shéng. Jìncí zài gǔmù de yìnhù xià,xiǎn • dé fènwài yōujìng、diǎnyǎ.

Zhè • lǐ de shuǐ,duō、qīng、jìng、róu. Zài yuán • lǐ xìnbù,dàn jiàn zhè • lǐ yì hóng shēntán,nà • lǐ yì tiáo xiǎoqú. Qiáo • xià yǒu hé,tíng zhōng yǒu jǐng,lù biān yǒu xī. Shí jiān xìliú mòmò,rú xiàn rú lǚ;lín zhōng bìbō shǎnshǎn,rú jǐn rú duàn. Zhèxiē shuǐ dōu láizì"Nánlǎoquán". Quán • shàng yǒu tíng,tíng • shàng xuánguàzhe Qīngdài zhùmíng xuézhě Fù Shān xiě de" Nánlǎoquán"sān gè zì. Zhème duō de shuǐ chángliú-bùxī,rìrìyèyè fāchū dīngdīngdōngdōng de xiǎngshēng. Shuǐ de qīngchè zhēn lìng rén jiàojué,wúlùn// duō shēn de shuǐ,zhǐyào guāngxiàn hǎo,yóuyú suìshí,lìlì kě jiàn. Shuǐ de liúshì dōu bú dà,qīngqīng de wēibō,jiāng chángcháng de cǎomàn lāchéng yì lǚlǚ de sī,pū zài hé dǐ,guà zài àn biān,hézhe nàxiē jīnyú、qīngtái yǐjí shílán de dàoyǐng,zhīchéng yì tiáotiáo dà piāodài,chuān tíng rào xiè,rǎnrǎn-bùjué. Dāngnián;Lǐ Bái láidào zhè • lǐ,céng zàntàn shuō:"Jìncí liúshuǐ rú bìyù."Dāng nǐ yánzhe liúshuǐ qù guānshǎng nà tíng-tái-lóu-gé shí,yěxǔ huì zhèyàng wèn:zhè jǐ bǎi jiān jiànzhù pà dōu shì zài shuǐ • shàng piāozhe de ba!

Jiéxuǎn zì Liáng Héng《Jìncí》

作品 19 号

人们常常把人与自然对立起来，宣称要征服自然。殊不知在大自然面前，人类永远只是一个天真幼稚的孩童，只是大自然机体上普通的一部分，正像一株小草只是她的普通一部分一样。如果说自然的智慧是大海，那么，人类的智慧就只是大海中的一个小水滴，虽然这个水滴也能映照大海，但毕竟不是大海，可是，人们竟然不自量力地宣称要用这滴水来代替大海。

看着人类这种狂妄的表现，大自然一定会窃笑——就像母亲面对无知的孩子那样的笑。人类的作品飞上了太空，打开了一个个微观世界，于是人类沾沾自喜，以为揭开了大自然的秘密。可是，在自然看来，人类上下翻飞的这片巨大空间，不过是咫尺之间而已，就如同鲲鹏看待斥鴳一般，只是蓬蒿之间罢了。即使从人类自身智慧发展史的角度看，人类也没有理由过分自傲：人类的知识与其祖先相比诚然有了极大的进步，似乎有嘲笑古人的资本；可是，殊不知对于后人而言我们也是古人，一万年以后的人们也同样会嘲笑今天的我们，也许在他们看来，我们的科学观念还幼稚得很，我们的航天器在他们眼中不过是个非常简单的//儿童玩具。

节选自严春友《敬畏自然》

朗读提示：

这篇文章告诉人们，人类要从根本上转变征服自然的理念，要敬畏自然，爱护自然。本文长句子较多，朗读时要注意归堆儿、抱团儿，找准气口。如“如果说|自然的智慧是大海，那么，人类的智慧|就只是大海中的|一个小水滴，虽然这个水滴|也能映照大海，但毕竟不是大海，可是，人们|竟然不自量力地宣称|要用这滴水|来代替大海”等。注意下列词语的读音：

咫尺之间　zhǐchǐzhījiān

蓬蒿　pénghāo

诚然　chéngrán

Zuòpǐn 19 Hào

Rénmen chángcháng bǎ rén yǔ zìrán duìlì qǐ・lái,xuānchēng yào zhēngfú Zìrán. Shūbùzhī zài dàzìrán miànqián, rénlèi yǒngyuǎn zhǐ shì yí gè tiānzhēn yòuzhì de háitóng,zhǐ shì dàzìrán jītǐ・shàng pǔtōng de yí bùfen,zhèng xiàng yì zhū xiǎocǎo zhǐ shì tā de pǔtōng yí bùfen yíyàng. Rúguǒ shuō zìrán de zhìhuì shì dà hǎi,nàme, rénlèi de zhìhuì jiù zhǐ shì dàhǎi zhōng de yí gè xiǎo shuǐdī,suīrán zhège shuǐdī yě néng yìngzhào dàhǎi,dàn bìjìng bú shì dàhǎi,kěshì,rénmen jìngrán búzìliànglì de xuānchēng yào yòng zhè dī shuǐ lái dàitì dàhǎi.

Kànzhe rénlèi zhè zhǒng kuángwàng de biǎoxiàn,dàzìrán yídìng huì qièxiào——jiù xiàng mǔ・qīn miànduì wúzhī de háizi nàyàng de xiào. Rén lèi de zuòpǐn fēi・shàngle tàikōng, dǎkāile yígègè wēiguān shìjiè, yúshì rénlèi zhānzhān-zìxǐ, yǐwéi jiēkāile dàzìrán de mìmì. Kèshì,zài zìrán kànlái,rénlèi shàngxià fānfēi de zhè piàn jùdà kōngjiān,búguò shì zhíchǐ zhījiān éryǐ,jiù rútóng kūnpéng kàndài chìyàn yìbān, zhǐ shì pénghāo zhījiān bàle. Jíshǐ cóng rénlèi zìshēn zhìhuì fāzhǎnshǐ de jiǎodù kàn, rénlèi yě méi・yǒu lǐyóu guòfèn zì'ào:rénlèi de zhīshí yǔqí zǔxiān xiāngbǐ chéngrán yǒule jí dà de jìnbù,sìhū yǒu cháoxiào gǔrén de Zīběn;kèshì,shūbùzhī duìyú hòurén ér yán wǒmen yě shì gǔrén,yíwàn nián yǐhòu de rénmen yě tóngyàng huì cháoxiào jīntiān de wǒmen,yěxǔ zài tāmen kànlái,wǒmen de kēxué guānniàn hái yòuzhì de hěn,wǒmen de hángtiānqì zài tāmen yǎnzhōng búguò shì gè fēicháng jiǎndān de// értóng wánjù.

Jiéxuǎn zì Yán Chūnyǒu《Jìngwèi Zìrán》

作品 20 号

舞台上的幕布拉开了，音乐奏起来了。演员们踩着音乐的拍子，以庄重而有节奏的步法走到灯光前面来了。灯光射在他们五颜六色的服装和头饰上，一片金碧辉煌的彩霞。

当女主角穆桂英以轻盈而矫健的步子出场的时候，这个平静的海面陡然动荡起来了，它上面卷起了一阵暴风雨：观众像触了电似的迅即对这位女英雄报以雷鸣般的掌声。她开始唱了。她圆润的歌喉在夜空中颤动，听起来辽远而又切近，柔和而又铿锵。戏词像珠子似的从她的一笑一颦中，从她优雅的"水袖"中，从她婀娜的身段中，一粒一粒地滚下来，滴在地上，溅到空中，落进每一个人的心里，引起一片深远的回音。这回音听不见，却淹没了刚才涌起的那一阵热烈的掌声。

观众像着了魔一样，忽然变得鸦雀无声。他们看得入了神。他们的感情和舞台上女主角的感情融在了一起。女主角的歌舞渐渐进入高潮。观众的情感也渐渐进入高潮。潮在涨。没有谁能控制住它。这个一度平静下来的人海忽然又动荡起来了。戏就在这时候要到达顶点。我们的女主角在这时候就像一朵盛开的鲜花，观众想把这朵鲜花捧在手里，不让//它消逝。他们不约而同地从座位上立起来，像潮水一样，涌到我们这位艺术家面前。舞台已经失去了界限，整个的剧场成了一个庞大的舞台。

我们这位艺术家是谁呢？他就是梅兰芳同志。半个世纪的舞台生涯过去了，六十六岁的高龄，仍然能创造出这样富有朝气的美丽形象，表现出这样充沛的青春活力，这不能不说是奇迹。这奇迹的产生是必然的，因为我们拥有这样热情的观众和这样热情的艺术家。

节选自叶君健《看戏》

朗读提示：

这篇文章描写了戏迷眼中国粹京剧的精彩美妙，赞美了梅兰芳先生的精湛演技。朗读时要注意归堆儿、抱团儿，找准气口。第二自然段的描写细腻，注意"女主角、轻盈、迅即、切近、铿锵、婀娜"等词语的读音。

Zuòpǐn 20 Hào

Wǔtái · shàng de mùbù lākāi le, yīnyuè zòu qǐ · lái le. Yǎnyuánmen cǎizhe yīnyuè de pāizi, yǐ zhuāngzhòng ér yǒu jiézòu de bùfǎ zǒudào dēngguāng qián · mian lái le. Dēngguāng shè zài tāmen wǔyán-liùsè de fúzhuāng hé tóushì · shàng, yípiàn jīnbì-huīhuáng de cǎixiá.

Dāng nǚzhǔjué Mù Guìyīng yǐ qīngyíng ér jiǎojiàn de bùzi chūchǎng de shí hou, zhège píngjìng de hǎimiàn dǒurán dòngdàng qǐ · lái le, tā shàng · miàn juǎnqǐle yí zhèn bàofēngyǔ: guānzhòng xiàng chūle diàn shìde xùnjí duì zhè wèi nǚyīngxióng bào yǐ léimíng bān de zhǎngshēng. Tā kāishǐ chàng le. Tā yuánrùn de gēhóu zài yèkōng zhōng chàndòng, tīng qǐ · lái liáoyuǎn ér yòu qièjìn, róuhéér yòu kēngqiāng. Xìcí xiàng zhūzi shìde cóng tā de yí xiào yì pín zhōng, cóng tāyōuyǎ de " shuǐxiù " zhōng, cóng tā ēnuó de shēnduàn zhōng, yí lì yí lì de gǔnxià · lái, dī zài dì · shàng, jiàndào kōngzhōng, luò · jìn měi yí gè rén de xīn · lǐ, yínqǐ yí piàn shēnyuǎn de huíyīn. Zhè huíyīn tīng · bú jiàn, què yānmò le gāngcái yǒng、qǐ de nà yí zhèn rèliè de zhǎngshēng.

Guānzhòng xiàng zháole mó yíyàng, hūrán biàn dé yāquè-wúshēng. Tāmen kàn de rùle shén. Tā men de gǎnqíng hé wǔtái · shàng nǚzhǔjué de gǎnqíng róngzàile yìqǐ. Nǚzhǔjué de gēwǔ jiànjiàn jìnrù gāocháo. Guānzhòng de qínggǎn yě jiànjiàn jìnrù gāocháo. Cháo zài zhǎng. Méi · yǒu shuí néng kòngzhì zhù tā. Zhège yí dù píngjìng xià · lái de rénhǎi hūrán yòu dòngdàng qǐ · lái le. Xìjiùzài zhè shíhou yào dàodá dǐngdiǎn. Wǒmen de nǚzhǔjué zài zhè shíhou jiù xiàng yì duǒ shèngkāi de xiānhuā, guānzhòng xiǎng bǎ zhè duǒ xiānhuā pěng zàishǒu · lǐ, bú ràng // tā xiāoshì. Tā men bùyuē' értóng de cóng zuòwèi · shàng lì qǐ · lái, xiàng cháoshuǐ yí yàng, yǒngdào wǒmen zhè wèi yìshùjiā miànqián. Wǔtáiyǐ · jīng shīqùle jièxiàn, zhěnggè de jùchǎng chéngle yí gè pángdà de wǔtái.

Wǒmen zhè wèi yìshùjiā shì shuí ne ? Tā jiù shì Méi Lánfāng tóngzhì. Bàn gèshìjì de wǔtái shēngyá guò · qù le, liùshíliù suì de gāolíng, réngrán néngchuàngzào chū zhèyàng fùyǒu zhāoqì de měilì xíngxiàng, biǎoxiàn chū zhèyàng chōngpèi de qīngchūn huólì, zhè bù néng bù shuō shì qíjì. Zhè qíjì de chǎnshēng shì bìrán de, yīn · wèi wǒmen yōngyǒu zhèyàng rèqíng de guānzhòng hé zhèyàng rèqíng de yìshùjiā.

Jiéxuǎn zì Yè Jūnjiàn《Kàn Xì》

作品 21 号

十年，在历史上不过是一瞬间。只要稍加注意，人们就会发现：在这一瞬间里，各种事物都悄悄经历了自己的千变万化。

这次重新访日，我处处感到亲切和熟悉，也在许多方面发觉了日本的变化。就拿奈良的一个角落来说吧，我重游了为之感受很深的唐招提寺，在寺内各处匆匆走了一遍，庭院依旧，但意想不到还看到了一些新的东西。其中之一，就是近几年从中国移植来的“友谊之莲”。

在存放鉴真遗像的那个院子里，几株中国莲昂然挺立，翠绿的宽大荷叶正迎风而舞，显得十分愉快。开花的季节已过，荷花朵朵已变为莲蓬累累。莲子的颜色正在由青转紫，看来已经成熟了。

我禁不住想：“因”已转化为“果”。

中国的莲花开在日本，日本的樱花开在中国，这不是偶然。我希望这样一种盛况延续不衰。

在这些日子里，我看到了不少多年不见的老朋友，又结识了一些新朋友。大家喜欢涉及的话题之一，就是古长安和古奈良。那还用得着问吗，朋友们缅怀过去，正是瞩望未来。瞩目于未来的人们必将获得未来。

我不例外，也希望一个美好的未来。

为了中日人民之间的友谊，我将不会浪费今后生命的每一瞬间。//

节选自严文井《莲花和樱花》

朗读提示：

本文感情基调恬淡平和，语调舒缓自然。朗读时，注意本文中“一”的变调读法，如“一瞬间、一个、一些、之一”等词语；注意读准鼻边音的词语，如“奈良、角落、莲蓬”等；注意易错词语“奈良、为(wèi)之、累累(léi)、结识、缅怀、瞩望、友谊”等的读音；注意停连和重音的表达，如“我重游了|为之感受很深的|唐|招提寺……”“……我看到了不少|多年不见的老朋友，又结识了一些新朋友”等。

Zuòpǐn 21 Hào

Shí nián，zài lìshǐ·shàng búguò shì yí shùnjiān. Zhǐyào shāo jiā zhùyì，rénmen jiù huì fāxiàn：Zài zhè yí shùnjiān·lǐ，gè zhǒng shìwù dōu qiāoqiāo jīnglìle zìjǐ de qiānbiàn-wànhuà.

Zhè cì chóngxīn fǎng Rì，wǒ chùchù gǎndào qīnqiè hé shú·xī，yě zài xǔduō fāngmiàn fājuéle Rìběn de biànhuà. Jiù ná Nàiliáng de yí gè jiǎoluò lái shuō ba，wǒ chóngyóule wéi zhī gǎnshòu hěn shēn de Táng Zhāotísì，zài sìnèi gè chù cōngcōng zǒule yí biàn，tíngyuàn yījiù，dàn yìxiǎngbúdào hái kàndàole yìxiē xīn de dōngxi. Qízhōng zhīyī，jiùshì jìn jǐ nián cóng Zhōngguó yízhí lái de“yǒuyì zhī lián”.

Zài cúnfàng Jiànzhēn yíxiàng de nàge yuànzi·lǐ，jǐ zhū Zhōngguó lián ángrán tǐnglì，cuìlǜ de kuāndà héyè zhèng yíngfēng ér wǔ，xiǎn·dé shífēn yúkuài. Kāihuā de jìjié yǐ guò，héhuā duǒduǒ yǐ biàn wéi liánpéng lèilèi. Liánzǐ de yánsè zhèngzài yóu qīng zhuǎn zǐ，kàn·lái yǐ·jīng chéngshú le.

Wǒ jīn·bùzhù xiǎng：“Yīn”yǐ zhuǎnhuà wéi“guǒ”.

Zhōngguó de liánhuā kāi zài Rìběn，Rìběn de yīnghuā kāi zài Zhōngguó，zhè bú shì ǒurán. Wǒ xīwàng zhèyàng yì zhǒng shèngkuàng yánxù bù shuāi.

Zài zhèxiē rìzi·lǐ，wǒ kàndàole búshǎo duō nián bú jiàn de lǎopéngyou，yòu jiéshíle yìxiē xīn péngyou. Dàjiā xǐhuān shèjí de huàtí zhīyī，jiùshì gǔ Cháng'ān hé gǔ Nàiliáng. Nà hái yòngdezháo wèn ma，péngyoumen miǎnhuái guòqù，zhèngshì zhǔwàng wèilái. Zhǔmù yú wèilái de rénmen bìjiāng huòdé wèilái.

Wǒ bú lìwài，yě xīwàng yí gè měihǎo de wèilái.

Wèi//le Zhōng-Rì rénmín zhījiān de yǒuyì，wǒ jiāng bú làngfèi jīnhòu shēngmìng de měi yíshùnjiān.

Jiéxuǎn zì Yán Wénjǐng《Liánhuā hé Yīnghuā》

作品 22 号

我打猎归来，沿着花园的林阴路走着。狗跑在我前边。

突然，狗放慢脚步，蹑足潜行，好像嗅到了前边有什么野物。

我顺着林阴路望去，看见了一只嘴边还带黄色、头上生着柔毛的小麻雀。风猛烈地吹打着林阴路上的白桦树，麻雀从巢里跌落下来，呆呆地伏在地上，孤立无援地张开两只羽毛还未丰满的小翅膀。

我的狗慢慢向它靠近。忽然，从附近一棵树上飞下一只黑胸脯的老麻雀，像一颗石子似的落到狗的跟前。老麻雀全身倒竖着羽毛，惊恐万状，发出绝望、凄惨的叫声，接着向露出牙齿、大张着的狗嘴扑去。

老麻雀是猛扑下来救护幼雀的。它用身体掩护着自己的幼儿……但它整个小小的身体因恐怖而战栗着，它小小的声音也变得粗暴嘶哑，它在牺牲自己！

在它看来，狗该是多么庞大的怪物啊！然而，它还是不能站在自己高高的、安全的树枝上……一种比它的理智更强烈的力量，使它从那儿扑下身来。

我的狗站住了，向后退了退……看来，它也感到了这种力量。

我赶紧唤住惊慌失措的狗，然后我怀着崇敬的心情，走开了。

是啊，请不要见笑。我崇敬那只小小的、英勇的鸟儿，我崇敬它那种爱的冲动和力量。

爱，我//想，比死和死的恐惧更强大。只有依靠它，依靠这种爱，生命才能维持下去，发展下去。

节选自［俄］屠格涅夫《麻雀》，巴金译

朗读提示：

这是一篇经典的记叙文，感情深沉真挚，议论升华有深意，歌颂了生命世界中生生不息的爱。朗读时，注意读准易错词语的读音，如“打猎、林阴路、蹑足潜行、嗅、顺着、柔毛、胸脯、巢里、石子(zǐ)、露出、战栗、惊慌失措、崇敬”等；注意语气词“啊”的变读，如“……狗该是多么庞大的怪物啊(wa)”“是啊(ra)，请不要见笑”等。本文语气节奏变化较大，强调性、对比性和并列性的重音较多，朗读时要注意把握。

Zuòpǐn 22 Hào

Wǒ dǎliè guīlái, yánzhe huāyuán de línyīnlù zǒuzhe. gǒu pǎo zài wǒ qián · biān.

Tūrán, gǒu fàngmàn jiǎobù, nièzú-qiánxíng, hǎoxiàng xiùdàole qián · biān yǒu shénme yěwù.

Wǒ shùnzhe línyīnlù wàng · qù, kàn · jiànle yì zhī zuǐ biān hái dài huángsè、tóu · shàng shēngzhe róumáo de xiǎo máquè. Fēng měngliè de chuīdǎzhe línyīnlù · shàng de báihuàshù, máquè cóng cháo · lǐ diēluò xià · lái, dāidāi de fú zài dì · shàng, gūlì wúyuán de zhāngkāi liǎng zhī yǔmáo hái wèi fēngmǎn de xiǎo chìbǎng.

Wǒ de gǒu mànmàn xiàng tā kàojìn. Hūrán, cóng fùjìn yì kē shù · shàng fēi · xià yì zhī hēi xiōngpú de lǎo máquè, xiàng yì kē shízǐ shìde luòdào gǒu de gēn · qián. Lǎo máquè quánshēn dàoshùzhe yǔmáo, jīngkǒng-wànzhuàng, fāchū juéwàng、qīcǎn de jiàoshēng, jiēzhe xiàng lòuchū yáchǐ、dà zhāngzhe de gǒuzuǐ pū · qù.

Lǎo máquè shì měng pū xià · lái jiùhù yòuquè de. Tā yòng shēntǐ yǎnhùzhe zìjǐ de yòu'ér……Dàn tā zhěnggè xiǎoxiǎo de shēntǐ yīn kǒngbù ér zhànlìzhe, tā xiǎoxiǎo de shēngyīn yě biànde cūbào sīyǎ, tā zài xīshēng zìjǐ!

Zài tā kànlái, gǒu gāi shìduōme pángdà de guàiwu wa! Rán'ér, tā háishi bùnéng zhàn zài zìjǐ gāogāo de、ānquán de shùzhī · shàng……Yì zhǒng bǐ tā de lǐzhì gèng qiángliè de lì · liàng, shǐ tā cóng nàr pū · xià shēn · lái.

Wǒ de gǒu zhànzhù le, xiàng hòu tuìle tuì……Kànlái, tā yě gǎndàole zhè zhǒng lì · liàng. Wǒ gǎnjǐn huànzhù jīnghuāng-shīcuò de gǒu, ránhòu wǒ huáizhe chóngjìng de xīnqíng, zǒukāi le.

Shì ra, qǐng búyào jiànxiào. Wǒ chóngjìng nà zhī xiǎoxiǎo de、yīngyǒng de niǎo' ér, wǒ chóngjìng tā nà zhǒng ài de chōngdòng hé lì · liàng.

ài, Wǒ // xiǎng, bǐsǐ hé sǐ de kǒngjù gèng qiángdà. Zhǐyǒu yīkào tā, yīkào zhè zhǒng ài, shēngmìng cái néng wéichí xià · qù, fāzhǎn xià · qù.

Jiéxuǎn zì[é]Túgénièfū《Máquè》, Bā Jīn yì

作品 23 号

在浩瀚无垠的沙漠里，有一片美丽的绿洲，绿洲里藏着一颗闪光的珍珠。这颗珍珠就是敦煌莫高窟。它坐落在我国甘肃省敦煌市三危山和鸣沙山的怀抱中。

鸣沙山东麓是平均高度为十七米的崖壁。在一千六百多米长的崖壁上，凿有大小洞窟七百余个，形成了规模宏伟的石窟群。其中四百九十二个洞窟中，共有彩色塑像两千一百余尊，各种壁画共四万五千多平方米。莫高窟是我国古代无数艺术匠师留给人类的珍贵文化遗产。

莫高窟的彩塑，每一尊都是一件精美的艺术品。最大的有九层楼那么高，最小的还不如一个手掌大。这些彩塑个性鲜明，神态各异。有慈眉善目的菩萨，有威风凛凛的天王，还有强壮勇猛的力士……

莫高窟壁画的内容丰富多彩，有的是描绘古代劳动人民打猎、捕鱼、耕田、收割的情景，有的是描绘人们奏乐、舞蹈、演杂技的场面，还有的是描绘大自然的美丽风光。其中最引人注目的是飞天。壁画上的飞天，有的臂挎花篮，采摘鲜花；有的反弹琵琶，轻拨银弦；有的倒悬身子，自天而降；有的彩带飘拂，漫天遨游；有的舒展着双臂，翩翩起舞。看着这些精美动人的壁画，就像走进了//灿烂辉煌的艺术殿堂。

莫高窟里还有一个面积不大的洞窟——藏经洞。洞里曾藏有我国古代的各种经卷、文书、帛画、刺绣、铜像等共六万多件。由于清朝政府腐败无能，大量珍贵的文物被外国强盗掠走。仅存的部分经卷，现在陈列于北京故宫等处。

莫高窟是举世闻名的艺术宝库。这里的每一尊彩塑、每一幅壁画、每一件文物，都是中国古代人民智慧的结晶。

节选自《莫高窟》

朗读提示：

这是一篇充满爱国情怀的说明文，语调轻松自然，形象生动，色彩鲜明。朗读时，注意易错词语“浩瀚无垠、莫高窟、塑像、崖壁、采摘、银弦、遨游、藏经洞、帛画、轻拨银弦”等读音；注意停连和重音的表达，如“它坐落在我国甘肃省|敦煌市|三危山|和鸣沙山的怀抱中。”“有的是描绘古代劳动人民打猎、捕鱼、耕田、收割的情景，有的……”等。

Zuòpǐn 23 Hào

Zài hàohàn wúyín de shāmò · lǐ, yǒu yí piàn měilì de lùzhōu, lùzhōu · lǐ cángzhe yì kē shǎnguāng de zhēnzhū. Zhè kē zhēnzhū jiùshì Dūnhuáng Mògāokū. Tā zuòluò zài wǒguó gānsù Shěng Dūnhuáng Shì Sānwēi Shān hé Míngshā Shān de huáibào zhōng.

Míngshā Shān dōnglù shì píngjūn gāodù wéi shíqī mǐ de yábì. Zài yìqiān liùbǎi duō mǐ cháng de yábì · shàng, záo yǒu dàxiǎo dòngkū qībǎi yú gè, xíngchéngle guīmó hóngwěi de shíkūqún. Qízhōng sìbǎi jiǔshí'èr gè dòngkū zhōng, gòng yǒu cǎisè sùxiàng liǎngqiān yībǎi yú zūn, gè zhǒng bìhuà gòng sìwàn wǔqiān duō píngfāngmǐ. Mògāokū shì wǒguó gǔdài wúshù yìshù jiàngshī liúgěi rénlèi de zhēnguì wénhuà yíchǎn.

Mògāokū de cǎisù, měi yì zūn dōu shì yí jiàn jīngměi de yìshùpǐn. Zuì dà de yǒu jiǔ céng lóu nàme gāo, zuì xiǎo de hái bùrú yí gè shǒuzhǎng dà. Zhèxiē cǎisù gèxìng xiānmíng, shéntài-gèyì. Yǒu címéi-shànmù de pú · sà, yǒu wēifēng-lǐnlǐn de tiānwáng, háiyǒu qiángzhuàng yǒngměng de lìshì……

Mògāokū bìhuà de nèiróng fēngfù-duōcǎi, yǒude shì miáohuì gǔdài láodòng rénmín dǎliè、bǔyú、gēngtián、shōugē de qíngjǐng, yǒude shì miáohuì rénmen zòuyuè、wǔdǎo、yǎn zájì de chǎngmiàn, hái yǒude shì miáohuì dàzìrán de měilì fēngguāng. Qízhōng zuì yǐnrén-zhùmù de shì fēitiān. Bìhuà · shàng de fēitiān, yǒude bì kuà huālán, cǎizhāi xiānhuā; yǒude fǎn tán pí · pá, qīng bō yínxián; yǒude dào xuán shēnzi, zì tiān ér jiàng; yǒude cǎidài piāofú, màntiān áo yóu; yǒude shūzhǎnzhe shuāngbì, piānpiān-qǐwǔ. Kànzhe zhèxiē jīngměi dòngrén de bìhuà, jiù xiàng zǒujìnle // cànlàn huīhuáng de yìshù diàntáng.

Mògāokū · lǐ háiyǒu yí gè miànjī bú dà de dòngkū——cángjīngdòng. Dòng · lǐ céng cángyǒu wǒguó gǔdài de gè zhǒng jīngjuàn、wénshū、bóhuà、cìxiù、tóngxiàng děng gòng liùwàn duō jiàn. Yóuyú Qīngcháo zhèngfǔ fǔbài wúnéng, dàliàng zhēnguì de wénwù bèi wàiguó qiángdào lüèzǒu. Jǐncún de bùfen jīngjuàn, xiànzài chénliè yú Běijīng gùgōng děng chù.

Mògāokū shì jǔshì-wénmíng de yìshù bǎokù. Zhè · lǐ de měi yì zūn cǎisù、měi yì fú bìhuà、měi yí jiàn wénwù, dōu shì Zhōngguó gǔdài rénmín zhìhuì de jiéjīng.

Jiéxuǎn zì Xiǎoxué《Yǔwén》dì-liù cè zhōng《Mògāokū》

作品 24 号

森林涵养水源，保持水土，防止水旱灾害的作用非常大。据专家测算，一片十万亩面积的森林，相当于一个两百万立方米的水库，这正如农谚所说的："山上多栽树，等于修水库。雨多它能吞，雨少它能吐。"

说起森林的功劳，那还多得很。它除了为人类提供木材及许多种生产、生活的原料之外，在维护生态环境方面也是功劳卓著，它用另一种"能吞能吐"的特殊功能孕育了人类。因为地球在形成之初，大气中的二氧化碳含量很高，氧气很少，气温也高，生物是难以生存的。大约在四亿年之前，陆地才产生了森林。森林慢慢将大气中的二氧化碳吸收，同时吐出新鲜氧气，调节气温：这才具备了人类生存的条件，地球上才最终有了人类。

森林，是地球生态系统的主体，是大自然的总调度室，是地球的绿色之肺。森林维护地球生态环境的这种"能吞能吐"的特殊功能是其他任何物体都不能取代的。然而，由于地球上的燃烧物增多，二氧化碳的排放量急剧增加，使得地球生态环境急剧恶化，主要表现为全球气候变暖，水分蒸发加快，改变了气流的循环，使气候变化加剧，从而引发热浪、飓风、暴雨、洪涝及干旱。

为了//使地球的这个"能吞能吐"的绿色之肺恢复健壮，以改善生态环境，抑制全球变暖，减少水旱等自然灾害，我们应该大力造林、护林，使每一座荒山都绿起来。

节选自《"能吞能吐"的森林》

朗读提示：

本文说明语气鲜明，语调平稳。朗读时，注意重音和停连的表达，如"森林，是地球生态的主体，是大自然的总调度室，是地球的绿色之肺。""从而引发热浪、飓风、暴雨、洪涝及干旱"；注意文中易错词语的读音，如"森林、提供、卓著、能吞能吐、因为"等。

Zuòpǐn 24 Hào

Sēnlín hányǎng shuǐyuán, bǎochí shuǐtǔ, fángzhǐ shuǐhàn zāihài de zuòyòng fēicháng dà. Jù zhuānjiā cèsuàn, yí piàn shíwànmǔ miànjī de sēnlín, xiāngdāngyú yí gè liǎngbǎiwàn lìfāngmǐ de shuǐkù, zhè zhèngrú nóngyàn suǒshuō de:"Shān · shàng duō zāishù, děngyú xiū shuǐkù. Yǔduō tā néngtūn, yǔshǎo tā néngtǔ."

Shuōqǐ sēnlín de gōng · láo, nà hái duō de hěn. Tā chúle wèi rénlèi tígōng mùcái jí xǔduō zhǒng shēngchǎn、shēnghuó de yuánliào zhīwài, zài wéihù shēngtài huán jìng fāngmiàn yěshì gōng · láo zhuózhù. Tā yòng lìng yì zhǒng "néngtūn-néngtǔ" de tèshū gōngnéng yùnyù · le rénlèi. Yīn · wèi dìqiú zài xíngchéng zhīchū, dàqì zhōng de èryǎnghuàtàn hánliàng hěngāo, yǎngqì hěnshǎo, qìwēn yě gāo, shēngwù shì nányǐshēngcún de. Dàyuē zài sìyìnián zhīqián, lùdì cái chǎnshēng le sēnlín. Sēnlín mànmàn jiāng dàqì zhōng de èryǎnghuàtàn xīshōu, tóngshí tǔ · chū xīnxiān yǎngqì, tiáojié qìwēn: zhè cái jùbèi le rénlèi shēngcún de tiáojiàn, dìqiú · shàng cái zuìzhōng yǒule rénlèi.

Sēnlín, shì dìqiú shēngtài xìtǒng de zhǔ tǐ, shì dàzìrán de zǒng diàodùshì, shì dìqiú de lùsè zhī fèi. Sēnlín wéihù dìqiú shēngtài huánjìng de zhèzhǒng "néng tūn-néngtǔ" de tèshū gōngnéng shì qítā rènhé wùtǐ dōu bùnéng qǔdài de. Rán'ér, yóuyú dìqiú · shàng de ránshāowù zēngduō, èryǎnghuàtàn de páifàngliàng jíjù zēngjiā, shǐdé dìqiú shēngtài huánjìng jíjù èhuà, zhǔyào biǎoxiàn wéi quánqiú qìhòu biànnuǎn, shuǐfèn zhēngfā jiākuài, gǎibiàn le qìliú de xúnhuán, shǐ qìhòu biànhuà jiājù, cóng'ér yǐnfā rèlàng、jùfēng、bàoyǔ、hónglào jí gānhàn.

Wèile // shǐ dìqiú de zhègè "néngtūn-néngtǔ" de lùsè zhī fèi huīfù jiàn zhuàng, yǐ gǎishàn shēngtài huánjìng, yìzhì quánqiú biànnuǎn, jiǎnshǎo shuǐhàn děng zìrán zāihài, wǒmen yīnggāi dàlì zàolín、hùlín, shǐ měi yí zuò huāng shān dōu lù qǐ · lái.

Jiéxuǎn zì《"Néng tūn-néng tǔ" De Sēnlín》

作品 25 号

中国没有人不爱荷花的。可我们楼前池塘中独独缺少荷花。每次看到或想到，总觉得是一块心病。有人从湖北来，带来了洪湖的几颗莲子，外壳呈黑色，极硬。据说，如果埋在淤泥中，能够千年不烂。我用铁锤在莲子上砸开了一条缝，让莲芽能够破壳而出，不至永远埋在泥中。把五六颗敲破的莲子投入池塘中，下面就是听天由命了。

这样一来，我每天就多了一件工作：到池塘边上去看上几次。心里总是希望，忽然有一天，“小荷才露尖尖角”，有翠绿的莲叶长出水面。可是，事与愿违，投下去的第一年，一直到秋凉落叶，水面上也没有出现什么东西。但是到了第三年，却忽然出了奇迹。有一天，我忽然发现，在我投莲子的地方长出了几个圆圆的绿叶，虽然颜色极惹人喜爱，但是却细弱单薄，可怜兮兮地平卧在水面上，像水浮莲的叶子一样。

真正的奇迹出现在第四年上。到了一般荷花长叶的时候，在去年飘浮着五六个叶片的地方，一夜之间，突然长出了一大片绿叶，叶片扩张的速度，范围的扩大，都是惊人地快。几天之内，池塘内不小一部分，已经全为绿叶所覆盖。而且原来平卧在水面上的像是水浮莲一样的//叶片，不知道是从哪里聚集来了力量，有一些竟然跃出了水面，长成了亭亭的荷叶。这样一来，我心中的疑云一扫而光：池塘中生长的真正是洪湖莲花的子孙了。我心中狂喜，这几年总算是没有白等。

节选自季羡林《清塘荷韵》

朗读提示：

本文描写了荷花的生命力，书写了作者的欣慰和希望。朗读时，注意重音和停连的表达，如“有一天，我忽然发现，在我投莲子的地方长出了几个圆圆的绿叶，虽然颜色极惹人喜爱，但是却细弱单薄，可怜兮兮地平卧在水面上，像水浮莲的叶子一样”。注意文中易错词语的读音：

一条缝　yì tiáo féngr

莲芽　liányár

单薄　dānbó

部分　bùfen

Zuòpǐn 25 Hào

Zhōngguó méi · yǒu rén bú ài héhuā de. Kě wǒmen lóu qián chítáng zhōng dúdú quēshǎo héhuā. Měi cì kàndào huò xiǎngdào, zǒng jué · dé shì yí kuài xīnbìng. Yǒu rén cóng Húběi lái, dàiláile Hóng Hú de jǐ kē liánzǐ, wàiké chéng hēisè, jí yìng. Jùshuō, rúguǒ mái zài yūní zhōng, nénggòu qiān nián bú làn. Wǒ yòng tiěchuí zài liánzǐ · shàng zákāile yì tiáo fèngr, ràng liányár nénggòu pòké-érchū, bú zhì yǒngyuǎn mái zài nízhōng. Bǎ wǔ-liù kē qiāopò de liánzǐ tóurù chítáng zhōng, xià · miàn jiù shì tīngtiān-yóumìng le.

Zhèyàng yì lái, wǒ měi tiān jiù duōle yì jiàn gōngzuò: dào chítáng biān · shàng qù kàn · shàng jǐ cì. Xīn · lǐ zǒng shì xīwàng, hūrán yǒu yì tiān, "Xiǎo hé cái lù jiān jiān jiǎo", yǒu cuìlǜ de liányè zhǎngchū shuǐmiàn. Kěshì, shìyǔyuànwéi, tóu xià · qù de dì-yī nián, yìzhí dào qiūliáng luòyè, shuǐmiàn · shàng yě méi · yǒu chūxiàn shénme dōngxi. Dànshì dàole dì-sān nián, què hūrán chūle qíjì. Yǒu yì tiān, wǒ hūrán fāxiàn, zài wǒ tóu liánzǐ de dìfang zhǎngchūle jǐ gè yuányuán de lǜyè, suīrán yánsè jí rě rén xǐ'ài, dànshì què xìruò dānbó, kěliánxīxī de píngwò zài shuǐmiàn · shàng, xiàng shuǐfúlián de yèzi yíyàng.

Zhēnzhèng de qíjì chūxiàn zài dì-sì nián · shàng. Dàole yìbān héhuā zhǎng yè de shíhou, zài qùniánpiāofú zhe wǔ-liù gè yèpiàn de dìfang, yí yè zhījiān, tūrán zhǎngchūle yídàpiàn lǜyè, yèpiàn kuòzhāng de sùdù, fànwéi de kuòdà, dōu shì jīngrén de kuài. Jǐ tiān zhī nèi, chítáng nèi bù xiǎo yí bùfen, yǐ · jīng quán wéi lǜyè suǒ fùgài. Érqiě yuánlái píngwò zài shuǐmiàn · shàng de xiàng shì shuǐfúlián yíyàng de// yèpiàn, bù zhī · dào shì cóng nǎ · lǐ jùjí láile lì · liàng, yǒu yìxiē jìngrán yuèchūle shuǐmiàn, zhǎngchéng le tíngtíng de héyè. Zhèyàng yì lái, wǒ xīnzhōng de yíyún yìsǎo'érguāng: chítáng zhōng shēngzhǎng de zhēnzhèng shì Hóng Hú liánhuā de zǐsūn le. Wǒ xīnzhōng kuángxǐ, zhè jǐ nián zǒngsuàn shì méi · yǒu bái děng.

Jiéxuǎn zì Jì Xiànlín《Qīng Táng Hé Yùn》

作品 26 号

在原始社会里，文字还没有创造出来，却先有了歌谣一类的东西。这也就是文艺。

文字创造出来以后，人就用它把所见所闻所想所感的一切记录下来。一首歌谣，不但口头唱，还要刻呀，漆呀，把它保留在什么东西上。这样，文艺和文字就并了家。

后来纸和笔普遍地使用了，而且发明了印刷术。凡是需要记录下来的东西，要多少份就可以有多少份。于是所谓文艺，从外表说，就是一篇稿子，一部书，就是许多文字的集合体。

文字是一道桥梁，通过了这一道桥梁，读者才和作者会面。不但会面，并且了解作者的心情，和作者的心情相契合。

就作者的方面说，文艺的创作决不是随便取许多文字来集合在一起。作者着手创作，必然对于人生先有所见，先有所感。他把这些所见所感写出来，不作抽象的分析，而作具体的描写，不作刻板的记载，而作想象的安排。他准备写的不是普通的论说文、记叙文；他准备写的是文艺。他动手写，不但选择那些最适当的文字，让它们集合起来，还要审查那些写下来的文字，看有没有应当修改或是增减的。总之，作者想做到的是：写下来的文字正好传达出他的所见所感。

就读者的//方面说，读者看到的是写在纸面或者印在纸面的文字，但是看到文字并不是他们的目的。他们要通过文字去接触作者的所见所感。

节选自叶圣陶《驱遣我们的想象》

朗读提示：

这篇文章告诉人们，欣赏文艺作品，要学着驱遣自己的想象，通过文字去接触作者的所见所感。本文语言平实，深入浅出。朗读时，注意用语气表达出语句的逻辑关系，如“他把这些所见所感写出来，<u>不作</u>抽象的分析，<u>而作</u>具体的描写，<u>不作</u>刻板的记载，<u>而作</u>想象的安排”。注意文中易错词语的读音：

着手　zhuóshǒu

记载　jìzǎi

适当　shìdàng

Zuòpǐn 26 Hào

Zài yuánshǐ shèhuì · lǐ, wénzì hái méiyǒu chuàngzào chū · lái, què xiān yǒule gēyáo yí lèi de dōngxi. Zhè yě jiù shì wényì.

Wénzì chuàngzào chū · lái yǐhòu, rén jiù yòng tā bǎ suǒjiàn suǒwén suǒxiǎng suǒgǎn de yíqiè jìlù xià · lái. Yì shǒu gēyáo, búdàn kǒutóu chàng, hái yào kè ya, qī ya, bǎ tā bǎoliú zài shénme dōngxi · shàng. Zhèyàng, wényì hé wénzì jiù bìngle jiā.

Hòulái zhǐ hé bǐ pǔbiàn de shǐyòng le, érqiě fāmíngle yìnshuāshù. Fánshì xūyào jìlù xià · lái de dōngxi, yào duōshao fèn jiù kěyǐ yǒu duōshao fèn. Yúshì suǒwèi wényì, cóng wàibiǎo shuō, jiù shì yì piān gǎozi, yí bù shū, jiù shì xǔduō wénzì de jíhétǐ.

Wénzì shì yí dào qiáoliáng, tōngguòle zhè yí dào qiáoliáng, dúzhě cái hé zuòzhě huìmiàn. Búdàn huìmiàn, bìngqiě liǎojiě zuòzhě de xīnqíng, hé zuòzhě de xīnqíng xiāng qìhé.

Jiù zuòzhě de fāngmiàn shuō, wényì de chuàngzuò jué bú shì suíbiàn qǔ xǔduō wénzì lái jíhé zài yìqǐ. Zuòzhě zhuóshǒu chuàngzuò, bìrán duìyú rénshēng xiān yǒu suǒjiàn, xiān yǒu suǒgǎn. Tā bǎ zhèxiē suǒjiàn suǒgǎn xiě chū · lái, bú zuò chōuxiàng de fēnxī, ér zuò jùtǐ de miáoxiě, bú zuò kèbǎn de jìzǎi, ér zuò xiǎngxiàng de ānpái. Tā zhǔnbèi xiě de bú shì pǔtōng de lùnshuōwén、jìxùwén; tā zhǔnbèi xiě de shì wényì. Tā dòngshǒu xiě, búdàn xuǎnzé nàxiē zuì shìdàng de wénzì, ràng tāmen jíhé qǐ · lái, háiyào shěnchá nàxiē xiě · xià lái de wénzì, kàn yǒuméiyǒu yīngdāng xiūgǎi huòshì zēngjiǎn de. Zǒngzhī, zuòzhě xiǎng zuòdào de shì: xiě xià · lái de wénzì zhènghǎo chuándá chū tā de suǒjiàn suǒgǎn.

Jiù dúzhě de // fāngmiàn shuō, dú zhě kàndào de shì xiě zài zhǐmiàn huòzhě yìn zài zhǐmiàn de wénzì, dànshì kàndào wénzì bìng bú shì tāmen de mùdì. Tāmen yào tōngguò wénzì qù jiēchù zuòzhě de suǒjiàn suǒgǎn.

Jiéxuǎn zì Yè Shèngtáo《Qūqiǎn Wǒmen de Xiǎngxiàng》

作品 27 号

语言，也就是说话，好像是极其稀松平常的事儿。可是仔细想想，实在是一件了不起的大事。正是因为说话跟吃饭、走路一样的平常，人们才不去想它究竟是怎么回事儿。其实这三件事儿都是极不平常的，都是使人类不同于别的动物的特征。

记得在小学里读书的时候，班上有一位“能文”的大师兄，在一篇作文的开头写下这么两句：“鹦鹉能言，不离于禽；猩猩能言，不离于兽。”我们看了都非常佩服。后来知道这两句是有来历的，只是字句有些出入。又过了若干年，才知道这两句话都有问题。鹦鹉能学人说话，可只是作为现成的公式来说，不会加以变化。只有人们说话是从具体情况出发，情况一变，话也跟着变。

西方学者拿黑猩猩做实验，它们能学会极其有限的一点儿符号语言，可是学不会把它变成有声语言。人类语言之所以能够“随机应变”，在于一方面能把语音分析成若干音素，又把这些音素组合成音节，再把音节连缀起来。另一方面，又能分析外界事物及其变化，形成无数的“意念”，一一配以语音，然后综合运用，表达各种复杂的意思。一句话，人类语言的特点就在于能用变化无穷的语音，表达变化无穷的//意义。这是任何其他动物办不到的。

节选自吕叔湘《人类的语言》

朗读提示：

这是一篇科学语体特色的文章，语言简练、准确、缜密、条理清晰、概念明确、逻辑性强。朗读时注意逻辑性，注意虚词重音的处理。如：“人类语言<u>之所以</u>能够‘随机应变’，<u>在于</u>一方面能把语音分析成若干音素，<u>又把</u>这些音素组合成音节，<u>再把</u>音节连缀起来。”注意文中易错词语的读音：

鹦鹉　yīngwǔ

不离于禽　bù lí yú qín

音素　yīnsù

意思　yìsi

Zuòpǐn 27 Hào

Yǔyán, yě jiù shì shuōhuà, hǎoxiàng shì jíqí xīsōng píngcháng de shìr. Kěshìzǐxì xiǎngxiang, shízài shì yí jiàn liǎo • bùqǐ de dàshì. Zhèngshì yīn • wèi shuōhuà gēn chīfàn、zǒulù yíyàng de píngcháng, rénmen cái bú qù xiǎng tā jiūjìng shì zěnme huíshìr. Qíshí zhè sān jiàn shìr dōu shì jí bù píngcháng de, dōu shì shǐ rénlèi bù tóng yú bié de dòngwù de tèzhēng.

Jì • dé zài xiǎoxué • lǐ dúshū de shíhou, bān • shàng yǒu yí wèi "néng wén" de dàshīxiōng, zài yì piān zuòwén de kāitóu xiě • xià zhème liǎng jù: "Yīngwǔ néng yán, bù lí yú qín; xīngxing néng yán, bù lí yú shòu." Wǒmen kànle dōu fēicháng pèi • fú. Hòulái zhī • dào zhè liǎng jù shì yǒu láilì de, zhǐshì zìjù yǒu xiē chūrù. Yòu guòle ruògān nián, cái zhī • dào zhè liǎng jù huà dōu yǒu wèntí. Yīngwǔ néng xué rén shuōhuà, kě zhǐshì zuòwéi xiànchéng de gōngshì lái shuō, bú huì jiāyǐ biànhuà. Zhǐyǒu rénmen shuōhuà shì cóng jùtǐ qíngkuàng chūfā, qíng-kuàng yí biàn, huà yě gēnzhe biàn.

Xīfāng xuézhě ná hēixīngxing zuò shíyàn, tāmen néng xuéhuì jíqí yǒuxiàn de yìdiǎnr fúhào yǔyán, kěshì xué • bú huì bǎ tā biànchéng yǒushēng yǔyán. Rén lèi yǔyán zhīsuóyǐ nénggòu "suíjī-yìngbiàn", zàiyú yì fāngmiàn néng bǎ yǔyīn fēnxī chéng ruògān yīnsù, yòu bǎ zhèxiē yīnsù zǔhé chéng yīnjié, zài bǎ yīnjié liánzhuì qǐ • lái. Lìng yì fāngmiàn, yòu néng fēnxī wàijiè shìwù jíqí biànhuà, xíngchéng wúshù de "yìniàn", yī yī pèi yǐ yǔyīn, ránhòu zōnghé yùnyòng, biǎodá gèzhǒng fùzá de yìsi. Yí jù huà, rénlèi yǔyán de tèdiǎn jiù zàiyú néng yòng biànhuà wúqióng de yǔyīn, biǎodá biànhuà wúqióng de // yìyì. Zhè shì rènhé qítā dòng wù bàn • bú dào de.

Jiéxuǎn zì Lǚ Shūxiāng《Rénlèi de Yǔyán》

作品 28 号

父亲喜欢下象棋。那一年，我大学回家度假，父亲教我下棋。

我们俩摆好棋，父亲让我先走三步，可不到三分钟，三下五除二，我的兵将损失大半，棋盘上空荡荡的，只剩下老帅、士和一车两卒在孤军奋战。我还不肯罢休，可是已无力回天，眼睁睁看着父亲"将军"，我输了。

我不服气，摆棋再下。几次交锋，基本上都是不到十分钟我就败下阵来。我不禁有些泄气。父亲对我说："你初学下棋，输是正常的。但是你要知道输在什么地方；否则，你就是再下上十年，也还是输。"

"我知道，输在棋艺上。我技术上不如你，没经验。"

"这只是次要因素，不是最重要的。"

"那最重要的是什么？"我奇怪地问。

"最重要的是你的心态不对。你不珍惜你的棋子。"

"怎么不珍惜呀？我每走一步，都想半天。"我不服气地说。

"那是后来，开始你是这样吗？我给你计算过，你三分之二的棋子是在前三分之一的时间内丢失的。这期间你走棋不假思索，拿起来就走，失了也不觉得可惜。因为你觉得棋子很多，失一两个不算什么。"

我看看父亲，不好意思地低下头。"后三分之二的时间，你又犯了相反的错误：对棋子过于珍惜，每走一步，都思前想后，患得患失，一个棋也不想失，//结果一个一个都失去了。"

节选自林夕《人生如下棋》

朗读提示：

本文以"下棋"为线索，谈身边的人，论古今的事。语言平实，娓娓道来，悦耳动听，神妙至极。朗读时注意容易读错的词语。如："一车两卒、眼睁睁、将军、地方、不假思索、不好意思"等。

Zuòpǐn 28 Hào

Fù · qīn xǐhuan xià xiàngqí. Nà yì nián, wǒ dàxué huíjiā dùjià, fù · qīn jiāo wǒ xiàqí.

Wǒ men liǎ bǎihǎo qí, fù · qīn ràng wǒ xiān zǒu sān bù, kě bú dào sānFēnzhōng, sān xià wǔ chú èr, wǒ de bīng jiāng sǔnshī dà bàn, qípán · shàng kōngdàngdàng de, zhǐ shèngxià lǎoshuài、shì hé yì jū liǎng zú zài gūjūn-fènzhàn . Wǒ hái bù kěn bàxiū, kěshì yǐ wúlì-huítiān, yǎnzhēngzhēng kànzhe fù · qīn"jiāng jūn", wǒ shū le.

Wǒ bù fúqì, bǎi qí zài xià. Jǐ cì jiāofēng, jīběn · shàng dōu shì bù dào shí fēnzhōng wǒ jiù bài xià zhèn lái. Wǒ bùjīn yǒuxiē xièqì. Fù · qīn duì wǒ shuō: "Nǐ Chū xué xiàqí, shū shì zhèngcháng de. Dànshì nǐ yào zhī · dào shū zài shénme dìfang; fǒuzé, nǐ jiùshì zài xià · shàng shí nián, yě háishi shū."

"Wǒ zhī · dào, shū zài qíyì · shàng. Wǒ jìshù · shàng bù rú nǐ, méi jīngyàn."

"Zhè zhǐ shì cìyào yīnsù, bú shì zuì zhòngyào de."

"Nà zuì zhòngyào de shì shénme ?" Wǒ qíguài de wèn.

"Zuì zhòngyào de shì nǐ de xīntài bú duì. Nǐ bù zhēnxī nǐ de qízǐ."

"Zěnme bù zhēnxī ya? Wǒ měi zǒu yí bù, dōu xiǎng bàntiān." Wǒ bù fúqì de shuō.

"Nà shì hòulái, kāishǐ nǐ shì zhèyàng ma? Wǒ gěi nǐ jìsuànguo, nǐ sān fēn zhī èr de qízǐ shì zài qián sān fēn zhī yī de shíjiān nèi diūshī de. Zhè qījiān nǐ zǒu qíbùjiǎ-sīsuǒ, ná qǐ · lái jiù zǒu, shīle yě bù jué · dé kěxī. Yīn · wèi nǐ jué · dé qízǐ hěn duō, shī yì liǎng gè bú suàn shén me."

Wǒ kànkan fù · qīn, bù hǎoyìsi de dī · xià tou. "Hòu sān fēn zhī èr de shíjiān, nǐ yòu fànle xiāngfǎn de cuò · wù: duì qízǐ guòyú zhēnxī, měi zǒu yí bù, dōu Sīqián-xiǎnghòu, huàndé-huànshī, yí gè qí yě bù xiǎng shī, // jiéguǒ yí gè yí gè dōu shīqù le."

Jiéxuǎn zì Lín xī《Rénshēng Rú Xià Qí》

作品 29 号

仲夏，朋友相邀游十渡。在城里住久了，一旦进入山水之间，竟有一种生命复苏的快感。

下车后，我们舍弃了大路，挑选了一条半隐半现在庄稼地里的小径，弯弯绕绕地来到了十渡渡口。夕阳下的拒马河慷慨地撒出一片散金碎玉，对我们表示欢迎。

岸边山崖上刀斧痕犹存的崎岖小道，高低凸凹，虽没有“难于上青天”的险恶，却也有踏空了滚到拒马河洗澡的风险。狭窄处只能手扶岩石贴壁而行。当“东坡草堂”几个红漆大字赫然出现在前方岩壁时，一座镶嵌在岩崖间的石砌茅草屋同时跃进眼底。草屋被几级石梯托得高高的，屋下俯瞰着一湾河水，屋前顺山势辟出了一片空地，算是院落吧！右侧有一小小的蘑菇形的凉亭，内设石桌石凳，亭顶褐黄色的茅草像流苏般向下垂泻，把现实和童话串成了一体。草屋的构思者最精彩的一笔，是设在院落边沿的柴门和篱笆，走近这儿，便有了“花径不曾缘客扫，蓬门今始为君开”的意思。

当我们重登凉亭时，远处的蝙蝠山已在夜色下化为剪影，好像就要展翅扑来。拒马河趁人们看不清它的容貌时豁开了嗓门儿韵味十足地唱呢！偶有不安分的小鱼儿和青蛙蹦跳//成声，像是为了强化这夜曲的节奏。此时，只觉世间唯有水声和我，就连偶尔从远处赶来歇脚的晚风，也悄无声息。

当我渐渐被夜的凝重与深邃所融蚀，一缕新的思绪涌动时，对岸沙滩上燃起了篝火，那鲜亮的火光，使夜色有了躁动感。篝火四周，人影绰约，如歌似舞。朋友说，那是北京的大学生们，结伴来这儿度周末的。遥望那明灭无定的火光，想象着篝火映照的青春年华，也是一种意想不到的乐趣。

节选自刘延《十渡游趣》

朗读提示：

本文是一篇写景的记叙文。语言生动，妙趣横生。朗读时注意容易读错的词语。如“庄稼地、刀斧痕、崎岖、凸凹、镶嵌、俯瞰、篱笆、豁开”等。

Zuòpǐn 29 Hào

Zhòngxià, péngyou xiāngyāo yóu Shídù. Zài chéng · lǐ zhù jiǔ le, yídàn jìnrù shānshuǐ zhījiān, jìng yǒu yì zhǒng shēngmìng fùsū de kuàigǎn.

Xià chē hòu, wǒmen shěqìle dàlù, tiāoxuǎnle yì tiáo bànyǐn-bànxiàn zài zhuāngjiadì · lǐ de xiǎojìng, wānwānràorào de láidàole Shídù dùkǒu. Xīyáng xià de Jùmǎ Hé kāngkǎi de sǎchū yí piàn sànjīn-suìyù, duì wǒmen biǎoshì huān yíng.

Àn biān shānyá · shàng dāofǔhén yóu cún de qíqū xiǎodào, gāodī tū'āo, suī méi · yǒu"nán yú shàng qīngtiān"de xiǎn'è, què yě yǒu tàkōngle gǔndào Jùmǎ Hé xǐzǎo de fēngxiǎn. Xiázhǎichù zhǐ néng shǒu fú yánshí tiē bì ér xíng. Dāng"Dōngpō Cǎotáng"jǐ gè hóng qī dà zì hèrán chūxiàn zài qiánfāng yánbì shí, yí zuò xiāngqiàn zài yányá jiān de shíqì máocǎowū tóngshí yuèjìn yǎndǐ. Cǎowū bèi jǐ jí shítī tuō de gāogāo de, wū xià fǔkànzhe yì wān héshuǐ, wū qián shùn shānshì pìchūle yí piàn kòngdì, suànshì yuànluò ba! Yòucè yǒu yì xiǎoxiǎo de móguxíng de liángtíng, nèi shè shízhuō shídèng, tíng dǐng hèhuángsè de máocǎo xiàng liúsū bān xiàng xià chuíxiè, bǎ xiànshí hé tónghuà chuànchéngle Yītǐ. Cǎowū de gòusīzhě zuì jīngcǎi de yì bǐ, shì shè zài yuànluò biānyán de cháimén hé líba, zǒujìn zhèr, biàn yǒule"Huājìng bù céng yuán kè sǎo, péngmén jīn shǐ wèi jūn kāi"de yìsi.

Dāng wǒmen chóng dēng liángtíng shí, yuǎnchù de Biānfú Shān yǐ zài yèsè · xià huàwéi jiǎnyǐng, hǎoxiàng jiùyào zhǎnchì pūlái. Jùmǎ Hé chèn rénmen kàn · bù qīng tā de róngmào shí huōkāile sǎngménr yùnwèi shízú de chàng ne! Ôu yǒu bù ānfèn de xiǎoyúr hé qīngwā bèng tiào//chéng shēng, xiàng shì wèile qiánghuà zhè yèqǔ de jiézòu. Cǐshí, zhǐ jué shìjiān wéi yǒu shuǐshēng hé wǒ, jiù lián óu'ěr cóng yuǎnchù gǎnlái xiējiǎo de wǎnfēng, yě qiāowú-shēngxī.

Dāng wǒ jiànjiàn bèi yè de níngzhòng yǔ shēnsuì suǒ róngshí, yì lǚ xīn de sīxù yǒngdòng shí, duì'àn shātān · shàng ránqǐle gōuhuǒ, nà xiānliàng de huǒguāng, shǐ yèsè yǒule zàodònggǎn. Gōuhuǒ sìzhōu, rényǐng chuòyuē, rúgē-sìwǔ. Péngyou shuō, nà shì Běijīng de dàxuéshēngmen, jiébàn lái zhèr dù zhōumò de. Yáowàng nà míngmiè-wúdìng de huǒguāng, xiǎngxiàngzhe gōuhuǒ yìngzhào de qīngchūn niánhuá, yě shì yì zhǒng yìxiǎng · bú dào de lèqù.

Jiéxuǎn zì Liú Yán《Shídù Yóu Qù》

作品 30 号

在闽西南和粤东北的崇山峻岭中，点缀着数以千计的圆形围屋或土楼，这就是被誉为“世界民居奇葩”的客家民居。

客家人是古代从中原繁盛的地区迁到南方的。他们的居住地大多在偏僻、边远的山区，为了防备盗匪的骚扰和当地人的排挤，便建造了营垒式住宅，在土中掺石灰，用糯米饭、鸡蛋清作黏合剂，以竹片、木条作筋骨，夯筑起墙厚一米，高十五米以上的土楼。它们大多为三至六层楼，一百至二百多间房屋如橘瓣状排列，布局均匀，宏伟壮观。大部分土楼有两三百年甚至五六百年的历史，经受无数次地震撼动、风雨侵蚀以及炮火攻击而安然无恙，显示了传统建筑文化的魅力。

客家先民崇尚圆形，认为圆是吉祥、幸福和安宁的象征。土楼围成圆形的房屋均按八卦布局排列，卦与卦之间设有防火墙，整齐划一。

客家人在治家、处事、待人、立身等方面，无不体现出明显的文化特征。比如，许多房屋大门上刻着这样的正楷对联：“承前祖德勤和俭，启后子孙读与耕”，表现了先辈希望子孙和睦相处、勤俭持家的愿望。楼内房间大小一模一样，他们不分贫富、贵贱，每户人家平等地分到底层至高层各//一间房。各层房屋的用途惊人地统一，底层是厨房兼饭堂，二层当贮仓，三层以上作卧室，两三百人聚居一楼，秩序井然，毫不混乱。土楼内所保留的民俗文化，让人感受到中华传统文化的深厚久远。

节选自张宇生《世界民居奇葩》

朗读提示：

本文介绍了被誉为“世界民居奇葩”的我国客家人的民居建筑。语言朴实、严谨，准确。朗读时注意个别语句的断句和重音。如“在|闽西南和粤东北的|崇山峻岭中，点缀着|数以千计的|圆形围屋或土楼，这就是|被誉为‘世界民居奇葩’的|客家民居”。注意下列容易读错的词语：

掺　chān

和睦相处　hémù-xiāngchǔ

一模一样　yìmú-yíyàng

Zuòpǐn 30 Hào

Zài Mǐnxīnán hé Yuèdōngběi de chóngshān-jùnlǐng zhōng, diǎnzhuì zheshùyǐqiānjì de yuánxíng wéiwū huò tǔlóu, zhè jiù shì bèi yù wéi"shìjiè mínjū qípā" de Kèjiā mínjū.

Kèjiārén shì gǔdài cóng Zhōngyuán fánshèng de dìqū qiāndào nánfāng de. Tāmen de jūzhùdì dàduō zài piānpì、biānyuǎn de shānqū, wèile fángbèi dàofěi de sāorǎo hé dāngdìrén de páijǐ, biàn jiànzàole yínglěishì zhùzhái, zài tǔ zhōng chān shíhuī, yòng nuòmǐfàn、jīdànqīng zuò niánhéjì, yǐ zhúpiàn、mùtiáo zuò Jīngǔ, hāngzhù qǐ qiáng hòu yì mǐ, gāo shíwǔ mǐ yǐshàng de tǔlóu. Tāmen dàduō wéi sān zhì liù céng lóu, yìbǎi zhì èrbǎi duō jiān fángwū rú júbànzhuàng Páiliè, bùjú jūnyún, hóngwěi zhuàngguān. Dàbùfen tǔlóu yǒu liǎng-sān bǎi nián shènzhì wǔ-liù bǎi nián de lìshǐ, jīngshòu wúshù cì dìzhèn hàndòng、fēngyǔ qīnshí yǐjí pàohuǒ gōngjī ér ānrán-wúyàng, xiǎnshìle chuántǒng jiànzhù wénhuà de Mèilì.

Kèjiā xiānmín chóngshàng yuánxíng, rènwéi yuán shì jíxiáng、xìngfú hé ānníng de xiàngzhēng. Tǔlóu wéichéng yuánxíng de fángwū jūn àn bāguà bùjú Páiliè, guà yǔ guà zhījiān shè yǒu fánghuǒqiáng, zhěngqí-huàyī.

Kèjiārén zài zhìjiā、chǔshì、dàirén、lìshēn děng fāngmiàn, wú bù tǐxiàn chū míngxiǎn de wénhuà tèzhēng. Bǐrú, xǔduō fángwū dàmén • shàng kèzhe zhèyàng de zhèngkǎi duìlián:"Chéng qián zǔdé qín hé jiǎn, qǐ hòu zǐsūn dú yǔ gēng", biǎoxiànle xiānbèi xīwàng zǐsūn hémù xiāngchǔ、qínjiǎn chíjiā de Yuànwàng. Lóu nèi fángjiān dàxiǎo yìmú-yíyàng, tāmen bù fēn pínfù、guìjiàn, měi hù rénjiā píngděng de fēndào dǐcéng zhì gāocéng gè//yì jiān fáng. Gè céng fángwū de yòngtú jīngrén de tǒngyī, dǐcéng shì chúfáng jiān fàntáng, èr céng dàng zhùcāng, sān céng yǐshàng zuò wòshì, liǎng-sānbǎi rén jùjū yīlóu, zhìxù Jǐngrán, háobú hùnluàn. Tǔlóu nèi suǒ bǎoliú de mínsú wénhuà, ràng rén gǎnshòu dào Zhōnghuá chuántǒng wénhuà de shēnhòu jiǔyuǎn.

Jiéxuǎn zì Zhāng Yǔshēng《Shìjiè Mínjū Qípā》

作品 31 号

我国的建筑，从古代的宫殿到近代的一般住房，绝大部分是对称的，左边怎么样，右边也怎么样。苏州园林可绝不讲究对称，好像故意避免似的。东边有了一个亭子或者一道回廊，西边决不会来一个同样的亭子或者一道同样的回廊。这是为什么？我想，用图画来比方，对称的建筑是图案画，不是美术画，而园林是美术画，美术画要求自然之趣，是不讲究对称的。

苏州园林里都有假山和池沼。

假山的堆叠，可以说是一项艺术而不仅是技术。或者是重峦叠嶂，或者是几座小山配合着竹子花木，全在乎设计者和匠师们生平多阅历，胸中有丘壑，才能使游览者攀登的时候忘却苏州城市，只觉得身在山间。

至于池沼，大多引用活水。有些园林池沼宽敞，就把池沼作为全园的中心，其他景物配合着布置。水面假如成河道模样，往往安排桥梁。假如安排两座以上的桥梁，那就一座一个样，决不雷同。

池沼或河道的边沿很少砌齐整的石岸，总是高低屈曲任其自然。还在那儿布置几块玲珑的石头，或者种些花草。这也是为了取得从各个角度看都成一幅画的效果。池沼里养着金鱼或各色鲤鱼，夏秋季节荷花或睡莲//开放，游览者看“鱼戏莲叶间”，又是入画的一景。

节选自叶圣陶《苏州园林》

朗读提示：

作者从游览者的角度，概括出数量众多、各具匠心的苏州园林特点。歌颂了富有中华民族文化特色的景致。朗读时，注意停连技巧。如“或者是|重峦叠嶂，或者是|几座小山|配合着竹子花木，全在乎|设计者和匠师们|生平多阅历，胸中有丘壑，才能使游览者攀登的时候忘却苏州城市，只觉得身在山间”。注意下列词语的读音：

对称　duìchèn

比方　bǐfang

池沼　chízhǎo

模样　múyàng

Zuòpǐn 31 Hào

Wǒguó de jiànzhù, cóng gǔdài de gōngdiàn dào jìndài de yì bān zhùfáng, jué dà bùfen shì duìchēn de, zuǒ • biān zěnme yàng, yòu • biān zěnme yàng. Sūzhōu yuánlín kě juébù jiǎng • jiu duìchēn, hǎoxiàng gùyì bìmiǎn shì de. Dōng • biān yǒule yí gè tíngzi huòzhě yí dào huíláng, xī • biān juébù huì lái yí gè tóngyàng de tíngzi huòzhě yí dào tóngyàng de huíláng. Zhè shì wèishénme? Wǒ xiǎng, yòng túhuà lái bǐfang, duìchēn de jiànzhù shì tú'ànhuà, bú shì měishùhuà, ér yuánlín shì měishùhuà, měishùhuà yāoqiú zìrán zhī qù, shì bù jiǎng • jiū duìchēn de.

Sūzhōu yuánlín • lǐ dōu yǒu jiǎshān hé chízhǎo.

Jiǎshān de duīdié, kěyǐ shuō shì yí xiàng yìshù ér bùjǐn shì jìshù. Huò zhě shì chóngluán-diézhàng, huòzhě shì jǐ zuò xiǎoshān pèihézhe zhúzi huāmù, quán zài • hu shèjìzhě hé jiàngshīmen shēngpíng duō yuèlì, xiōng zhōng yǒu qiūhè, cái néng shǐ yóulǎnzhě pāndēng de shíhou wàngquè Sūzhōu chéngshì, zhǐ jué • de shēn zài shān jiān.

Zhìyú chízhǎo, dàduō yǐnyòng huóshuǐ. Yǒuxiē yuánlín chízhǎo kuān • chǎng, jiù bǎ chízhǎo zuòwéi quán yuán de zhōngxīn, qítā jǐngwù pèihézhe bùzhì. Shuǐmiàn jiǎrú chéng hédào múyàng, wǎngwǎng ānpái qiáoliáng. Jiǎrú ānpái liǎng zuò yǐshàng de qiáoliáng, nà jiù yí zuò yí gè yàng, jué bù léitóng.

Chízhǎo huò hédào de biānyán hěn shǎo qì qízhěng de shí'àn, zǒngshì gāo dī qūqū rèn qí zìrán. Hái zài nàr bùzhì jǐ kuài línglóng de shítou, huòzhě zhòng xiē huācǎo. Zhè yě shì wèile qǔdé cóng gègè jiǎodù kàn dōu chéng yì fú huà de xiàoguǒ. Chízhǎo • lǐ yǎngzhe jīnyú huò gè sè lǐyú, xià-qiū jìjié héhuā huò shuìlián kāi // fàng, yóulǎnzhě kàn "yú xì liányèjiān", yòu shì rù huà de yì jǐng.

Jiéxuǎn zì Yè Shèngtáo《Sūzhōu Yuánlín》

作品 32 号

泰山极顶看日出，历来被描绘成十分壮观的奇景。有人说：登泰山而看不到日出，就像一出大戏没有戏眼，味儿终究有点寡淡。

我去爬山那天，正赶上个难得的好天，万里长空，云彩丝儿都不见。素常烟雾腾腾的山头，显得眉目分明。同伴们都欣喜地说："明天早晨准可以看见日出了。"我也是抱着这种想头，爬上山去。

一路从山脚往上爬，细看山景，我觉得挂在眼前的不是五岳独尊的泰山，却像一幅规模惊人的青绿山水画，从下面倒展开来。在画卷中最先露出的是山根底那座明朝建筑岱宗坊，慢慢地便现出王母池、斗母宫、经石峪。山是一层比一层深，一叠比一叠奇，层层叠叠，不知还会有多深多奇。万山丛中，时而点染着极其工细的人物。王母池旁的吕祖殿里有不少尊明塑，塑着吕洞宾等一些人，姿态神情是那样有生气，你看了，不禁会脱口赞叹说："活啦。"

画卷继续展开，绿阴森森的柏洞露面不太久，便来到对松山。两面奇峰对峙着，满山峰都是奇形怪状的老松，年纪怕都有上千岁了，颜色竟那么浓，浓得好像要流下来似的。来到这儿，你不妨权当一次画里的写意人物，坐在路旁的对松亭里，看看山色，听听流//水和松涛。

一时间，我又觉得自己不仅是在看画卷，却又像是在零零乱乱翻着一卷历史稿本。

节选自杨朔《泰山极顶》

朗读提示：

本篇散文感情真挚激昂，语调富于变化，歌颂了对祖国大好河山的热爱之情。朗读时，注意句子的停连和重音的表达，如"在画卷中|最先露出的|是山根底那座明朝建筑|岱宗坊……""王母池旁的吕祖殿里|有不少尊|明塑……"等。注意文中容易读错的词语和儿化词，如：

味儿　wèir
有点　yóudiǎnr
云彩丝儿　yúncaisīr
露出　lòuchū
山根　shāngēnr
露面　lòumiàn
权当　quándàng

Zuòpǐn 32 Hào

TàiShān jí dǐng kàn rìchū, lìlái bèi miáohuì chéng shífēn zhuàngguān de qíjǐng. Yǒurén shuō:Dēng TàiShān ér kàn • búdào rìchū,jiù xiàng yì chū dàxì méi • yǒu xìyǎn,wèir zhōngjiū yǒudiǎn guǎdàn.

Wǒ qù páshān nà tiān, zhèng gǎn • shàng gè nándé de hǎotiān, wànlǐ chángkōng,yúncǎisīr dōu bú jiàn. Sùcháng yānwù téngténg de shāntóu, xiǎn • dé méi • mù fēnmíng. Tóngbànmen dōu xīnxǐde shuō:“Míngtiān zǎo • chén zhǔn kěyǐ kàn • jiàn rìchū le. ”Wǒ yě shì bàozhe zhèzhǒng xiǎngtou,pá • shàngshān qù.

Yílù cóng shānjiǎo wǎng shàng pá,xì kàn shānjǐng,wǒ jué • dé guàzài yǎnqián de bú shì WǔYuè dúzūn de TàiShān, què xiàng yì fú guīmó jīngrén de qīnglǜ shānshuǐhuà,cóng xià • miàn dàozhǎn kāi • lái. Zài huàjuàn zhōng zuì xiān lòu chū de shì shāngēnr dǐ nà zuò Míngcháo jiànzhù Dàizōngfāng, mànmàn de biàn xiànchū Wángmǔchí、Dǒumǔgōng、Jīngshíyù. Shān shì yì céng bǐ yì céng shēn,yì dié bǐ yì dié qí, céngcéng-diédié, bù zhī háihuì yǒu duōshēnduōqí. Wànshāncóngzhōng, shí’ér diǎnrǎnzhe jíqí gōngxì de rénwù . Wángmǔchí páng de Lǚzǔdiàn • lǐ yǒu bùshǎo zūn míngsù,sùzhe Lǚ Dòngbīn děng yì xiē rén,zītài shénqíng shì nàyàng yǒu shēngqì,nǐ kànle,bùjīn huì tuōkǒu zàntàn shuō:“Huó la. ”

Huàjuàn jìxù zhǎnkāi,lǜyīn sēnsēn de Bǎidòng lòumiàn bú tài jiǔ,biàn láidào Duìsōngshān. Liǎngmiàn qífēng duìzhìzhe,mǎn shānfēng dōu shì qíxíng-guàizhuàng de lǎosōng,niánjì pà dōu yǒu shàngqiānsuì le,yánsè jìng nàme nóng,nóng de hǎo xiàng yào liú xià • lái shìde . Láidào zhèr,nǐ bùfáng quándāng yí cì huà • lǐ de xiěyì rénwù, zuò zài lùpáng de Duìsōngtíng • lǐ, kànkan shānsè, tīngting liú // shuǐ hé sōngtāo.

Yìshíjiān,wǒ yòu jué • dé zìjǐ bùjǐn shì zài kàn huàjuàn,què yòu xiàng shì zài línglíng-luànluàn fānzhe yí juàn lìshǐ gǎoběn.

Jiéxuǎn zì Yáng Shuò《TàiShān Jídǐng》

作品 33 号

在太空的黑幕上，地球就像站在宇宙舞台中央那位最美的大明星，浑身散发出夺人心魄的、彩色的、明亮的光芒，她披着浅蓝色的纱裙和白色的飘带，如同天上的仙女缓缓飞行。

地理知识告诉我，地球上大部分地区覆盖着海洋，我果然看到了大片蔚蓝色的海水，浩瀚的海洋骄傲地披露着广阔壮观的全貌，我还看到了黄绿相间的陆地，连绵的山脉纵横其间；我看到我们平时所说的天空，大气层中飘浮着片片雪白的云彩，那么轻柔，那么曼妙，在阳光普照下，仿佛贴在地面上一样。海洋、陆地、白云，它们呈现在飞船下面，缓缓驶来，又缓缓离去。

我知道自己还是在轨道上飞行，并没有完全脱离地球的怀抱，冲向宇宙的深处，然而这也足以让我震撼了，我并不能看清宇宙中众多的星球，因为实际上它们离我们的距离非常遥远，很多都是以光年计算。正因为如此，我觉得宇宙的广袤真实地摆在我的眼前，即便作为中华民族第一个飞天的人我已经跑到离地球表面四百公里的空间，可以称为太空人了，但是实际上在浩瀚的宇宙面前，我仅像一粒尘埃。

虽然独自在太空飞行，但我想到了此刻千万//中国人翘首以待，我不是一个人在飞，我是代表所有中国人，甚至人类来到了太空。我看到的一切证明了中国航天技术的成功，我认为我的心情一定要表达一下，就拿出太空笔，在工作日志背面写了一句话："为了人类的和平与进步，中国人来到太空了。"以此来表达一个中国人的骄傲和自豪。

节选自杨利伟《天地九重》

朗读提示：

本篇讲的是当代民族英雄杨利伟在太空的所见所感，让人们间接感受到太空旅行的美妙和神奇。朗读时，注意句子的停连和重音的表达，如"在太空的黑幕上，地球|就像|站在宇宙舞台中央|那位|最美的大明星，浑身散发出|夺人心魄的、彩色的、明亮的光芒，她披着浅蓝色的纱裙|和白色的飘带，如同|天上的仙女|缓缓飞行"。注意文中容易读错的词语和儿化词，如：

黄绿相间　huáng-lǜ xiāngjiàn

纵横其间　zònghéng qíjiān

云彩　yúncai

即使　jíbiàn

Zuòpǐn 33 Hào

Zài tàikōng de hēimù · shàng, dìqiú jiù xiàng zhàn zài yǔzhòu wǔtái zhōngyāng nà wèi zuì měi de dà míngxīng, húnshēn sànfā chū duórénxīnpò de、cǎisè de、míngliàng de guāngmáng, tā pīzhe qiǎnlánsè de shāqún hé báisè de piāodài, rútóng tiān · shàng de xiānnǚ huǎnhuǎn fēixíng.

Dìlǐ zhīshi gàosu wǒ, dìqiú · shàng dàbùfen dìqū fùgàizhe hǎiyáng, wǒ guǒrán kàndàole dàpiàn wèilánsè de hǎishuǐ, hàohàn de hǎiyáng jiāo' ào de pīlùzhe guǎngkuò zhuàngguān de quánmào, wǒ hái kàndàole huáng-lǜ xiāngjiàn de lùdì, liánmián de shānmài zònghéng qíjiān; wǒ kàndào wǒmen píngshí suǒ shuō de tiānkōng, dàqìcéng zhōng piāofúzhe piànpiàn xuěbái de yúncai, nàme qīngróu, nàme mànmiào, zài yángguāng pǔzhào xià, fǎngfú tiē zài dìmiàn · shàng Yīyàng. Hǎiyáng、lùdì、báiyún, tāmen chéngxiàn zài fēichuán xià · mian, huǎnhuǎn shǐlái, yòu huǎnhuǎn lí · qù.

Wǒ zhī · dào zìjǐ hái shi zài guǐdào · shàng fēixíng, bìng méi · yǒu wánquán tuōlí dìqiú de huáibào, chōngxiàng yǔzhòu de shēnchù, rán' ér zhè yě zúyǐ ràng wǒ zhènhàn le, wǒ bìng bù néng kànqīng yǔzhòu zhōng zhòngduō de xīngqiú, yīn · wèi shíjì · shàng tāmen lí wǒmen de jùlí fēicháng yáoyuǎn, hěnduō dōu shì yǐ guāngnián jìsuàn. Zhèng yīn · wèi rúcǐ, wǒ jué · dé yǔzhòu de guǎngmào zhēnshí de bǎi zài wǒ de yǎnqián, jíbiàn zuòwéi Zhōnghuá Mínzú dì-yī gè fēitiān de rén wǒ yǐ · jīng pǎodào lí dìqiú biǎomiàn sìbǎi gōnglǐ de kōngjiān, kéyǐ chēngwéi tàikōngrén le, dànshì shíjì · shàng zài hàohàn de yǔzhòu miànqián, wǒ jǐn xiàng yí lì chén'āi.

Suīrán dúzì zài tàikōng fēixíng, dàn wǒ xiǎngdàole cǐkè qiānwàn// Zhōngguórén qiáoshǒuyǐdài, wǒ bú shì yí gè rén zài fēi, wǒ shì dàibiǎo suǒyǒu Zhōngguórén, shènzhì rénlèi láidàole tàikōng. Wǒ kàndào de yíqiè zhèngmíngle Zhōngguó hángtiān jìshù de chénggōng, wǒ rènwéi wǒ de xīnqíng yídìng yào biǎodá yíxià, jiù náchū tàikōngbǐ, zài gōngzuò rìzhì bèimiàn xiěle yí jù huà: "Wèile rénlèi de hépíng yǔ jìnbù, Zhōngguórén láidào tàikōng le." Yǐ cǐ lái biǎodá yí gè Zhōngguórén de jiāo' ào hé zìháo.

Jiéxuǎn zì Yáng Lìwěi《Tiān Dì Jiǔ Chóng》

作品 34 号

最使我难忘的，是我小学时候的女教师蔡芸芝先生。

现在回想起来，她那时有十八九岁。右嘴角边有榆钱大小一块黑痣。在我的记忆里，她是一个温柔和美丽的人。

她从来不打骂我们。仅仅有一次，她的教鞭好像要落下来，我用石板一迎，教鞭轻轻地敲在石板边上，大伙笑了，她也笑了。我用儿童的狡猾的眼光察觉，她爱我们，并没有存心要打的意思。孩子们是多么善于观察这一点啊。

在课外的时候，她教我们跳舞，我现在还记得她把我扮成女孩子表演跳舞的情景。

在假日里，她把我们带到她的家里和女朋友的家里。在她的女朋友的园子里，她还让我们观察蜜蜂；也是在那时候，我认识了蜂王，并且平生第一次吃了蜂蜜。

她爱诗，并且爱用歌唱的音调教我们读诗。直到现在我还记得她读诗的音调，还能背诵她教我们的诗：

圆天盖着大海，
黑水托着孤舟，
远看不见山，
那天边只有云头，
也看不见树，
那水上只有海鸥……

今天想来，她对我的接近文学和爱好文学，是有着多么有益的影响！

像这样的教师，我们怎么会不喜欢她，怎么会不愿意和她亲近呢？我们见了她不由得就围上去。即使她写字的时候，我//们也默默地看着她，连她握铅笔的姿势都急于模仿。

节选自魏巍《我的老师》

朗读提示：

作者回忆了当年在老师身边的发生的小事，抒发了对老师的热爱和感激之情。语言质朴，通俗易懂。朗读时，注意语气词“啊”的变读，如“孩子们是多么善于观察这一点啊(na)”。注意文中容易读错的词语和儿化词，如：

先生　xiānsheng
一块　yí kuàir
大伙　dàhuǒr
即使　jíshǐ

Zuòpǐn 34 Hào

Zuì shǐ wǒ nánwàng de, shì wǒ xiǎoxué shíhou de nǚjiàoshī Cài Yúnzhī Xiānsheng.

Xiànzài huíxiǎng qǐ • lái,tā nà shí yǒu shíbā-jiǔ suì. Yòu zuǐjiǎo biān yǒu yúqián dàxiǎo yí kuàir hēizhì. Zài wǒ de jìyì • lǐ,tā shì yí gè wēnróu hé měilì de rén.

Tā cónglái bù dǎmà wǒmen. Jínjǐn yǒu yí cì,tā de jiàobiān hǎoxiàng yào luò xià • lái,wǒ yòng shíbǎn yì yíng,jiàobiān qīngqīng de qiāo zài shíbǎn biān • shàng, dàhuǒr xiào le,tā yě xiào le. Wǒ yòng értóng de jiǎohuá de yǎnguāng chájué,tā ài wǒ men,bìng méi • yǒu cúnxīn yào dǎ de yìsi. Háizimen shì duōme shànyú guānchá zhè yì diǎn na.

Zài kèwài de shíhou, tā jiāo wǒmen tiàowǔ, wǒ xiànzài hái jìde tā bǎ wǒbànchéng nǚháizi biǎoyǎn tiàowǔ de qíngjǐng.

Zài jiàrì • lǐ,tā bǎ wǒmen dàidào tā de jiā • lǐ hé nǚpéngyou de jiālǐ. Zài tā de nǚpéngyou de yuánzi • lǐ,tā hái ràng wǒmen guānchá mìfēng;yě shì zài nàShíhou,wǒ rènshíle fēngwáng,bìngqiě píngshēng dì-yī cì chīle fēngmì.

Tā ài shī,bìngqiě ài yòng gēchàng de yīn diào jiāo wǒmen dú shī. Zhí dào xiànzài wǒ hái jìde tā dú shī de yīndiào,hái néng bèisòng tā jiāo wǒmen de shī:

Yuán tiān gàizhe dàhǎi,
Hēishuǐ tuōzhe gūzhōu,
Yuǎn kàn • bú jiàn shān,
Nà tiānbiān zhǐ yǒu yúntóu,
Yě kàn • bú jiàn shù,
Nà shuǐ • shàng zhǐ yǒu hǎi'ōu ……

Jīntiān xiǎnglái,tā duì wǒ de jiējìn wénxué hé àihào wénxué,shì yǒuzhe duōme yǒuyì de yíngxiǎng!

Xiàng zhèyàng de jiàoshī,wǒmen zěnme huì bù xǐhuan tā,zěnme huì búyuànyì hé tā qīnjìn ne? Wǒ men jiànle tā bùyóude jiù wéi shàng • qù. Jíshǐ tā xiězìde shíhou, wǒ//men yě mòmò de kànzhe tā,lián tā wò qiānbǐ de zīshì dōu jíyú Mófǎng.

Jiéxuǎn zì Wèi Wēi《Wǒ de Lǎoshī》

作品 35 号

我喜欢出发。

凡是到达了的地方，都属于昨天。哪怕那山再青，那水再秀，那风再温柔。太深的流连便成了一种羁绊，绊住的不仅有双脚，还有未来。

怎么能不喜欢出发呢？没见过大山的巍峨，真是遗憾；见了大山的巍峨没见过大海的浩瀚，仍然遗憾；见了大海的浩瀚没见过大漠的广袤，依旧遗憾；见了大漠的广袤没见过森林的神秘，还是遗憾。世界上有不绝的风景，我有不老的心情。

我自然知道，大山有坎坷，大海有浪涛，大漠有风沙，森林有猛兽。即便这样，我依然喜欢。

打破生活的平静便是另一番景致，一种属于年轻的景致。真庆幸，我还没有老。即便真老了又怎么样，不是有句话叫老当益壮吗？

于是，我还想从大山那里学习深刻，我还想从大海那里学习勇敢，我还想从大漠那里学习沉着，我还想从森林那里学习机敏。我想学着品味一种缤纷的人生。

人能走多远？这话不是要问两脚而是要问志向。人能攀多高？这事不是要问双手而是要问意志。于是，我想用青春的热血给自己树起一个高远的目标。不仅是为了争取一种光荣，更是为了追求一种境界。目标实现了，便是光荣；目标实现不了，人生也会因//这一路风雨跋涉变得丰富而充实；在我看来，这就是不虚此生。

是的，我喜欢出发，愿你也喜欢。

节选自汪国真《我喜欢出发》

朗读提示：

作者不断地在新的领域里寻找新的风景和新的感悟，去追求更有挑战性的目标。语言热烈，富有感染力。朗读时，注意语句的逻辑关系，处理好停连技巧。如“没见过|大山的巍峨，真是遗憾；见了大山的巍峨|没见过|大海的浩瀚，仍然遗憾；见了大海的浩瀚|没见过|大漠的广袤，依旧遗憾；见了大漠的广袤|没见过|森林的神秘，还是遗憾”。注意文中容易读错的词语和儿化词，如：

流连　liúlián

羁绊　jībàn

坎坷　kǎnkě

庆幸　qìngxìng

热血　rèxuè

Zuòpǐn 35 Hào

Wǒ xǐhuan chūfā.

Fánshì dàodále de dìfang, dōu shǔyú zuótiān. Nǎpà nà shān zài qīng, nà shuǐ zài xiù, nà fēng zài wēnróu. Tài shēn de liúlián biànchéngle yì zhǒng jībàn, bànzhù de bùjǐn yǒu shuāngjiǎo, hái yǒu wèilái.

Zěnme néng bù xǐhuan chūfā ne? Méi jiànguo dàshān de wēi'é, zhēn shì yíhàn; jiànle dàshān de wēi'é méi jiànguo dàhǎi de hàohàn, réngrán yíhàn; jiànle dàhǎi de hàohàn méi jiànguo dàmò de guǎngmào, yījiù yíhàn; jiànle dàmò de guǎngmào méi jiànguo sēnlín de shénmì, háishi yíhàn. Shìjiè • shàng yǒu bù jué de fēngjǐng, wǒ yǒu bù lǎo de xīnqíng.

Wǒ zì • rán zhī • dào, dàshān yǒu kǎnkě, dàhǎi yǒu làngtāo, dàmò yǒu fēngshā, sēnlín yǒu měngshòu. Jíbiàn zhèyàng, wǒ yīrán xǐhuan.

Dǎpò shēnghuó de píngjìng biàn shì lìng yì fān jǐngzhì, yì zhǒng shǔyú niánqīng de jǐngzhì. Zhēn qìngxìng, wǒ hái méi • yǒu lǎo. Jíbiàn zhēn lǎole yòu zěnmeyàng, bú shì yǒu jù huà jiào lǎodāngyìzhuàng ma?

Yúshì, wǒ hái xiǎng cóng dàshān nà • lǐ xuéxí shēnkè, wǒ hái xiǎng cóng dàhǎi nà • lǐ xuéxí yǒnggǎn, wǒ hái xiǎng cóng dàmò nà • lǐ xuéxí chénzhuó, wǒ hái xiǎng cóng sēnlín nà • lǐ xuéxí jīmǐn. Wǒ xiǎng xuézhe pǐnwèi yì zhǒng bīnfēn de rénshēng.

Rén néng zǒu duō yuǎn? Zhè huà bú shì yào wèn liǎng jiǎo ér shì yào wèn Zhìxiàng. Rén néng pān duō gāo? Zhè shì bú shì yào wèn shuāngshǒu ér shì yào wèn yìzhì. Yúshì, wǒ xiǎng yòng qīngchūn de rèxuè gěi zìjǐ shùqǐ yí gè gāoyuǎn de mùbiāo. Bùjǐn shì wèile zhēngqǔ yì zhǒng guāngróng, gèng shì wèile zhuīqiú Yī zhǒng jìngjiè. Mùbiāo shíxiàn le, biàn shì guāngróng; mùbiāo shíxiàn • bù liǎo, rénshēng yě huì yīn// zhè yílù fēngyǔ báshè biàn de fēngfù ér chōngshí; zài wǒ kànlái, zhè jiù shì bùxū-cǐshēng.

Shì de, wǒ xǐhuan chūfā, yuàn nǐ yě xǐhuan.

Jiéxuǎn zì Wāng Guózhēn《Wǒ Xǐhuan Chūfā》

作品 36 号

乡下人家总爱在屋前搭一瓜架，或种南瓜，或种丝瓜，让那些瓜藤攀上棚架，爬上屋檐。当花儿落了的时候，藤上便结出了青的、红的瓜，它们一个个挂在房前，衬着那长长的藤，绿绿的叶。青、红的瓜，碧绿的藤和叶，构成了一道别有风趣的装饰，比那高楼门前蹲着一对石狮子或是竖着两根大旗杆，可爱多了。

有些人家，还在门前的场地上种几株花，芍药，凤仙，鸡冠花，大丽菊，它们依着时令，顺序开放，朴素中带着几分华丽，显出一派独特的农家风光。还有些人家，在屋后种几十枝竹，绿的叶，青的竿，投下一片浓浓的绿荫。几场春雨过后，到那里走走，你常常会看见许多鲜嫩的笋，成群地从土里探出头来。

鸡，乡下人家照例总要养几只的。从他们的房前屋后走过，你肯定会瞧见一只母鸡，率领一群小鸡，在竹林中觅食；或是瞧见耸着尾巴的雄鸡，在场地上大踏步地走来走去。

他们的屋后倘若有一条小河，那么在石桥旁边，在绿树荫下，你会见到一群鸭子游戏水中，不时地把头扎到水下去觅食。即使附近的石头上有妇女在捣衣，它们也从不吃惊。

若是在夏天的傍晚出去散步，你常常会瞧见乡下人家吃晚饭//的情景。他们把桌椅饭菜搬到门前，天高地阔地吃起来。天边的红霞，向晚的微风，头上飞过的归巢的鸟儿，都是他们的好友。它们和乡下人家一起，绘成了一幅自然、和谐的田园风景画。

节选自陈醉云《乡下人家》

朗读提示：

作者书写了农村生活的诗情画意，展现了乡下人的朴实自然与和谐。语言活泼，通俗有趣。朗读时，注意停连技巧的运用。如“青、红的瓜，碧绿的|藤和叶，构成了一道|别有风趣的装饰，比那高楼门前|蹲着一对石狮子|或是竖着|两根大旗杆，可爱多了”。注意文中容易读错的词语和儿化词，如：

人家　rénjiā

芍药　sháoyao

鲜嫩　xiānnèn

尾巴　wěiba

Zuòpǐn 36 Hào

Xiāngxia rénjiā zǒng ài zài wū qián dā yì guā jià, huò zhǒng nánguā, huò zhǒng sīguā, ràng nàxiē guāténg pān • shàng péngjià, pá • shàng wūyán. Dāng huā'ér luòle de shíhou, téng • shàng biàn jiēchūle qīng de、hóng de guā, tāmen yí gègè guà zài fáng qián, chènzhe nà chángcháng de téng, lǜlǜ de yè. Qīng、hóng de guā, bìlǜ de téng hé yè, gòuchéngle yí dào biéyǒufēngqù de zhuāngshì, bǐ nà gāolóu mén qián dūnzhe yí duì shíshīzi huòshì shùzhe liǎng gēn dàqígān, kě'ài duōle.

Yǒuxiē rénjiā, hái zài mén qián de chǎngdì • shàng zhǒng jǐ zhū huā, sháoyao, fèngxiān, jīguānhuā, dàlìjú, tāmen yīzhe shílìng, shùnxù kāifàng, pǔsù zhōng dàizhe jǐ fēn huálì, xiǎnchū yí pài dútè de nóngjiā fēngguāng. Hái yǒuxiē rénjiā, zài wū hòu zhǒng jǐshí zhī zhú, lǜ de yè, qīng de gān, tóuxià yí piàn nóngnóng de lǜ • yīn. Jǐ cháng chūnyǔ guòhòu, dào nà • lǐ zǒuzou, nǐ chángcháng huì kàn • jiàn xǔduō xiānnèn de sǔn, chéngqún de cóng tǔ • lǐ tànchū tóu lái.

Jī, xiāngxia rénjiā zhàolì zǒng yào yǎng jǐ zhī de. Cóng tāmen de fáng qián wū hòu zǒuguò, nǐ kěndìng huì qiáo • jiàn yì zhī mǔjī, shuàilǐng yì qún xiǎojī, zàizhúlínzhōng mìshí; huòshì qiáo • jiàn sǒngzhe wěiba de xióngjī, zài chǎngdì • shàng dàtàbù de zǒuláizǒuqù.

Tāmen de wū hòu tǎngruò yǒu yì tiáo xiǎohé, nàme zài shíqiáo pángbiān, zài lǜshùyīn xià, nǐ huì jiàndào yì qún yāzi yóuxì shuǐ zhōng, bùshí de bǎ tóu zhādào shuǐ xià qù mìshí. Jíshǐ fùjìn de shítou • shàng yǒu fùnǚ zài dǎoyī, tāmen yě cóng bù chījīng.

Ruòshì zài xiàtiān de bàngwǎn chū • qù sànbù, nǐ chángcháng huì qiáo • jiàn xiāngxia rénjiā chī wǎnfàn// de qíngjǐng. Tāmen bǎ zhuōyǐ fàncài bāndào mén qián, tiāngāo-dìkuò de chī qǐ • lái. Tiānbiān de hóngxiá, xiàngwǎn de wēifēng, tóu • shàng fēiguò de guīcháo de niǎo'ér, dōu shì tāmen de hǎoyǒu. Tāmen hé xiāngxia rénjiā yìqǐ, huìchéngle yì fú zìrán、héxié de tiányuán fēngjǐnghuà.

Jiéxuǎn zì Chén Zuìyún《Xiāngxia Rénjiā》

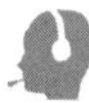

作品 37 号

我们的船渐渐地逼近榕树了。我有机会看清它的真面目：是一棵大树，有数不清的丫枝，枝上又生根，有许多根一直垂到地上，伸进泥土里。一部分树枝垂到水面，从远处看，就像一棵大树斜躺在水面上一样。

现在正是枝繁叶茂的时节。这棵榕树好像在把它的全部生命力展示给我们看。那么多的绿叶，一簇堆在另一簇的上面，不留一点儿缝隙。翠绿的颜色明亮地在我们的眼前闪耀，似乎每一片树叶上都有一个新的生命在颤动，这美丽的南国的树！

船在树下泊了片刻，岸上很湿，我们没有上去。朋友说这里是“鸟的天堂”，有许多鸟在这棵树上做窝，农民不许人去捉它们。我仿佛听见几只鸟扑翅的声音，但是等到我的眼睛注意地看那里时，我却看不见一只鸟的影子。只有无数的树根立在地上，像许多根木桩。地是湿的，大概涨潮时河水常常冲上岸去。“鸟的天堂”里没有一只鸟，我这样想到。船开了，一个朋友拨着船，缓缓地流到河中间去。

第二天，我们划着船到一个朋友的家乡去，就是那个有山有塔的地方。从学校出发，我们又经过那“鸟的天堂”。

这一次是在早晨，阳光照在水面上，也照在树梢上。一切都//显得非常光明。我们的船也在树下泊了片刻。

起初四周围非常清静。后来忽然起了一声鸟叫。我们把手一拍，便看见一只大鸟飞了起来，接着又看见第二只，第三只。我们继续拍掌，很快地这个树林就变得很热闹了。到处都是鸟声，到处都是鸟影。大的，小的，花的，黑的，有的站在枝上叫，有的飞起来，在扑翅膀。

节选自巴金《鸟的天堂》

朗读提示：

这是一篇经典的抒情散文，意境优美，语调平稳但又不失欢快。朗读时，注意句子的停连和重音，如“这棵榕树|好像|在把它的全部生命力|展示给我们看”等。注意读准“树、鸟、泥土、垂到、绿叶、簇、缝隙、船、涨潮、农民、颤动、地方、朋友”等易错词语。

Zuòpǐn 37 Hào

Wǒmen de chuán jiànjiàn de bījìn róngshù le. Wǒ yǒu jī • huì kànqīng tā de zhēn miànmù: Shì yì kē dàshù, yǒu shǔ • bùqīng de yāzhī, zhī • shàng yòu shēnggēn, yǒu xǔduō gēn yìzhí chuídào dì • shàng, shēnjìn nítǔ • lǐ. Yí bùfēn shùzhī chuídào shuǐmiàn, cóng yuǎnchù kàn, jiù xiàng yì kē dàshù xié tǎng zài shuǐmiàn • shàng yíyàng.

Xiànzài zhèngshì zhīfán-yèmào de shíjié. Zhè kē róngshù hǎoxiàng zài bǎ tā de quánbù shēngmìnglì zhǎnshì gěi wǒmen kàn. Nàme duō de lǜ yè, yí cù duī zài lìng yí cù de shàng • miàn, bù liú yìdiǎnr fèngxì. Cuìlǜ de yánsè míngliàng de zài wǒmen de yǎnqián shǎnyào, sìhū měi yí piàn shùyè • shàng dōu yǒu yí gè xīn de shēngmìng zài chàndòng, zhè měilì de nánguó de shù!

Chuán zài shù • xià bóle piànkè, àn • shàng hěn shī, wǒmen méi • yǒu shàng • qù. Péngyou shuō zhèlǐ shì "niǎo de tiāntáng", yǒu xǔduō niǎo zài zhè kē shù • shàng zuò wō, nóngmín bùxǔ rén qù zhuō tāmen. Wǒ fǎngfú tīng • jiàn jǐ zhī niǎo pū chì de shēngyīn, dànshì děngdào wǒ de yǎnjing zhùyì de kàn nà • lǐ shí, wǒ què kàn • bùjiàn yì zhī niǎo de yǐngzi. Zhǐyǒu wúshù de shùgēn lì zài dì • shàng, xiàng xǔduō gēn mùzhuāng. Dì shì shī de, dàgài zhǎngcháo shí héshuǐ chángcháng chōng • shàng àn • qù. "Niǎo de tiāntáng" • lǐ méi • yǒu yì zhī niǎo, wǒ zhèyàng xiǎngdào. Chuán kāi le, yí gè péngyou bōzhe chuán, huǎnhuǎn de liúdào hé zhōngjiān qù.

Dì-èr tiān, wǒmen huázhe chuán dào yí gè péngyou de jiāxiāng qù, jiùshì nàgè yǒu shān yǒu tǎ de dìfang. Cóng xuéxiào chūfā, wǒmen yòu jīngguò nà "niǎo de tiāntáng".

Zhè yí cì shì zài zǎo • chén, yángguāng zhào zài shuǐmiàn • shàng, yě zhào zài shùshāo • shàng. Yíqiē dōu // xiǎn • dé fēicháng guāngmíng. Wǒmen de chuán yě zài shù • xià bóle piànkè.

Qǐchū sì zhōuwéi fēicháng qīngjìng. Hòulái hūrán qǐle yì shēng niǎojiào. Wǒmen bǎ shǒu yì pāi, biàn kàn • jiàn yì zhī dàniǎo fēile qǐ • lái, jiēzhe yòu kàn • jiàn dì-èr zhī, dì-sān zhī. Wǒmen jìxù pāizhǎng, hěn kuài de zhège shùlín jiù biàn de hěn rènao le. Dàochǔ dōu shì niǎo shēng, dàochǔ dōu shì niǎo yǐng. Dà de, xiǎo de, huā de, hēi de, yǒude zhàn zài zhī • shàng jiào, yǒude fēi qǐ • lái, zài pū chìbǎng.

Jiéxuǎn zì Bā Jīn《Xiǎoniǎo de Tiāntáng》

作品 38 号

两百多年前，科学家做了一次实验。他们在一间屋子里横七竖八地拉了许多绳子，绳子上系着许多铃铛，然后把蝙蝠的眼睛蒙上，让它在屋子里飞。蝙蝠飞了几个钟头，铃铛一个也没响，那么多的绳子，它一根也没碰着。

科学家又做了两次实验：一次把蝙蝠的耳朵塞上，一次把蝙蝠的嘴封住，让它在屋子里飞。蝙蝠就像没头苍蝇似的到处乱撞，挂在绳子上的铃铛响个不停。

三次实验的结果证明，蝙蝠夜里飞行，靠的不是眼睛，而是靠嘴和耳朵配合起来探路的。

后来，科学家经过反复研究，终于揭开了蝙蝠能在夜里飞行的秘密。它一边飞，一边从嘴里发出超声波。而这种声音，人的耳朵是听不见的，蝙蝠的耳朵却能听见。超声波向前传播时，遇到障碍物就反射回来，传到蝙蝠的耳朵里，它就立刻改变飞行的方向。

知道蝙蝠在夜里如何飞行，你猜到飞机夜间飞行的秘密了吗？现代飞机上安装了雷达，雷达的工作原理与蝙蝠探路类似。雷达通过天线发出无线电波，无线电波遇到障碍物就反射回来，被雷达接收到，显示在荧光屏上。从雷达的荧光屏上，驾驶员能够清楚地看到前方有没有障碍物，所//以飞机飞行就更安全了。

节选自《夜间飞行的秘密》

朗读提示：

这是一篇科学小品文，揭开了蝙蝠夜间飞行的秘密。朗读时，注意句子的停连和重音，如“雷达|通过天线|发出无线电波，无线电波|遇到障碍物|就反射回来，被雷达接收到，显示在荧光屏上”。注意下列易错词语的读音：

绳子　shéngzi

铃铛　língdang

蝙蝠　biānfú

荧光屏　yíngguāngpíng

Zuòpǐn 38 Hào

Liǎng bǎi duō nián qián,kēxuéjiā zuòle yí cì shíyàn. Tāmen zài yì jiān wūzi • lǐ Héngqī-shùbā de lāle xǔduō shéngzi,shéngzi • shàng jìzhe xǔduō língdang,ránhòu bǎ biānfú de yǎnjing méng • shàng,ràng tā zài wūzi • lǐ fēi. Biānfú fēile jǐ gè zhōngtóu, língdang yí gè yě méi xiǎng,nàme duō de shéngzi,tā yì gēn yě méi pèngzháo.

Kēxuéjiā yòu zuò le liǎng cì shíyàn:yí cì bǎ biānfú de ěrduo sāi • shàng,yí cìbǎ biānfú de zuǐ fēngzhù, ràng tā zài wūzi • lǐ fēi. Biānfú jiù xiàng méitóu-cāngying shìde dàochù luàn zhuàng,guà zài shéngzi • shàng de língdang xiǎng gè bùtíng.

Sān cì shíyàn de jiéguǒ zhèngmíng,biānfú yè • lǐ fēixíng,kào de bú shì yǎnjing, ér shì kào zuǐ hé ěrduo pèihé qǐ • lái tànlù de.

Hòulái,kēxuéjiā jīngguò fǎnfù yánjiū, zhōngyú jiēkāile biānfú néng zài yè • lǐ fēixíng de mìmì. Tā yìbiān fēi,yìbiān cóng zuǐ • lǐ fāchū chāoshēngbō. Ér zhè zhǒng shēngyīn,rén de ěrduo shì tīng • bù jiàn de, biānfú de ěrduo què néng Tīngjiàn. Chāoshēngbō xiàng qián chuánbō shí, yù dào zhàng'àiwù jiù fǎnshè huí • lái, chuándào biānfú de ěrduo'lǐ,tā jiù lìkè gǎibiàn fēixíng de fāngxiàng.

Zhī • dào biānfú zài yè • lǐ rúhé fēixíng, nǐ cāidào fēijī yèjiān fēixíng de mìmì leMa? Xiàndài fēijī • shàng ānzhuāngle léidá, léidá de gōngzuò yuánlǐ yǔ biānfú tànlù lèisì. Léidá tōngguò tiānxiàn fāchū wúxiàn diànbō, wúxiàn diànbō yùdào zhàng'àiwù jiù fǎnshè huí • lái, bèi léidá jiēshōu dào, xiǎnshì zài yíngguāngpíng Shàng. Cóng léidá de yíngguāngpíng • shàng, jiàshǐyuán nénggòu qīngchu de kàndào qiánfāng yǒuméiyǒu zhàng'àiwù,suǒ//yǐ fēijī fēixíng jiù gèng ānquán le.

Jiéxuǎn zì《Yèjiān Fēixíng De Mìmì》

作品 39 号

北宋时候，有位画家叫张择端。他画了一幅名扬中外的画《清明上河图》。这幅画长五百二十八厘米，高二十四点八厘米，画的是北宋都城汴梁热闹的场面。这幅画已经有八百多年的历史了，现在还完整地保存在北京的故宫博物院里。

张择端画这幅画的时候，下了很大的功夫。光是画上的人物，就有五百多个：有从乡下来的农民，有撑船的船工，有做各种买卖的生意人，有留着长胡子的道士，有走江湖的医生，有摆小摊的摊贩，有官吏和读书人，三百六十行，哪一行的人都画在上面了。

画上的街市可热闹了。街上有挂着各种招牌的店铺、作坊、酒楼、茶馆，走在街上的，是来来往往、形态各异的人：有的骑着马，有的挑着担，有的赶着毛驴，有的推着独轮车，有的悠闲地在街上溜达。画面上的这些人，有的不到一寸，有的甚至只有黄豆那么大。别看画上的人小，每个人在干什么，都能看得清清楚楚。

最有意思的是桥北头的情景：一个人骑着马，正往桥下走。因为人太多，眼看就要碰上对面来的一乘轿子。就在这个紧急时刻，那个牧马人一下子拽住了马笼头，这才没碰上那乘轿子。不过，这么一来，倒把马右边的//两头小毛驴吓得又踢又跳。站在桥栏杆边欣赏风景的人，被小毛驴惊扰了，连忙回过头来赶小毛驴。你看，张择端画的画，是多么传神啊！

《清明上河图》使我们看到了八百年以前的古都风貌，看到了当时普通老百姓的生活场景。

节选自滕明道《一幅名扬中外的画》

朗读提示：

这是一篇说明性文章，它通过具体描述，重现了八九百年前古都的风貌和人们生活的情境。朗读时，注意儿化词和轻声词的读音：

功夫　gōngfu
乡下　xiāngxia
买卖　mǎimai
道士　dàoshi
小摊　xiǎotānr
招牌　zhāopai
作坊　zuōfang
茶馆　cháguǎnr
溜达　liūda
桥北头　qiáo běitou
一乘轿子　yí shèng jiàozi
马笼头　mǎlóngtou

Zuòpǐn 39 Hào

Běi sòng shíhou, yǒu wèi huàjiā jiào Zhāng Zéduān. Tā huàle yì fú míngyáng-zhōngwài de huà《Qīngmíng Shàng Hé Tú》. Zhè fú huà cháng wǔbǎi èrshíbā límǐ, gāo èrshísì diǎn bā límǐ, huà de shì Běi Sòng dūchéng Biànliáng rènao de chǎngmiàn. Zhè fú huà yǐ · jīng yǒu bābǎi duō nián de lìshǐ le, xiànzài hái wánzhěng de bǎocún zài Běijīng de Gùgōng Bówùyuàn · lǐ.

Zhāng Zéduān huà zhè fú huà de shíhou, xiàle hěn dà de gōngfu. Guāng shì huà · shàng de rénwù, jiù yǒu wǔbǎi duō gè: yǒu cóng xiāngxia lái de nóngmín, yǒu chēngchuán de chuángōng, yǒu zuò gè zhǒng mǎimai de shēngyirén, yǒu liúzhe cháng húzi de dàoshi, yǒu zǒu jiānghú de yīshēng, yǒu bǎi xiǎotānr de tānfàn, yǒu guānlì hé dúshūrén, sānbǎi liùshí háng, nǎ yì háng de rén dōu huà zài shàng · miàn le.

Huà · shàng de jiēshì kě rènao le. Jiē · shàng yǒu guàzhe gèzhǒng zhāopai de diànpù、zuōfang、jiǔlóu、cháguǎnr, zǒu zài jiē · shàng de, shì láiláiwángwǎng、xíngtài-gèyì de rén: yǒu de qízhe mǎ, yǒude tiāozhe dàn, yǒude gǎnzhe máolǘ, yǒude tuīzhe dúlúnchē, yǒude yōuxián de zài jiē · shàng liūda. Huàmiàn · shàng de zhèxiē rén, yǒude bú dào yí cùn, yǒude shènzhì zhǐ yǒu huángdòu nàme dà. Bié kàn huà · shàng de rén xiǎo, měi gè rén zài gàn shénme, dōu néng kàn de qīngqīngchǔchǔ.

Zuì yǒu yìsi de shì qiáo běitou de qíngjǐng: yí gè rén qízhe mǎ, zhèng wǎng qiáo · xià zǒu. Yīn · wèi rén tài duō, yǎnkàn jiù yào pèng · shàng duìmiàn lái de yī shèng jiàozi. Jiù zài zhège jǐnjí shíkè, nà gè mùmǎrén yíxiàzi zhuàizhùle mǎlóngtou, zhè cái méi pèng · shàng nà shèng jiàozi. Bùguò, zhème yì lái, dào bǎ mǎ yòu · biān de// liǎng tóu xiǎo máolǘ xià de yòu tī yòu tiào. Zhàn zài qiáo lángān biān xīnshǎng fēngjǐng de rén, bèi xiǎo máolǘ jīngrǎo le, liánmáng huí · guò tóu lái gǎn xiǎo máolǘ. Nǐ kàn, Zhāng Zéduān huà de huà, shì duōme chuánshén ā!

《Qīngmíng Shàng Hé Tú》shǐ wǒmen kàndàole bābǎi nián yǐqián de gǔdū fēngmào, kàndàole dāngshí pǔtōng lǎobǎixìng de shēnghuó chángjǐng.

Jiéxuǎn zì Téng Míngdào《Yī Fú Míngyáng-zhōngwài de Huà》

作品 40 号

二〇〇〇年，中国第一个以科学家名字命名的股票“隆平高科”上市。八年后，名誉董事长袁隆平所持有的股份以市值计算已经过亿。从此，袁隆平又多了个“首富科学家”的名号。而他身边的学生和工作人员，却很难把这位老人和“富翁”联系起来。

“他哪里有富人的样子。”袁隆平的学生们笑着议论。在学生们的印象里，袁老师永远黑黑瘦瘦，穿一件软塌塌的衬衣。在一次会议上，袁隆平坦言：“不错，我身价二〇〇八年就一千零八亿了，可我真的有那么多钱吗？没有。我现在就是靠每个月六千多元的工资生活，已经很满足了。我今天穿的衣服就五十块钱，但我喜欢的还是昨天穿的那件十五块钱的衬衫，穿着很精神。”袁隆平认为，“一个人的时间和精力是有限的，如果老想着享受，哪有心思搞科研？搞科学研究就是要淡泊名利，踏实做人”。

在工作人员眼中，袁隆平其实就是一位身板硬朗的“人民农学家”，“老人下田从不要人搀扶，拿起套鞋，脚一蹬就走”。袁隆平说：“我有八十岁的年龄，五十多岁的身体，三十多岁的心态，二十多岁的肌肉弹性。”袁隆平的业余生活非常丰富，钓鱼、打排球、听音乐……他说，就是喜欢这些//不花钱的平民项目。

二〇一〇年九月，袁隆平度过了他的八十岁生日。当时，他许了个愿：到九十岁时，要实现亩产一千公斤！如果全球百分之五十的稻田种植杂交水稻，每年可增产一点五亿吨粮食，可多养活四亿到五亿人口。

节选自刘畅《一粒种子造福世界》

朗读提示：

这是一篇介绍人民农学家袁隆平先生的文章。语言平实，细节中透露着钦佩与怀念。朗读时，注意人物语言的语气和重音，如“不错，我身价|二〇〇八年|就一千零八亿了，可我真的|有那么多↗钱吗？↘没有。我现在|就是靠|每个月六千多元的工资生活，已经很满足了。我今天穿的衣服|就五十块钱，但我喜欢的|还是昨天穿的|那件十五块钱的衬衫，穿着很精神”。注意儿化词和轻声词的读音：

精神　jīngshen

心思　xīnsi

踏实　tashi

身板　shēnbǎnr

硬朗　yìnglang

年龄　niánlíng

Zuòpǐn 40 Hào

Èr líng líng líng nián, Zhōngguó dì-yī gè yǐ kēxuéjiā míngzi mìngmíng degǔpiào "Lóngpíng Gāokē" shàngshì. Bā nián hòu, míngyù dǒngshìzhǎng Yuán Lóngpíng suǒ chíyǒu de gǔfèn yǐ shìzhí jìsuàn yǐ・jīng guò yì. Cóngcǐ, Yuán Lóngpíng yòu duōle gè "shǒufù kēxuéjiā" de mínghào. Ér tā shēnbiān de xuésheng hé gōngzuò rényuán, què hěn nán bǎ zhè wèi lǎorén hé "fùwēng" liánxì qǐ・lái.

"Tā nǎ・lǐ yǒu fùrén de yàngzi." Yuán Lóngpíng de xuéshengmen xiàozhe yìlùn. Zài xuéshengmen de yìnxiàng・lǐ, Yuán lǎoshī yǒngyuǎn hēihēishòushòu, chuān yí jiàn ruǎntātā de chènyī. Zài yí cì huìyì・shàng, Yuán Lóngpíng tǎnyán: "Bùcuò, wǒ shēnjià èr líng líng bā nián jiù yìqiān líng bā yì le, kě wǒ zhēn de yǒu nàme duō qián ma? Méi・yǒu. Wǒ xiànzài jiù shì kào měi gè yuè liùqiān duō yuán de gōngzī shēnghuó, yǐ・jīng hěn mǎnzú le. Wǒ jīntiān chuān de yīfu jiù wǔshí kuài qián, dàn wǒ xǐhuan de hái shi zuótiān chuān de nà jiàn shíwǔ kuài qián de chènshān, chuānzhe hěn jīngshen." Yuán Lóngpíng rènwéi, "yí gè rén de shíjiān hé jīnglì shì yǒuxiàn de, rúguǒ lǎo xiǎngzhe xiǎngshòu, nǎ yǒu xīnsi gǎo kēyán? Gǎo kēxué yánjiū jiù shì yào dànbó-mínglì, tāshi zuòrén".

Zài gōngzuò rényuán yǎnzhōng, Yuán Lóngpíng qíshí jiù shì yí wèi shēnbǎnr yìnglang de "rénmín nóngxuéjiā", "lǎorén xià tián cóng bú yào rén chānfú, náqǐ tàoxié, jiǎo yì dēng jiù zǒu". Yuán Lóngpíng shuō: "Wǒ yǒu bāshí suì de niánlíng, wǔshí duō suì de shēntǐ, sānshí duō suì de xīntài, èrshí duō suì de jī ròu tánxìng." Yuán Lóngpíng de yèyú shēnghuó fēicháng fēngfù, diào yú、dǎ páiqiú、tīng yīnyuè…… Tā shuō, jiù shì xǐhuan zhèxiē// bù huā qián de píngmín xiàngmù.

Èr líng yī líng nián jiǔ yuè, Yuán Lóngpíng dùguòle tā de bāshí suì shēngrì. Dāngshí, tā xǔle gè yuàn: dào jiǔshí suì shí, yào shíxiàn mǔchǎn yìqiān gōngjīn! Rúguǒ quánqiú bǎi fēn zhī wǔshí de dàotián zhòngzhí zájiāo shuǐdào, měi nián kě zēngchǎn yī diǎn wǔ yì dūn liángshi, kě duō yǎnghuó sìyì dào wǔyì Rénkǒu.

Jiéxuǎn zì Liú Chàng《Yí Lì Zhǒngzi Zàofú Shìjiè》

作品 41 号

北京的颐和园是个美丽的大公园。

进了颐和园的大门，绕过大殿，就来到有名的长廊。绿漆的柱子，红漆的栏杆，一眼望不到头。这条长廊有七百多米长，分成二百七十三间。每一间的横槛上都有五彩的画，画着人物、花草、风景，几千幅画没有哪两幅是相同的。长廊两旁栽满了花木，这一种花还没谢，那一种花又开了。微风从左边的昆明湖上吹来，使人神清气爽。

走完长廊，就来到了万寿山脚下。抬头一看，一座八角宝塔形的三层建筑耸立在半山腰上，黄色的琉璃瓦闪闪发光。那就是佛香阁。下面的一排排金碧辉煌的宫殿，就是排云殿。

登上万寿山，站在佛香阁的前面向下望，颐和园的景色大半收在眼底。葱郁的树丛，掩映着黄的绿的琉璃瓦屋顶和朱红的宫墙。正前面，昆明湖静得像一面镜子，绿得像一块碧玉。游船、画舫在湖面慢慢地滑过，几乎不留一点儿痕迹。向东远眺，隐隐约约可以望见几座古老的城楼和城里的白塔。

从万寿山下来，就是昆明湖。昆明湖围着长长的堤岸，堤上有好几座式样不同的石桥，两岸栽着数不清的垂柳。湖中心有个小岛，远远望去，岛上一片葱绿，树丛中露出宫殿的一角。//游人走过长长的石桥，就可以去小岛上玩。这座石桥有十七个桥洞，叫十七孔桥。桥栏杆上有上百根石柱，柱子上都雕刻着小狮子。这么多的狮子，姿态不一，没有哪两只是相同的。

颐和园到处有美丽的景色，说也说不尽，希望你有机会去细细游赏。

节选自袁鹰《颐和园》

朗读提示：

这是一篇精美的描写散文。它展示了我国园林艺术的辉煌成就以及古代劳动人民的智慧和才能。语言平实，描写细腻。朗读时，注意停连技巧的运用，如“抬头一看，一座八角宝塔形的|三层建筑|耸立在半山腰上，黄色的琉璃瓦|闪闪发光”。注意易错词的读音：

颐和园　yíhéyuán

横槛　héngjiàn

掩映　yǎnyìng

画舫　huàfǎng

堤岸　dī’àn

露出　lòuchū

Zuòpǐn 41 Hào

Běijīng de Yíhéyuán shì gè měilì de dà gōngyuán.

Jìnle Yíhéyuán de dàmén, ràoguò dàdiàn, jiù láidào yǒumíng de chángláng. Lǜ qī de zhùzi, hóng qī de lángān, yì yǎn wàng • bú dào tóu. Zhè tiáo chángláng yǒu qībǎi duō mǐ cháng, fēnchéng èrbǎi qīshísān jiān. Měi yì jiān de héngjiàn • shàng dōu yǒu wǔcǎi de huà, huàzhe rénwù、huācǎo、fēngjǐng, jǐ qiān fú huà méi • yǒu nǎ liǎng fú shì xiāng tóng de 。cháng láng liǎng páng zāi mǎn le huā mù, zhè yì zhǒng huā hái méi xiè, nà yì zhǒng huā yòu kāi le. Wēifēng cóng zuǒ • biān de Kūnmínghú • shàng chuī • lái, shǐ rén shénqīng-qìshuǎng.

Zǒuwán chángláng, jiù láidàole Wànshòushān jiǎo • xià. Tái tóu yí kàn, yí zuò bājiǎo báotǎ xíng de sān céng jiànzhù sǒnglì zài bànshānyāo • shàng, huángsè de liú • líwǎ shǎnshǎn fāguāng. Nà jiù shì Fóxiānggé. Xià • mian de yì páipái jīnbì-huīhuáng de gōngdiàn, jiù shì Páiyúndiàn.

Dēng • shàng Wànshòushān, zhàn zài Fóxiānggé de qián • miàn xiàng xià wàng, Yíhéyuán de jǐngsè dàbàn shōu zài yán dǐ. Cōngyù de shùcóng, yǎnyìng-zhe huáng de lǜ de liú • líwǎ wūdǐng hé zhūhóng de gōngqiáng. Zhèngqián • miàn, Kūnmínghú jìng de xiàng yí miàn jìngzi, lǜ dé xiàng yí kuài bìyù. Yóu chuán、huàfǎng zài húmiàn mànmàn de huáguò, jīhū bù liú yì diǎnr hénjì. Xiàng dōng yuǎntiào, yǐnyǐnyuēyuē kěyǐ wàng • jiàn jǐ zuò gǔlǎo de chénglóu hé chéng • lǐ de Báitǎ.

Cóng Wànshòushān xià • lái, jiù shì Kūnmínghú. Kūnmínghú wéizhe cháng-cháng de dī'àn, dī • shàng yǒu hǎo jǐ zuò shìyàng bùtóng de shíqiáo, liǎng àn zāizhe shǔ • bù qīng de chuíliǔ. Hú zhōngxīn yǒu gè xiǎodǎo, yuǎnyuǎn wàngqù, dǎo • shàng yí piàn cōnglǜ, shùcóng zhōng lòuchū gōngdiàn de yì jiǎo. // Yóurén zǒuguò chángcháng de shíqiáo, jiù kěyǐ qù xiǎodǎo • shàng wánr. Zhè zuò shíqiáo yǒu shíqī gè qiáodòng, jiào Shíqīkǒngqiáo. Qiáo lángān • shàng yǒu shàngbǎi gēn shízhù, zhùzi • shàng dōu diāokèzhe xiǎo shīzi. Zhème duō de shīzi, zītài bùyī, méiyǒu nǎ liǎng zhī shì xiāngtóng de.

Yíhéyuán dàochù yǒu měilì de jǐngsè, shuō yě shuō • bù jìn, xīwàng nǐ yǒu jī • huì qù xìxì yóushǎng.

Jiéxuǎn zì Yuán Yīng《Yíhéyuán》

作品 42 号

一谈到读书，我的话就多了！

我自从会认字后不到几年，就开始读书。倒不是四岁时读母亲给我的商务印书馆出版的国文教科书第一册的“天、地、日、月、山、水、土、木”以后的那几册，而是七岁时开始自己读的“话说天下大势，分久必合，合久必分……”的《三国演义》。

那时，我的舅父杨子敬先生每天晚饭后必给我们几个表兄妹讲一段《三国演义》，我听得津津有味，什么“宴桃园豪杰三结义，斩黄巾英雄首立功”，真是好听极了。但是他讲了半个钟头，就停下去干他的公事了。我只好带着对于故事下文的无限悬念，在母亲的催促下，含泪上床。

此后，我决定咬了牙，拿起一本《三国演义》来，自己一知半解地读了下去，居然越看越懂，虽然字音都读得不对，比如把“凯”念作“岂”，把“诸”念作“者”之类，因为我只学过那个字一半部分。

谈到《三国演义》，我第一次读到关羽死了，哭了一场，把书丢下了。第二次再读到诸葛亮死了，又哭了一场，又把书丢下了，最后忘了是什么时候才把全书读到“分久必合”的结局。

这时我同时还看了母亲针线笸箩里常放着的那几本《聊斋志异》，聊斋故事是短篇的，可以随时拿起放下，又是文言的，这对于我的//作文课很有帮助，因为老师曾在我的作文本上批着“柳州风骨，长吉清才”的句子，其实我那时还没有读过柳宗元和李贺的文章，只因那时的作文，都是用文言写的。

书看多了，从中也得到一个体会，物怕比，人怕比，书也怕比，“不比不知道，一比吓一跳”。

因此，某年的六一国际儿童节，有个儿童刊物要我给儿童写几句指导读书的话，我只写了九个字，就是：

读书好，多读书，读好书。

节选自冰心《忆读书》

朗读提示：

作者回忆幼年时自己读书的经历，总结了多年读书的经验，旨在引导学生养成读书的好习惯。本文语言平实，不失趣味。朗读时，注意停连技巧的运用，如“那时，我的舅父杨子敬先生|每天晚饭后|必给我们几个表兄妹|讲一段《三国演义》，我听得津津有味，什么‘宴|桃园豪杰|三结义，斩|黄巾英雄|首立功’，真是好听极了”。注意易错词的读音：

津津有味　jīnjīn-yǒuwèi

英雄　yīngxióng

哭了一场　kū le yì cháng

笸箩　pǒluo

Zuòpǐn 42 Hào

Yī tándào dú shū, wǒ de huà jiù duō le!

Wǒ zìcóng huì rènzì hòu bú dào jǐ nián, jiù kāishǐ dú shū. Dào búshì sì suì shí dú mǔ · qīn gěi wǒ de Shāngwù Yìnshūguǎn chūbǎn de guówén jiàokēshū dì--yī cè de "tiān、dì、rì、yuè、shān、shuǐ、tǔ、mù" yǐhòu de nà jǐ cè, ér shì qīsuì shí kāishǐ zìjǐ dú de "Huà shuō tiānxià dàshì, fēn jiǔ bì hé, hé jiǔ bì fēn……" de《Sān Guó Yǎnyì》.

Nàshí, wǒ de jiùfù Yáng Zǐjìng xiānsheng měi tiān wǎnfàn hòu bì gěi wǒmen jǐ gè biǎoxiōngmèi jiǎng yí duàn《Sān Guó Yǎnyì》, wǒ tīng de jīnjīn-yǒuwèi, shénme "Yàn táoyuán háojié sān jiéyì, zhǎn Huángjīn yīngxióng shǒu lìgōng", zhēnshì hǎotīng jí le. Dànshì tā jiǎngle bàn gè zhōngtóu, jiù tíng · xià qù gàn tā de gōngshìle. Wǒ zhǐhǎo dàizhe duìyú gùshi xiàwén de wúxiàn xuánniàn, zài mǔ · qīn de cuīcù · xià, hán lèi shàng chuáng.

Cǐhòu, wǒ juédìng yǎole yá, náqǐ yì běn《Sān Guó Yǎnyì》lái, zìjǐ yìzhī-bànjiěde dúle xià · qù, jūrán yuè kàn yuè dǒng, suīrán zìyīn dōu dú de bú duì, bǐrú bǎ "kǎi" niàn zuò "qǐ", bǎ "zhū" niàn zuò "zhě" zhīlèi, yīn · wèi wǒ zhǐ xuéguo nà gè zì yíbàn bùfen.

Tándào《Sān Guó Yǎnyì》, wǒ dì-yī cì dúdào Guān Yǔ sǐ le, kūle yì cháng, bǎ shū diū · xià le. Dì-èr cì zài dúdào Zhūgě Liàng sǐ le, yòu kūle yì cháng, yòu bǎshū diū · xià le, zuìhòu wàngle shì shénme shíhou cái bǎ quán shū dúdào "fēn jiǔ bì hé" de jiéjú.

Zhèshí wǒ tóngshí hái kànle mǔ · qīn zhēnxiàn pǒluo · lǐ cháng fàngzhe de nà jǐ běn《Liáozhāi Zhì Yì》, Liáozhāi gùshi shì duǎnpiān de, kě yǐ suíshí náqǐ fàng · xià, yòu shì wényán de, zhè duìyú wǒ de// zuòwénkè hěn yǒu bāngzhù, yīn · wèi lǎoshī céng zài wǒ de zuòwénběn · shàng pīzhe "Liǔzhōu fēnggǔ, Chángjí qīngcái" de jùzi, qíshí wǒ nàshí hái méi · yǒu dúguo Liǔ Zōngyuán hé Lǐ Hè de wénzhāng, zhǐ yīn nàshí de zuòwén, dōu shì yòng wényán xiě de.

Shū kàn duō le, cóngzhōng yě dédào yí gè tǐhuì, wù pà bǐ, rén pà bǐ, shū yě pà bǐ, "Bù bǐ bù zhī · dào, yì bǐ xià yí tiào".

Yīncǐ, mǒu nián de Liù-Yī Guójì Értóng Jié, yǒu gè értóng kānwù yào wǒ gěi értóng xiě jǐ jù zhǐdǎo dú shū de huà, wǒ zhǐ xiěle jiǔ gè zì, jiù shì:

Dú shū hǎo, duō dú shū, dú hǎo shū.

Jiéxuǎn zì Bīngxīn《Yì Dú Shū》

作品 43 号

徐霞客是明朝末年的一位奇人。他用双脚，一步一步地走遍了半个中国大陆，游览过许多名山大川，经历过许多奇人异事。他把游历的观察和研究记录下来，写成了《徐霞客游记》这本千古奇书。

当时的读书人，都忙着追求科举功名，抱着“十年寒窗无人问，一举成名天下知”的观念，埋头于经书之中。徐霞客却卓尔不群，醉心于古今史籍及地志、山海图经的收集和研读。他发现此类书籍很少，记述简略且多有相互矛盾之处，于是他立下雄心壮志，要走遍天下，亲自考察。

此后三十多年，他与长风为伍，云雾为伴，行程九万里，历尽千辛万苦，获得了大量第一手考察资料。徐霞客日间攀险峰，涉危涧，晚上就是再疲劳，也一定录下当日见闻。即使荒野露宿，栖身洞穴，也要“燃松拾穗，走笔为记”。

徐霞客的时代，没有火车，没有汽车，没有飞机，他所去的许多地方连道路都没有，加上明朝末年治安不好，盗匪横行，长途旅行是非常艰苦又非常危险的事。

有一次，他和三个同伴到西南地区，沿路考察石灰岩地形和长江源流。走了二十天，一个同伴难耐旅途劳顿，不辞而别。到了衡阳附近又遭遇土匪抢劫，财物尽失，还险//些被杀害。好不容易到了南宁，另一个同伴不幸病死，徐霞客忍痛继续西行。到了大理，最后一个同伴也因为吃不了苦，偷偷地走了，还带走了他仅存的行囊。但是，他还是坚持目标，继续他的研究工作，最后找到了答案，推翻历史上的错误，证明长江的源流不是岷江而是金沙江。

节选自《阅读大地的徐霞客》

朗读提示：

本文讲述了明朝末年大旅行家徐霞客一生不畏艰险，走遍大半个中国，进行科学考察，最终写下天下奇书《徐霞客游记》的事迹。本文叙述感强，语言通俗。朗读时，注意停连技巧的运用，如“他发现|此类书籍很少，记述简略|且多有相互矛盾之处，于是他立下雄心壮志，要走遍天下，亲自考察”。注意易错词的读音：

当日　dàngrì
栖身　qīshēn
洞穴　dòngxué
横行　héngxíng
难耐　nánnài

Zuòpǐn 43 Hào

Xú Xiákè shì Míngcháo mònián de yì wèi qírén. Tā yòng shuāngjiǎo, yí bù yí bù de zǒubiànle bàn gè Zhōngguó dàlù, yóulǎnguo xǔduō míngshān-dàchuān, jīnglìguo xǔduō qírén-yìshì. Tā bǎ yóulì de guānchá hé yánjiū jìlù xià · lái, xiěchéngle《Xú Xiákè Yóujì》zhè běn qiāngǔ qíshū.

Dāngshí de dúshūrén, dōu mángzhe zhuīqiú kējǔ gōngmíng, bàozhe "Shínián hánchuāng wú rén wèn, yìjǔ chéngmíng tiānxià zhī" de guānniàn, máitóu yú jīngshū zhīzhōng. Xú Xiákè què zhuó'ěr-bùqún, zuìxīn yú gǔ-jīn shǐjí jí dìzhì、shān-hǎi tújīng de shōují hé yándú. Tā fāxiàn cǐ lèi shūjí hěn shǎo, jìshù jiǎnlüè qiě duō yǒu xiānghù máodùn zhī chù, yúshì tā lì · xià xióngxīn-zhuàngzhì, yào zǒubiàn tiānxià, qīnzì kǎochá.

Cǐhòu sānshí duō nián, tā yǔ chángfēng wéi wǔ, yúnwù wéi bàn, xíngchéng jiǔwàn lǐ, lìjìn qiānxīn-wànkǔ, huòdéle dàliàng dì-yīshǒu kǎochá zīliào. Xú Xiákè rìjiān pān xiǎnfēng, shè wēijiàn, wǎnshang jiùshì zài píláo, yě yídìng lù · xià dāngrì jiànwén. Jíshǐ huāngyě lùsù, qīshēn dòngxué, yě yào "Rán sōng shí suì, zǒu bǐ wéi jì".

Xú Xiákè de shídài, méi · yǒu huǒchē, méi · yǒu qìchē, méi · yǒu fēijī, tā suǒ qù de xǔduō dìfang lián dàolù dōu méi · yǒu, jiā · shàng Míngcháo mònián zhì'ān bù hǎo, dàofěi héngxíng, chángtú lǚxíng shì fēicháng jiānkǔ yòu fēicháng wēixiǎn de shì.

Yǒu yí cì, tā hé sān gè tóngbàn dào xīnán dìqū, yánlù kǎochá shíhuīyán dìxíng hé Cháng Jiāng yuánliú. Zǒule èrshí tiān, yí gè tóngbàn nán nài lǚtú láodùn, bùcí'érbié. Dàole Héngyáng fùjìn yòu zāoyù túfěi qiǎngjié, cáiwù jìn shī, hái xiǎn// xiē bèi shāhài. Hǎo bù róngyì dàole Nánníng, lìng yí gè tóngbàn búxìng bìngsǐ, Xú Xiákè rěntòng jìxù xīxíng. Dàole Dàlǐ, zuìhòu yí gè tóngbàn yě yīn · wèi chī · bù liǎo kǔ, tōutōu de zǒu le, hái dàizǒule tā jǐn cún de xíngnáng. Dànshì, tā háishi jiānchí mùbiāo, jìxù tā de yánjiū gōngzuò, zuìhòu zhǎodàole dá'àn, tuīfān lìshǐ · shàng de cuò · wù, zhèngmíng Cháng Jiāng de yuánliú bú shì Mín Jiāng ér shì Jīnshā Jiāng.

Jiéxuǎn zì《Yuèdú Dàdì de Xú Xiákè》

作品 44 号

造纸术的发明，是中国对世界文明的伟大贡献之一。

早在几千年前，我们的祖先就创造了文字。可那时候还没有纸，要记录一件事情，就用刀把文字刻在龟甲和兽骨上，或者把文字铸刻在青铜器上。后来，人们又把文字写在竹片和木片上。这些竹片、木片用绳子穿起来，就成了一册书。但是，这种书很笨重，阅读、携带、保存都很不方便。古时候用"学富五车"形容一个人学问高，是因为书多的时候需要用车来拉。再后来，有了蚕丝织成的帛，就可以在帛上写字了。帛比竹片、木片轻便，但是价钱太贵，只有少数人能用，不能普及。

人们用蚕茧制作丝绵时发现，盛放蚕茧的篾席上，会留下一层薄片，可用于书写。考古学家发现，在两千多年前的西汉时代，人们已经懂得了用麻来造纸。但麻纸比较粗糙，不便书写。

大约在一千九百年前的东汉时代，有个叫蔡伦的人，吸收了人们长期积累的经验，改进了造纸术。他把树皮、麻头、稻草、破布等原料剪碎或切断，浸在水里捣烂成浆；再把浆捞出来晒干，就成了一种既轻便又好用的纸。用这种方法造的纸，原料容易得到，可以大量制造，价格又便宜，能满足多数人的需要，所//以这种造纸方法就传承下来了。

我国的造纸术首先传到邻近的朝鲜半岛和日本，后来又传到阿拉伯世界和欧洲，极大地促进了人类社会的进步和文化的发展，影响了全世界。

节选自《纸的发明》

朗读提示：

本文讲述了我国造纸术的方法技巧，造纸术是我国的四大发明之一，抒发了作者对传统文化的认同感。本文叙述感强，语句中有一些专业术语。朗读时，注意停连技巧的运用，如"他把树皮、麻头、稻草、破布等原料|剪碎或切断，浸在水里捣烂成浆；再把浆|捞出来晒干，就成了一种|既轻便又好用的纸"。注意易错词的读音：

绳子　shéngzi

学问　xuéwen

篾席　mièxí

薄片　báopiàn

比较　bǐjiào

Zuòpǐn 44 Hào

Zàozhǐshù de fāmíng,shì Zhōngguó duì shìjiè wénmíng de wěidà gòngxiàn zhī yī.

Zǎo zài jǐqiān nián qián,wǒmen de zǔxiān jiù chuàngzào le wénzì. Kě nà shíhou hái méi • yǒu zhǐ, yào jìlù yí jiàn shìqing, jiù yòng dāo bǎ wénzì kè zài guījiǎ hé shòugǔ • shàng,huòzhě bǎ wénzì zhùkè zài qīngtóngqì • shàng. Hòulái,rénmen yòu bǎ wénzì xiě zài zhúpiàn hé mùpiàn • shàng. Zhèxiē zhúpiàn、mùpiàn yòng shéngzi chuān qǐ • lái,jiù chéngle yí cè shū. Dànshì,zhè zhǒng shū hěn bènzhòng, yuèdú、xiédài、bǎocún dōu hěn bù fāngbiàn. Gǔshíhou yòng "xuéfùwǔchē"xíngróng yí gè rén xuéwen gāo,shì yīn • wèi shū duō de shíhouxūyào yòng chē lái lā. Zài hòulái,yǒule cánsī zhīchéng de bó, jiù kéyǐ zài bó • shàng xiě zì le. Bó bǐ zhúpiàn、mùpiàn qīngbiàn,dànshì jià • qián tài guì,zhǐyǒu shǎoshù rén néng yòng,bù néng pǔjí.

Rénmen yòng cánjiǎn zhìzuò sīmián shí fāxiàn,chéngfàng cánjiǎn de mièxí • shàng, huì liúxià yì céng báopiàn, kě yòng yú shūxiě. Káogǔxuéjiā fāxiàn, zài liǎngqiān duō nián qián de Xī Hàn shídài,rénmen yǐ • jīng dǒng • déle yòng má lái zào zhǐ. Dàn mázhǐ bǐjiào cūcāo,bú biàn shūxiě.

Dàyuē zài yìqiān jiǔbǎi nián qián de Dōng Hàn shídài,yǒu gè jiào Cài Lún de rén, xīshōule rénmen chángqī jīlěi de jīngyàn, gǎijìnle zàozhǐshù. Tā bǎ shùpí、mátóu、dàocǎo、pòbù děng yuánliào jiǎnsuì huò qiēduàn,jìn zài shuǐ • lǐ dǎolàn chéng jiāng;zài bǎ jiāng lāo chū • lái shàigān,jiù chéngle yì zhǒng jì qīngbiàn yòu hǎoyòng de zhǐ. Yòng zhè zhǒng fāngfǎ zào de zhǐ, yuánliào róngyì Dédào, kěyǐ dàliàng zhìzào,jiàgé yòu piányi,néng mǎnzú duōshù rén de Xūyào,suǒ//yǐ zhè zhǒng zào zhǐ fāngfǎ jiù chuánchéng xià • lái le.

Wǒguó de zàozhǐshù shǒuxiān chuándào línjìn de Cháoxiān Bàndǎo hé Rìběn, hòulái yòu chuándào Ālābó shìjiè hé ōuzhōu,jí dà de cùjìnle rénlèi shèhuì de jìnbù hé wénhuà de fāzhǎn,yǐngxiǎngle quánshìjiè.

Jiéxuǎn zì《Zhǐ de Fāmíng》

作品 45 号

中国的第一大岛、台湾省的主岛台湾，位于中国大陆架的东南方，地处东海和南海之间，隔着台湾海峡和大陆相望。天气晴朗的时候，站在福建沿海较高的地方，就可以隐隐约约地望见岛上的高山和云朵。

台湾岛形状狭长，从东到西，最宽处只有一百四十多公里；由南至北，最长的地方约有三百九十多公里。地形像一个纺织用的梭子。

台湾岛上的山脉纵贯南北，中间的中央山脉犹如全岛的脊梁。西部为海拔近四千米的玉山山脉，是中国东部的最高峰。全岛约有三分之一的地方是平地，其余为山地。岛内有缎带般的瀑布，蓝宝石似的湖泊，四季常青的森林和果园，自然景色十分优美。西南部的阿里山和日月潭，台北市郊的大屯山风景区，都是闻名世界的游览胜地。

台湾岛地处热带和温带之间，四面环海，雨水充足，气温受到海洋的调剂，冬暖夏凉，四季如春，这给水稻和果木生长提供了优越的条件。水稻、甘蔗、樟脑是台湾的“三宝”。岛上还盛产鲜果和鱼虾。

台湾岛还是一个闻名世界的“蝴蝶王国”。岛上的蝴蝶共有四百多个品种，其中有不少是世界稀有的珍贵品种。岛上还有不少鸟语花香的蝴//蝶谷，岛上居民利用蝴蝶制作的标本和艺术品，远销许多国家。

节选自《中国的宝岛——台湾》

朗读提示：

这篇介绍祖国美丽的宝岛——台湾的文章，感情真挚，语调平和，语言流畅自然。朗读时，注意读准“地处、狭长、梭子、地方、缎带、蓝宝石、似的、森林、甘蔗、樟脑”等易错词语的读音；注意段落之间的停顿时长。

Zuòpǐn 45 Hào

Zhōngguó de dì-yī dàdǎo、Táiwān shěng de zhǔdǎo Táiwān, wèiyú Zhōngguó dàlùjià de dōngnánfāng,dìchǔ Dōng Hǎi hé Nán Hǎi zhījiān,gézhe Táiwān Hǎixiá hé Dàlù xiāngwàng. Tiānqì qínglǎng de shíhou, zhàn zài Fújiàn yánhǎi jiào gāo de dìfang,jiù kěyǐ yǐnyǐn-yuēyuē de wàng • jiàn dǎo • shàng de gāoshān hé yúnduǒ.

Táiwān Dǎo xíngzhuàng xiácháng,cóng dōng dào xī,zuì kuān chǔ zhíyǒu yìbǎi sìshí duō gōnglǐ; yóu nán zhì běi, zuì cháng de dìfang yuē yǒu sānbǎi jiǔshí duō gōnglǐ. Dìxíng xiàng yí gè fǎngzhī yòng de suōzi.

Táiwān Dǎo • shàng de shānmài zòngguàn nánběi, zhōngjiān de zhōngyāng shānmài yóurú quándǎo de jǐliang. Xībù wéi hǎibá jì sìqiān mǐ de Yù Shān shānmài, shì Zhōngguó dōngbù de zuì gāo fēng. Quándǎo yuē yǒu sān fēn zhī yī de dìfang shì píngdì,qíyú wéi shāndì. Dǎonèi yǒu duàndài bān de pùbù,lánbǎoshí shìde húpō,sìjì chángqīng de sēnlín hé guǒyuán,zìrán jǐngsè shífēn yōuměi. Xīnánbù de Ālǐ Shān hé Rìyuè Tán, Táiběi shìjiāo de Dàtúnshān fēngjǐngqū, dōu shì wénmíng shìjiè de yóulǎn shèngdì.

Táiwān Dǎo dìchǔ rèdài hé wēndài zhījiān, sìmiàn huán hǎi, yǔshuǐ chōngzú, qìwēn shòudào hǎiyáng de tiáojì,dōng nuǎn xià liáng,sìjì rú chūn,zhè gěi shuǐdào hé guǒmù shēngzhǎng tígōngle yōuyuè de tiáojiàn. Shuǐdào、gānzhe、zhāngnǎo shì Táiwān de “sān bǎo”. Dǎo • shàng hái shèngchǎn xiānguǒ hé yúxiā.

Táiwān Dǎo háishi yí gè wénmíng shìjiè de “húdié wángguó”. Dǎo • shàng de húdié gòng yǒu sìbǎi duō gè pǐnzhǒng,qízhōng yǒu bùshǎo shì shìjiè xīyǒu de zhēnguì pǐnzhǒng. Dǎo • shàng háiyǒu bùshǎo niǎoyǔ-huāxiāng de hú // dié gǔ, dǎo • shàng jūmín lìyòng húdié zhìzuò de biāoběn hé yìshùpǐn,yuǎnxiāo xǔduō guójiā.

Jiéxuǎn zì《Zhōngguó de Bǎodǎo——Táiwān》

作品 46 号

对于中国的牛，我有着一种特别尊敬的感情。

留给我印象最深的，要算在田垄上的一次“相遇”。

一群朋友郊游，我领头在狭窄的阡陌上走，怎料迎面来了几头耕牛，狭道容不下人和牛，终有一方要让路。它们还没有走近，我们已经预计斗不过畜牲，恐怕难免踩到田地泥水里，弄得鞋袜又泥又湿了。正踟蹰的时候，带头的一头牛，在离我们不远的地方停下来，抬起头看看，稍迟疑一下，就自动走下田去。一队耕牛，全跟着它离开阡陌，从我们身边经过。

我们都呆了，回过头来，看看深褐色的牛队，在路的尽头消失，忽然觉得自己受了很大的恩惠。

中国的牛，永远沉默地为人做着沉重的工作。在大地上，在晨光或烈日下，它拖着沉重的犁，低头一步又一步，拖出了身后一列又一列松土，好让人们下种。等到满地金黄或农闲时候，它可能还得担当搬运负重的工作；或终日绕着石磨，朝同一方向，走不计程的路。

在它沉默的劳动中，人便得到应得的收成。

那时候，或许，它可以松一肩重担，站在树下，吃几口嫩草。偶尔摇摇尾巴，摆摆耳朵，赶走飞附身上的苍蝇，已经算是它最闲适的生活了。

中国的牛，没有成群奔跑的习//惯，永远沉沉实实的，默默地工作，平心静气。这就是中国的牛！

节选自（香港）小思《中国的牛》

朗读提示：

这篇叙事散文充满着哲理，作者讴歌了默默奉献、踏实肯干的精神品质，语气舒缓又不失凝重。朗读时，注意读准鼻边音词语，如“牛、留给、田垄、领头、怎料、让路、难免、泥水、一列、农闲、劳动、嫩草”等；注意句中轻声词和易错词语的读音，如“朋友、时候、收成、摇摇、尾巴、摆摆、耳朵、苍蝇、踟蹰、阡陌、迟疑、恩惠”等。

Zuòpǐn 46 Hào

Duìyú Zhōngguó de niú,wǒ yǒu zhe yì zhǒng tèbié de zūnjìng gǎnqíng.

Liúgěi wǒ yìnxiàng zuì shēn de, yào suàn zài tián lǒng • shàng de yí cì “xiāngyù”.

Yī qún péngyou jiāoyóu,wǒ lǐngtóu zài xiázhǎi de qiānmò • shàng zǒu,zěnliào yíngmiàn láile jǐ tóu gēngniú,xiádào róng • búxià rén hé niú,zhōng yǒu yìfāng yào rànglù. Tāmen hái méi • yǒu zǒujìn, wǒmen yǐ • jīng yùjì dòu • bú • guò chùsheng, kǒngpà nánmiǎn cǎidào tiándì níshuǐ • lǐ, nòng de xiéwà yòu shì ní yòu shì shuǐ le. Zhèng chíchú de shíhou,dàitóu de yì tóu niú,zài lí wǒmen bùyuǎn de dìfang tíng xià • lái, táiqǐ tóu kànkan, shāo chíyí yíxià, jiù zìdòng zǒu • xià tián qù. Yī duì gēngniú,quán gēnzhe tā líkāi qiānmò,cóng wǒmen shēnbiān jīngguò.

Wǒmen dōu dāi le,huíguò tóu • lái,kànzhe shēnhèsè de niúduì,zài lù de jìntóu xiāoshī,hūrán jué • dé zìjǐ shòule hěn dà de ēnhuì.

Zhōngguó de niú, yǒngyuǎn chénmò de wèi rén zuòzhe chénzhòng de gōngzuò. Zài dàdì • shàng,zài chénguāng huò lièrì • xià,tā tuōzhe chénzhòng de lí, dītóu yí bù yòu yí bù,tuōchūle shēnhòu yí liè yòu yí liè sōngtǔ,hǎo ràng rénmen xià zhǒng. Děngdào mǎndì jīnhuáng huò nóngxián shíhou, tā kěnéng háiděi dāndāng bānyùn fùzhòng de gōngzuò;huò zhōngrì ràozhe shímó,cháo tóng yì fāngxiàng,zǒu bù jìchéng de lù.

Zài tā chénmò de láodòng zhōng,rén biàn dédào yīng dé de shōucheng.

Nà shíhou,yě xǔ,tā kěyǐ sōng yì jiān zhòngdàn,zhàn zài shù • xià,chī jǐ kǒu nèn cǎo. Ou’ěr yáoyao wěiba,báibai ěrduo,gǎnzǒu fēifù shēn • shàng de cāngying,yǐ • jīng suàn shì tā zuì xiánshì de shēnghuó le.

Zhōngguó de niú,méi • yǒu chéngqún bēnpǎo de xí//guàn,yǒngyuǎn chénchén-shíshí de,mòmò de gōng zuò,píngxīn-jìngqì. Zhè jiùshì Zhōngguó de niú!

Jiéxuǎn zì Xiǎo Sī《Zhōngguó de Niú》

作品 47 号

石拱桥的桥洞成弧形，就像虹。古代神话里说，雨后彩虹是“人间天上的桥”，通过彩虹就能上天。我国的诗人爱把拱桥比作虹，说拱桥是“卧虹”“飞虹”，把水上拱桥形容为“长虹卧波”。

我国的石拱桥有悠久的历史。《水经注》里提到的“旅人桥”，大约建成于公元二八二年，可能是有记载的最早的石拱桥了。我国的石拱桥几乎到处都有。这些桥大小不一，形式多样，有许多是惊人的杰作。其中最著名的当推河北省赵县的赵州桥。

赵州桥非常雄伟，全长五十点八二米。桥的设计完全合乎科学原理，施工技术更是巧妙绝伦。全桥只有一个大拱，长达三十七点四米，在当时可算是世界上最长的石拱。桥洞不是普通半圆形，而是像一张弓，因而大拱上面的道路没有陡坡，便于车马上下。大拱的两肩上，各有两个小拱。这个创造性的设计，不但节约了石料，减轻了桥身的重量，而且在河水暴涨的时候，还可以增加桥洞的过水量，减轻洪水对桥身的冲击。同时，拱上加拱，桥身也更美观。大拱由二十八道拱圈拼成，就像这么多同样形状的弓合拢在一起，做成一个弧形的桥洞。每道拱圈都能独立支撑上面的重量，一道坏了，其//他各道不致受到影响。全桥结构匀称，和四周景色配合得十分和谐；桥上的石栏石板也雕刻得古朴美观。赵州桥高度的技术水平和不朽的艺术价值，充分显示了我国劳动人民的智慧和力量。

节选自茅以升《中国石拱桥》

朗读提示：

这是一篇说明文，介绍了石拱桥在人类文明中的历史地位、科学含量。语言平实严谨。朗读时，注意长句子的停连技巧。如“这个创造性的设计，不但节约了石料，减轻了桥身的重量，而且在河水暴涨的时候，还可以增加桥洞的过水量，减轻洪水对桥身的冲击”等。注意句中易错词语的读音，如“长虹卧波、旅人桥、记载、拱圈、合拢”等。

Zuòpǐn 47 Hào

Shígǒngqiáo de qiáodòng chéng húxíng, jiù xiàng hóng. Gǔdài shénhuà · lǐ Shuō, yǔhòu cǎihóng shì "rénjiān tiān · shàng de qiáo", tōngguò cǎihóng jiù néng shàng tiān. Wǒguó de shīrén ài bǎ gǒngqiáo bǐzuò hóng, shuō gǒngqiáo shì "wòhóng" "fēihóng", bǎ shuǐ · shàng gǒngqiáo xíngróng wéi "chánghóng-wòbō".

Wǒguó de shígǒngqiáo yǒu yōujiǔ de lìshǐ. 《Shuǐjīngzhù》 · lǐ tídào de "Lǚrénqiáo", dàyuē jiàchéng yú gōngyuán èr bā èr nián, kěnéng shì yǒu jìzǎi de zuì zǎo de shígǒngqiáo le. Wǒguó de shígǒngqiáo jīhū dàochù dōu yǒu. Zhèxiē qiáo dàxiǎo bùyī, xíngshì duōyàng, yǒu xǔduō shì jīngrén de jiézuò. Qízhōng zuì zhùmíng de dāng tuī Héběi Shěng Zhào Xiàn de Zhàozhōuqiáo.

Zhàozhōuqiáo fēicháng xióngwěi, quán cháng wǔshí diǎn bā èr mǐ. Qiáo de shèjì wánquán héhū kēxué yuánlǐ, shīgōng jìshù gèngshì qiǎomiào juélún. Quán qiáo zhǐ yǒu yí gè dà gǒng, cháng dá sānshíqī diǎn sì mǐ, zài dāngshí kěsuàn shì shìjiè · shàng zuì cháng de shígǒng. Qiáodòng bú shì pǔtōng bànyuánxíng, érshì xiàng yì zhāng gōng, yīn'ér dà gǒng shàng · miàn de dàolù méi · yǒu dǒupō, biànyú chēmǎ shàngxià. Dà gǒng de liǎngjiān · shàng, gè yǒu liǎng gè xiǎo gǒng. Zhège chuàngzàoxìng de shèjì, búdàn jiéyuēle shíliào, jiǎnqīngle qiáoshēn de zhòngliàng, érqiě zài héshuǐ bàozhǎng de shíhou, hái kěyǐ zēngjiā qiáodòng de guòshuǐliàng, jiǎnqīng hóngshuǐ duì qiáoshēn de chōngjī. Tóng shí, gǒng · shàng jiā gǒng, qiáoshēn yě gèng měiguān. Dà gǒng yóu èrshíbā dào gǒngquān pīnchéng, jiù xiàng zhème duō tóngyàng xíngzhuàng de gōng hélǒngzài yìqǐ, zuòchéng yí gè húxíng de qiáodòng. Měi dào gǒngquān dōu néng dúlì zhīchēng shàng · miàn de zhòngliàng, yīdào huài le, qí // tā gè dào búzhì shòudào yíngxiǎng. Quán qiáo jiégòu yúnchèn, hé sìzhōu jǐngsè pèihé de shífēn héxié; qiáo · shàng de shílán shíbǎn yě diāokè de gǔpǔ měiguān. Zhàozhōuqiáogāodù de jìshù shuǐpíng hé bùxiǔ de yìshù jiàzhí, chōngfèn xiǎnshìle wǒguó láodòng rénmín de zhìhuì hé lìliàng.

Jiéxuǎn zì Máo Yǐshēng《Zhōngguó Shígǒngqiáo》

作品 48 号

不管我的梦想能否成为事实，说出来总是好玩儿的：

春天，我将要住在杭州。二十年前，旧历的二月初，在西湖我看见了嫩柳与菜花，碧浪与翠竹。由我看到的那点儿春光，已经可以断定，杭州的春天必定会教人整天生活在诗与图画之中。所以，春天我的家应当是在杭州。

夏天，我想青城山应当算作最理想的地方。在那里，我虽然只住过十天，可是它的幽静已拴住了我的心灵。在我所看见过的山水中，只有这里没有使我失望。到处都是绿，目之所及，那片淡而光润的绿色都在轻轻地颤动，仿佛要流入空中与心中似的。这个绿色会像音乐，涤清了心中的万虑。

秋天一定要住北平。天堂是什么样子，我不知道，但是从我的生活经验去判断，北平之秋便是天堂。论天气，不冷不热。论吃的，苹果、梨、柿子、枣儿、葡萄，每样都有若干种。论花草，菊花种类之多，花式之奇，可以甲天下。西山有红叶可见，北海可以划船——虽然荷花已残，荷叶可还有一片清香。衣食住行，在北平的秋天，是没有一项不使人满意的。

冬天，我还没有打好主意，成都或者相当地合适，虽然并不怎样和暖，可是为了水仙，素心腊梅，各色的茶花，仿佛就受一点儿寒//冷，也颇值得去了。昆明的花也多，而且天气比成都好，可是旧书铺与精美而便宜的小吃远不及成都那么多。好吧，就暂这么规定：冬天不住成都便住昆明吧。

节选自老舍《“住”的梦》

朗读提示：

老舍的这篇抒情散文，浪漫又富有哲理，语气平和，节奏舒缓，语言平实自然。朗读时，注意读准易错词语的读音，如“青城山、好玩儿、嫩柳、菜花、碧浪、翠竹、那点儿、地方、幽静、心灵、颤动、涤清、万虑、枣儿、葡萄、腊梅、和暖”等；注意段落之间的停顿时长。

Zuòpǐn 48 Hào

Bùguǎn wǒ de mèngxiǎng néngfǒu chéngwéi shìshí, shuō chū・lái zǒngshì hǎowánr de：

Chūntiān, wǒ jiāng yào zhù zài Hángzhōu. Ershí nián qián, jiùlì de èryuè chū, zài Xīhú wǒ kàn・jiànle nènliǔ yǔ càihuā, bìlàng yǔ cuìzhú. Yóu wǒ kàndào de nà diǎnr chūnguāng, yǐjīng kěyǐ duàndìng, Hángzhōu de chūntiān bìdìng huì jiào rén zhěngtiān shēnghuó zài shī yǔ túhuà zhīzhōng. Suǒyǐ, chūntiān wǒ de jiā yīngdāng shì zài Hángzhōu.

Xiàtiān, wǒ xiǎng Qīngchéng Shān yīngdāng suànzuò zuì lǐxiǎng de dìfang. Zài nà・lǐ, wǒ suīrán zhǐ zhùguo shítiān, kěshì tā de yōujìng yǐ shuānzhùle wǒ de xīnlíng. Zài wǒ suǒ kàn・jiànguo de shān shuǐ zhōng, zhǐyǒu zhè・lǐ méi・yǒu shǐwǒ shīwàng. Dàochù dōu shì lǜ, mù zhī suǒ jí, nà piàn dàn ér guāngrùn de lǜ sè dōu zài qīngqīng de chàndòng, fǎngfù yào liúrù kōngzhōng yǔ xīnzhōng shìde. Zhège lǜ sè huì xiàng yīnyuè, díqīngle xīnzhōng de wàn lǜ.

Qiūtiān yídìng yào zhù Běipíng. Tiāntáng shìshén me yàngzi, wǒ bù zhī・dào, dànshì cóng wǒ de shēnghuó jīngyàn qù pànduàn, Běipíng zhīqiū biàn shì tiāntáng. Lùn tiān qì, bù lěng bú rè. Lùn chīde, píngguǒ, lí, shìzi、zǎor、pútáo, měiyàng dōu yǒu ruògān zhǒng. Lùn huā cǎo, júhuā zhǒnglèi zhī duō, huā shì zhī qí, kěyǐ jiǎ tiān xià. Xīshān yǒu hóngyè kějiàn, Běihǎi kěyǐ huáchuán——suīrán héhuā yǐ cán, héyè kě hái yǒu yí piàn qīngxiāng. Yī— shí— zhù—xíng, zài Běipíng de qiūtiān, shì méi yǒu yí xiàng bù shǐ rén mǎnyì de.

Dōngtiān, wǒ hái méi yǒu dǎhǎo zhǔyì, Chéngdū huòzhě xiāngdāng de héshì, suīrán bìng bù zěnyàng hénuǎn, kěshì wèile shuǐxiān, sù xīn làméi, gè sè de cháhuā, fǎngfú jiù shòu yì diǎnr hán// lěng, yě pō zhídé qù le. Kūnmíng de huā yě duō, érqiě tiānqì bǐ Chéngdū hǎo, kěshìjiù shū pù yǔ jīngměi ér piányi de xiǎochī yuǎn bùjí Chéngdū nàme duō. Hǎo ba, jiù zànshí zhème guīdìng：Dōngtiān bú zhù Chéngdū biàn zhù Kūnmíng ba.

Jiéxuǎn zì LǎoShě《"Zhù" de Mèng》

作品 49 号

在北京市东城区著名的天坛公园东侧，有一片占地面积近二十万平方米的建筑区域，大大小小的十余栋训练馆坐落其间。这里就是国家体育总局训练局。许多我们耳熟能详的中国体育明星都曾在这里挥汗如雨，刻苦练习。

中国女排的一天就是在这里开始的。

清晨八点钟，女排队员们早已集合完毕，准备开始一天的训练。主教练郎平坐在场外长椅上，目不转睛地注视着跟随助理教练们做热身运动的队员们，她身边的座位上则横七竖八地堆放着女排姑娘们的各式用品：水、护具、背包，以及各种外行人叫不出名字的东西。不远的墙上悬挂着一面鲜艳的国旗，国旗两侧是"顽强拼搏"和"为国争光"两条红底黄字的横幅，格外醒目。

"走下领奖台，一切从零开始"十一个大字，和国旗遥遥相望，姑娘们训练之余偶尔一瞥就能看到。只要进入这个训练馆，过去的鲜花、掌声与荣耀皆成为历史，所有人都只是最普通的女排队员。曾经的辉煌、骄傲、胜利，在踏入这间场馆的瞬间全部归零。

踢球跑、垫球跑、夹球跑……这些对普通人而言和杂技差不多的项目是女排队员们必须熟练掌握的基本技能。接下来//的任务是小比赛。郎平将队员们分为几组，每一组由一名教练监督，最快完成任务的小组会得到一面小红旗。

看着这些年轻的姑娘们在自己的眼前来来去去，郎平的思绪常飘回到三十多年前。那时风华正茂的她是中国女排的主攻手，她和队友们也曾在这间训练馆里夜以继日地并肩备战。三十多年来，这间训练馆从内到外都发生了很大的变化：原本粗糙的地面变成了光滑的地板，训练用的仪器越来越先进，中国女排的团队中甚至还出现了几张陌生的外国面孔……但时光荏苒，不变的是这支队伍对排球的热爱和"顽强拼搏，为国争光"的初心。

节选自宋元明《走下领奖台，一切从零开始》

朗读提示：

这是一篇描写和歌颂我国女排的文章。语气坚定，语言平实自然。朗读时，注意停连重音技巧。如"主教练郎平坐在场外长椅上，目不转睛地注视着跟随助理教练们做热身运动的队员们，她身边的座位上则横七竖八地堆放着女排姑娘们的各式用品：水、护具、背包，以及各种外行人叫不出名字的东西"。注意读准易错词语的读音。如"青城山、好玩儿、嫩柳、菜花、碧浪、翠竹、那点儿、地方、幽静、心灵、颤动、涤清、万虑、枣儿、葡萄、腊梅、和暖、夹球"等；注意段落之间的停顿时长。

Zuòpǐn 49 Hào

Zài Běijīng Shì Dōngchéng Qū zhùmíng de Tiāntán Gōngyuán dōngcè, yǒuyí piàn zhàn dì miànjī jìn èrshí wàn píngfāngmǐ de jiànzhù qūyù, dàdàxiǎoxiǎo de shí yú dòng xùnliànguǎn zuòluò qíjiān. Zhè • lǐ jiù shì Guójiā Tǐyù Zǒngjú Xùnliànjú. Xǔduō wǒmen ěrshú-néngxiáng de zhōngguó tǐyù míngxīng dōu céng zài zhè • lǐ Huīhàn-rúyǔ, kèkǔ liànxí.

Zhōngguó nǚpái de yìtiān jiù shì zài zhè • lǐ kāishǐ de.

Qīngchén bā diǎn zhōng, nǚpái duìyuánmen zǎoyǐ jíhé wánbì, zhǔnbèi kāishǐ yì tiān de xùnliàn. Zhǔjiàoliàn Lángpíng zuò zài chǎng wài chángyǐ • shàng, mùbùzhuǎnjīng de zhùshìzhe gēnsuí zhùlǐ jiàoliànmen zuò rèshēn yùndòng de Duìyuánmen, tā shēnbiān de zuòwèi • shàng zé héngqī-shùbā de duīfàng zhe nǚpái gūniangmen de gè shì yòngpǐn; shuǐ、hùjù、bēibāo, yǐjí gè zhǒng wàihángrén jiào • bù chū míngzi de dōngxi. Bù yuǎn de qiáng • shàng xuánguàzhe yí miàn xiānyàn de guóqí, guóqí liǎngcè shì"Wánqiáng pīnbó"hé"Wéiguózhēng guāng" liǎng tiáo hóngdǐ-huángzì de héngfú, géwài xǐngmù.

"Zǒu • xià lǐngjiǎngtái, yíqiè cóng líng kāishǐ" shíyī gè dà zì, hé guóqí yáoyáo- -xiāngwàng, gūniangmen xùnliàn zhī yú óu'ěr yì piē jiù néng kàndào. Zhǐyào jìnrù zhège xùnliànguǎn, guòqù de xiānhuā、zhǎngshēng yǔ róngyào jiē chéngwéi Lìshǐ, suǒyǒu rén dōu zhǐ shì zuì pǔtōng de nǚpái duìyuán. Céngjīng de huīhuáng、jiāo'ào、shènglì, zài tàrù zhè jiān chǎngguǎn de shùnjiān quánbù guīlíng.

Tī qiú pǎo、diàn qiú pǎo、jiā qiú pǎo …… zhèxiē duì pǔtōngrén ér yán hé zájì chà • bùduō de xiàngmù shì nǚpái duìyuánmen bìxū shúliàn zhǎngwò de jīběn Jìnéng. Jiē xià • lái // de rèn • wù shì xiǎo bǐsài. Láng Píng jiāng duìyuánmen fēn wéi jǐ zǔ, měi yì zǔ yóu yì míng jiàoliàn jiāndū, zuì kuài wánchéng rèn • wù de xiǎozǔ huì dédào yí miàn xiǎo hóngqí.

Kànzhe zhèxiē niánqīng de gūniangmen zài zìjǐ de yǎnqián láiláiqùqù, Láng Píng de sīxù cháng piāohuí dào sānshí duō nián qián. Nàshí fēnghuá-zhèngmào de tā shì Zhōngguó nǚpái de zhǔgōngshǒu, tā hé duìyǒumen yě céng zài zhè jiān xùnliànguǎn • lǐ yèyǐjìrì de bìngjiān bèizhàn. Sānshí duō nián lái, zhè jiān xùnliànguǎn cóng nèi dào wài dōu fāshēngle hěn dà de biànhuà: yuánběn cūcāo de dìmiàn biànchéngle guānghuá de dìbǎn, xùnliàn yòng de yíqì yuè lái yuè Xiānjìn, Zhōngguó nǚpái de tuánduì zhōng shènzhì hái chūxiànle jǐ zhāng mòshēng de wàiguó miànkǒng …… Dàn shíguāng rěnrǎn, bú biàn de shì zhè zhī duìwu duì páiqiú de rè'ài hé"Wánqiáng pīnbó, wèi guó zhēngguāng"de chūxīn.

Jiéxuǎn zì Sòng Yuánmíng《Zǒu • xià Lǐngjiǎngtái, Yīqiè Cóng Líng Kāishǐ》

作品 50 号

在一次名人访问中，被问及上个世纪最重要的发明是什么时，有人说是电脑，有人说是汽车，等等。但新加坡的一位知名人士却说是冷气机。他解释，如果没有冷气，热带地区如东南亚国家，就不可能有很高的生产力，就不可能达到今天的生活水准。他的回答实事求是，有理有据。

看了上述报道，我突发奇想：为什么没有记者问："二十世纪最糟糕的发明是什么？"其实二〇〇二年十月中旬，英国的一家报纸就评出了"人类最糟糕的发明"。获此"殊荣"的，就是人们每天大量使用的塑料袋。

诞生于上个世纪三十年代的塑料袋，其家族包括用塑料制成的快餐饭盒、包装纸、餐用杯盘、饮料瓶、酸奶杯、雪糕杯等。这些废弃物形成的垃圾，数量多、体积大、重量轻、不降解，给治理工作带来很多技术难题和社会问题。

比如，散落在田间、路边及草丛中的塑料餐盒，一旦被牲畜吞食，就会危及健康甚至导致死亡。填埋废弃塑料袋、塑料餐盒的土地，不能生长庄稼和树木，造成土地板结，而焚烧处理这些塑料垃圾，则会释放出多种化学有毒气体，其中一种称为二噁英的化合物，毒性极大。

此外，在生产塑料袋、塑料餐盒的过//程中使用的氟利昂，对人体免疫系统和生态环境造成的破坏也极为严重。

节选自林光如《最糟糕的发明》

朗读提示：

这是一篇关乎全球生态平衡与卫生健康的说明文，节奏舒缓，语言平实。朗读时，注意句中的停连和并列式重音，如"如果没有冷气，热带地区|如东南亚国家，就不可能有很高的生产力，就不可能达到今天的生活水准"。文中三字格式词语较多，如"冷气机、塑料袋、饮料瓶、酸奶杯、雪糕杯、数量多、体积大、重量轻、不降解、庄稼、处理"等，朗读时要读准，并注意句子的停连技巧。

Zuòpǐn 50 Hào

Zài yí cì míngrén fǎngwèn zhōng, bèi wèn jí shàng gè shìjì zuì zhòngyào de fāmíng shì shénme shí, yǒu rén shuō shì diànnǎo, yǒu rén shuō shì qìchē, děngděng. Dàn Xīnjiāpō de yí wèi zhīmíng rénshì què shuō shì lěngqìjī. Tā jiěshì, rúguǒ méi·yǒu lěngqì, rèdài dìqū rú Dōngnányà guójiā, jiù bù kěnéng yǒu hěn gāo de shēngchǎnlì, jiù bù kěnéng dádào jīntiān de shēnghuó shuǐzhǔn. Tā de huídá shíshì-qiúshì, yǒulǐ-yǒujù.

Kànle shàngshù bàodào, wǒ tūfā qí xiǎng: Wèi shénme méi·yǒu jìzhě wèn: "Ershí shìjì zuì zāogāo de fāmíng shì shénme?" Qíshí èr líng líng èr nián shíyuè zhōngxún, Yīngguó de yì jiā bàozhǐ jiù píngchūle "rénlèi zuì zāogāo de fāmíng". Huò cǐ "shūróng"de, jiùshì rénmen měi tiān dàliàng shǐyòng de sùliàodài.

Dànshēng yú shàng gè shìjì sānshí niándài de sùliàodài, qí jiāzú bāokuò yòng sùliào zhìchéng de kuàicān fànhé、bāozhuāngzhǐ、cān yòng bēi pán、yǐnliàopíng、suānnǎibēi、xuěgāobēi, děngděng. Zhèxiē fèiqìwù xíngchéng de lājī, shùliàng duō、tǐjī dà、zhòngliàng qīng、bú jiàngjiě, gěi zhìlǐ gōngzuò dàilái hěn duō jìshù nántí hé shèhuì wèntí.

Bǐrú, sànluò zài tiánjiān、lùbiān jí cǎocóng zhōng de sùliào cānhé, yídàn bèi shēngchù tūnshí, jiù huì wēi jí jiànkāng shènzhì dǎozhì sǐwáng. Tiánmái fèiqì sùliàodài、sùliào cānhé de tǔdì, bùnéng shēngzhǎng zhuāngjia hé shùmù, zàochéng tǔdì bǎnjié. Er fénshāo chǔlǐ zhèxiē sùjiāo lājī, zé huì shìfàng chū duō zhǒng huàxué yǒudú qìtǐ, qízhōng yì zhǒng chēngwéi èr'èyīng de huàhéwù, dúxìng jí dà.

Cǐwài, zài shēngchǎn sùliàodài、sùliào cānhé de // guòchéng zhōng shǐyòng de fúlì'áng, duì réntǐ miǎnyì xìtǒng hé shēngtài huánjìng zàochéng de pòhuài yě jíwéi yánzhòng.

Jiéxuǎn zì Lín guāngrú《Zuì Zāogāo de Fāmíng》

任务三　命题说话训练

★ 训练目标

通过 50 个命题说话训练，掌握普通话水平测试命题说话技巧。

★ 任务设定

听一个时长 3 分钟的命题说话的录音。

★ 思考与讨论

你能在 3 分钟内说好普通话测试 50 个题目中的任何一个吗？

★ 实战训练

普通话水平测试 50 个命题说话题

1. 我的一天
2. 老师
3. 珍贵的礼物
4. 假日生活
5. 我喜爱的植物
6. 我的理想(或愿望)
7. 过去的一年
8. 朋友
9. 童年生活
10. 我的兴趣爱好
11. 家乡(或熟悉的地方)
12. 我喜欢的季节(或天气)
13. 印象深刻的书籍(或报刊)
14. 难忘的旅行
15. 我喜欢的美食
16. 我所在的学校(或公司、团队、其他机构)
17. 尊敬的人
18. 我喜爱的动物
19. 我了解的地域文化(或风俗)
20. 体育运动的乐趣
21. 让我快乐的事情
22. 我喜欢的节日
23. 我欣赏的历史人物
24. 劳动的体会
25. 我喜欢的职业(或专业)
26. 向往的地方
27. 让我感动的事情
28. 我喜爱的艺术形式
29. 我了解的十二生肖
30. 学习普通话(或其他语言)的体会
31. 家庭对个人成长的影响
32. 生活中的诚信
33. 谈服饰
34. 自律与我
35. 对终身学习的看法
36. 谈谈卫生与健康
37. 对环境保护的认识
38. 谈社会公德(或职业道德)
39. 对团队精神的理解
40. 谈中国传统文化
41. 科技发展与社会生活
42. 谈个人修养
43. 对幸福的理解
44. 如何保持良好的心态
45. 对垃圾分类的认识
46. 网络时代的生活
47. 对美的看法
48. 谈传统美德
49. 对亲情(或友情、爱情)的理解
50. 小家、大家与国家

任务四　综合模拟训练

★ 训练目标

通过模拟测试训练，掌握普通话水平测试全四项测试技巧。

★ 任务设定

听录音——普通话水平一级范例。

★ 思考与讨论

在普通话水平测试时，我们要注意哪些事项？

★ 实战训练

模拟测试训练一

（一）读单音节字词（100 个音节，共 10 分，限时 3.5 分钟）

运　唐　郑　龙　攥　夸　永　裂　此　尘
雪　波　凑　爽　潮　软　内　袄　揪　醒
粪　憋　脾　腐　离　搜　灼　捞　您　缴
胡　拐　蕨　买　娘　鞭　瓢　翁　砍　驻
丹　扭　砸　构　权　日　抓　踹　点　夏
丝　夜　军　矛　桶　怯　温　捕　二　鬃
末　丰　鹅　塔　囊　伞　锐　关　癞　想
若　捧　澈　甩　池　蔫　床　毡　访　黑
窘　欺　水　浑　愿　徐　炖　盆　盯　岩
擦　渠　炕　迷　挖　鬓　挡　掐　命　屯

（二）读多音节词语（100 个音节，共 20 分，限时 2.5 分钟）

佛经　虐待　成本　闺女　强调　侵略　能量
灭亡　打嗝儿　收藏　迅速　烧饼　人群　钢铁
豪华　亏损　框子　后天　农村　怀抱　荧光屏
家长　何尝　可以　然而　胸脯　开窍儿　盗贼
无穷　有劲儿　席卷　挫折　于是　陡坡　繁荣
镇压　玩耍　拉链儿　宣传　拇指　安慰　探索
外面　四周　矮小　你们　做梦　非法　留声机

（三）朗读短文（400 个音节，共 30 分，限时 4 分钟）

我爱月夜，但我也爱星天。从前在家乡七八月的夜晚在庭院里纳凉的时候，我最爱看天上密密麻麻的繁星。望着星天，我就会忘记一切，仿佛回到了母亲的怀里似的。

三年前在南京我住的地方有一道后门，每晚我打开后门，便看见一个静寂的夜。下面是一片菜园，上面是星群密布的蓝天。星光在我们的肉眼里虽然微小，然而它使我们觉得光明无处不在。那时候我正在读一些天文学的书，也认得一些星星，好像它们就是我的朋友，它们常常在和我谈话一样。

如今在海上，每晚和繁星相对，我把它们认得很熟了。我躺在舱面上，仰望天空。深蓝色的天空里悬着无数半明半昧的星。船在动，星也在动，它们是这样低，真是摇摇欲坠呢！渐渐地我的眼睛模糊了，我好像看见无数萤火虫在我的周围飞舞。海上的夜是柔和的，是静寂的，是梦幻的。我望着许多认识的星，我仿佛看见它们在对我眨眼，我仿佛听见它们在小声说话。这时我忘记了一切。在星的怀抱中我微笑着，我沉睡着。我觉得自己是一个小孩子，现在睡在母亲的怀里了。

有一夜，那个在哥伦波上船的英国人指给我看天上的巨人。他用手指着：……

（四）命题说话（请在下列话题中任选一个，共40分，限时3分钟）

1. 难忘的旅行

2. 谈服饰

模拟测试训练二

（一）读单音节字词（100个音节，共10分，限时3.5分钟）

踹	碗	根	户	期	犯	缰	垒	绢	灰
盆	碧	猪	垮	练	蕊	肾	膺	娶	另
雄	判	眉	自	码	赛	皇	卧	嘘	耐
瞥	既	耍	用	群	尚	柔	耕	蚕	眨
帛	枪	鳞	松	膜	袄	瘸	稿	凝	蔗
此	滩	虫	土	瓢	瑟	托	耳	堆	挡
柴	有	悦	家	控	贼	川	恒	尊	拔
负	槽	刁	软	赵	翁	驯	亏	某	桩
捷	胎	撤	拈	癖	原	朵	放	滚	歪
绺	恩	射	皿	池	香	指	绳	捆	夏

（二）读多音节词语（100个音节，共20分，限时2.5分钟）

仍然	爪子	电压	存在	均匀	后面	编写
健全	花瓶儿	恰巧	风格	半导体	报废	红娘
快乐	西欧	意思	发狂	掌管	小说儿	血液
从而	卤水	佛教	未遂	牛犊	似的	旋转
谬误	国王	悲哀	吵嘴	诚恳	火苗儿	侵略
授予	难怪	力量	责任感	今日	少女	苍穹
名牌儿	窘迫	疼痛	换算	温带	部分	侦察

（三）朗读短文（400个音节，共30分，限时4分钟）

我和几个孩子站在一片园子里，感受秋天的风。园子里长着几棵高大的梧桐树，我们的脚底下，铺了一层厚厚的梧桐叶。叶枯黄，脚踩在上面，嘎吱嘎吱脆响。风还在一个劲儿地刮，吹打着树上可怜的几片叶子，那上面，就快成光秃秃的了。

我给孩子们上写作课，让孩子们描摹这秋天的风。以为他们一定会说寒冷、残酷和荒凉之类的，结果却出乎我的意料。

一个孩子说，秋天的风，像把大剪刀，它剪呀剪的，就把树上的叶子全剪光了。

我赞许了这个比喻。有二月春风似剪刀之说，秋天的风，何尝不是一把剪刀呢？只不过，它剪出来的不是花红叶绿，而是败柳残荷。

剪完了，它让阳光来住，这个孩子突然接着说一句。他仰向我的小脸，被风吹着，像只通红的小苹果。我怔住，抬头看树，那上面，果真的，爬满阳光啊，每根枝条上都是。失与得，从来都是如此均衡，树在失去叶子的同时，却承接了满树的阳光。

一个孩子说，秋天的风，像个魔术师，它会变出好多好吃的，菱角呀，花生呀，苹果呀，葡萄呀。还有桂花，可以做桂花糕。我昨天吃了桂花糕，妈妈说，是风变出来的。

我笑了。小可爱，经你这么一说，秋天的风，还真是香的。我和孩//子们一起嗅，……

（四）命题说话（请在下列话题中任选一个，共40分，限时3分钟）

1. 我喜欢的季节（或天气）

2. 家乡（或熟悉的地方）

模拟测试训练三

（一）读单音节字词（100个音节，共10分，限时3.5分钟）

寝	腔	略	亡	巴	是	比	堆	砍	糟
黄	窘	杂	招	尺	临	恩	奎	爽	决
蕊	雄	灭	头	猛	盈	袋	晚	昂	准
破	七	羽	胎	贼	刚	承	瞥	蹦	远
细	村	训	水	绒	柳	捐	鼓	翁	甲
踢	陈	辱	踹	辽	耗	盘	拘	贬	抓
摹	蛙	蛋	乃	恰	拿	帽	伤	怒	乖
讽	佑	蝶	耀	焚	葱	访	次	缩	字
涡	纵	详	舜	管	孙	特	松	晒	敛
儿	测	筏	线	独	扣	镁	群	艇	黑

（二）读多音节词语（100个音节，共20分，限时2.5分钟）

佛寺	典雅	月饼	搬用	创作	植物	外国
酒精	妇女	摧残	仍然	因而	漂亮	军人
未曾	宣传	烈日	尊重	改写	牛皮	手套儿

况且	哈密瓜	红娘	寨子	核算	打鸣儿	南北
春天	情操	腿脚	全部	挨个儿	贫穷	缺少
继续	劳动力	扩张	怀念	下来	搏斗	正常
稳当	恶化	跟随	扇面儿	运输	非同小可	

（三）朗读短文(400个音节,共30分,限时4分钟)

在我国历史地理中,有三大都城密集区,它们是:关中盆地、洛阳盆地、北京小平原。其中每一个地区都曾诞生过四个以上大型王朝的都城。而关中盆地、洛阳盆地是前朝历史的两个都城密集区,正是它们构成了早期文明核心地带中最重要的内容。

为什么这个地带会成为华夏文明最先进的地区?这主要是由两个方面的条件促成的,一个是自然环境方面的,一个是人文环境方面的。

在自然环境方面,这里是我国温带季风气候带的南部,降雨、气温、土壤等条件都可以满足旱作农业的需求。中国北方的古代农作物,主要是一年生的粟和黍。黄河中下游的自然环境为粟黍作物的种植和高产提供了得天独厚的条件。农业生产的发达,会促进整个社会经济的发展,从而推动社会的进步。

在人文环境方面,这里是南北方、东西方大交流的轴心地区。在最早的六大新石器文化分布形势图中可以看到,中原处于这些文化分布的中央地带。无论是考古发现还是历史传说,都有南北文化长距离交流、东西文化相互碰撞的证据。中原地区在空间上恰恰位居中心,成为信息最发达、眼界最宽广、活动最//繁忙、竞争最激烈的地方。……

（四）命题说话(请在下列话题中任选一个,共40分,限时3分钟)

1. 体育运动的乐趣

2. 朋友

[illegible]

（三）朗读短文（400个音节，共30分，限时4分钟）

[illegible]

（四）命题说话（请在下列话题中任选一个，共40分，限时3分钟）

1. [illegible]

2. [illegible]

普通话训练与水平测试

词语训练

杜宇虹 编著

南京大学出版社

一、普通话 z、c、s，zh、ch、sh 词语训练

扫一扫可获得配套音频

1. 声母是 z、c、s 的词语

C

彩色 cǎisè
操纵 cāozòng
操作 cāozuò
层次 céngcì
词组 cízǔ
从此 cóngcǐ
粗糙 cūcāo
摧残 cuīcán
存在 cúnzài
猜测 cāicè
彩塑 cǎisù
参赛 cānsài
残存 cáncún
蚕丝 cánsī
惨死 cǎnsǐ
仓促 cāngcù
苍翠 cāngcuì
嘈杂 cáozá
草丛 cǎocóng
厕所 cèsuǒ
粗俗 cūsú
催促 cuīcù
璀璨 cuǐcàn

S

色彩 sècǎi
思索 sīsuǒ
诉讼 sùsòng
塑造 sùzào
所在 suǒzài
丧葬 sāngzàng
色素 sèsù
色泽 sèzé
私自 sīzì
四散 sìsàn
松散 sōngsǎn
送葬 sòngzàng
搜索 sōusuǒ
酸枣 suānzǎo
随从 suícóng
琐碎 suǒsuì

Z

自从 zìcóng
自在 zìzai
总算 zǒngsuàn
再造 zàizào
在座 zàizuò
赞颂 zànsòng
赠送 zèngsòng
资财 zīcái
紫菜 zǐcài
自私 zìsī
自尊 zìzūn
棕色 zōngsè
走私 zǒusī
阻塞 zǔsè
遵从 zūncóng
作祟 zuòsuì

2. 声母是 zh、ch、sh 的词语

CH

产生 chǎnshēng
产值 chǎnzhí
阐述 chǎnshù
长城 chángchéng
长征 chángzhēng
尝试 chángshì
常识 chángshí
常数 chángshù
超出 chāochū
潮湿 cháoshī
车站 chēzhàn
沉重 chénzhòng
沉着 chénzhuó
陈述 chénshù

成虫 chéngchóng
成熟 chéngshú
成长 chéngzhǎng
承受 chéngshòu
城市 chéngshì
城镇 chéngzhèn
程式 chéngshì
充实 chōngshí
出产 chūchǎn
出身 chūshēn
出生 chūshēng
出售 chūshòu
初中 chūzhōng
穿着 chuānzhuó
传授 chuánshòu
传说 chuánshuō
船长 chuánzhǎng
船只 chuánzhī
创伤 chuāngshāng
垂直 chuízhí
插手 chāshǒu
茶水 cháshuǐ
查处 cháchǔ
查找 cházhǎo
拆除 chāichú
差使 chāishǐ
潺潺 chánchán
蟾蜍 chánchú
铲除 chǎnchú
阐释 chǎnshì
长衫 chángshān
长寿 chángshòu
常设 chángshè
常住 chángzhù
厂商 chǎngshāng
超产 chāochǎn
超常 chāocháng
朝政 cháozhèng
潮水 cháoshuǐ
车身 chēshēn
撤职 chèzhí
沉睡 chénshuì
陈设 chénshè
衬衫 chènshān
趁势 chènshì
称职 chènzhí
诚挚 chéngzhì
惩处 chéngchǔ
惩治 chéngzhì
吃水 chīshuǐ
驰骋 chíchěng
持重 chízhòng
赤诚 chìchéng
冲刷 chōngshuā
冲撞 chōngzhuàng
充斥 chōngchì
重申 chóngshēn
崇尚 chóngshàng
抽查 chōuchá
抽搐 chōuchù
踌躇 chóuchú
仇视 chóushì
惆怅 chóuchàng
出差 chūchāi
出厂 chūchǎng
出场 chūchǎng
出山 chūshān
出神 chūshén
出师 chūshī
出使 chūshǐ
出示 chūshì
出世 chūshì
出事 chūshì
出手 chūshǒu
出征 chūzhēng
出众 chūzhòng
初春 chūchūn
除尘 chúchén
厨师 chúshī
橱窗 chúchuāng
处世 chǔshì
处事 chǔshì
处置 chǔzhì
触手 chùshǒu
穿插 chuānchā
传承 chuánchéng
传神 chuánshén
传输 chuánshū
传真 chuánzhēn
船闸 chuánzhá
创设 chuàngshè
创始 chuàngshǐ
创制 chuàngzhì
纯真 chúnzhēn
纯正 chúnzhèng
蠢事 chǔnshì

SH

山水 shānshuǐ
闪烁 shǎnshuò
上山 shàngshān
上升 shàngshēng
上市 shàngshì

上述 shàngshù
上涨 shàngzhǎng
稍稍 shāoshāo
少数 shǎoshù
设施 shèshī
设置 shèzhì
伸手 shēnshǒu
深沉 shēnchén
神圣 shénshèng
审查 shěnchá
甚至 shènzhì
慎重 shènzhòng
生产 shēngchǎn
生成 shēngchéng
生长 shēngzhǎng
生殖 shēngzhí
牲畜 shēngchù
师长 shīzhǎng
实施 shíshī
实质 shízhì
始终 shǐzhōng
市场 shìchǎng
事实 shìshí
逝世 shìshì
手势 shǒushì
手术 shǒushù
手掌 shǒuzhǎng
手指 shǒuzhǐ
首长 shǒuzhǎng
受伤 shòushāng
舒适 shūshì
输出 shūchū
树种 shùzhǒng
数值 shùzhí

水手 shuǐshǒu
税收 shuìshōu
顺手 shùnshǒu
杀伤 shāshāng
刹车 shāchē
霎时 shàshí
山茶 shānchá
山川 shānchuān
山楂 shānzhā
善战 shànzhàn
擅长 shàncháng
膳食 shànshí
伤势 shāngshì
商场 shāngchǎng
商船 shāngchuán
上场 shàngchǎng
上身 shàngshēn
上阵 shàngzhèn
上肢 shàngzhī
烧伤 shāoshāng
奢侈 shēchǐ
舍身 shěshēn
射程 shèchéng
摄制 shèzhì
伸展 shēnzhǎn
伸张 shēnzhāng
身长 shēncháng
身世 shēnshì
绅士 shēnshì
深山 shēnshān
深重 shēnzhòng
神志 shénzhì
神州 shénzhōu
审慎 shěnshèn

审视 shěnshì
生疏 shēngshū
声称 shēngchēng
声势 shēngshì
省城 shěngchéng
省事 shěngshì
胜仗 shèngzhàng
盛产 shèngchǎn
盛装 shèngzhuāng
失常 shīcháng
失传 shīchuán
失神 shīshén
失声 shīshēng
失实 shīshí
失守 shīshǒu
失真 shīzhēn
失职 shīzhí
失重 shīzhòng
施舍 shīshě
施展 shīzhǎn
施政 shīzhèng
时尚 shíshàng
时事 shíshì
时针 shízhēn
时钟 shízhōng
时装 shízhuāng
实事 shíshì
实数 shíshù
实战 shízhàn
食指 shízhǐ
史诗 shǐshī
史实 shǐshí
史书 shǐshū
使者 shǐzhě

示众 shìzhòng
市镇 shìzhèn
市政 shìzhèng
试纸 shìzhǐ
适时 shìshí
收场 shōuchǎng
手杖 shǒuzhàng
首创 shǒuchuàng
受制 shòuzhì
书生 shūshēng
书桌 shūzhuō
舒畅 shūchàng
舒张 shūzhāng
熟睡 shúshuì
熟知 shúzhī
述说 shùshuō
双重 shuāngchóng
水产 shuǐchǎn
水车 shuǐchē
水势 shuǐshì
水闸 shuǐzhá
水质 shuǐzhì
水肿 shuǐzhǒng
水准 shuǐzhǔn
瞬时 shùnshí
说唱 shuōchàng
说穿 shuōchuān
硕士 shuòshì

ZH

战场 zhànchǎng
战胜 zhànshèng
战士 zhànshì
战术 zhànshù
战争 zhànzhēng
章程 zhāngchéng
招生 zhāoshēng
照射 zhàoshè
折射 zhéshè
侦查 zhēnchá
侦察 zhēnchá
珍珠 zhēnzhū
真实 zhēnshí
真正 zhēnzhèng
征收 zhēngshōu
正常 zhèngcháng
正式 zhèngshì
证实 zhèngshí
证书 zhèngshū
政治 zhèngzhì
症状 zhèngzhuàng
支撑 zhīchēng
支持 zhīchí
支出 zhīchū
直至 zhízhì
只是 zhǐshì
指示 zhǐshì
指数 zhǐshù
至少 zhìshǎo
制止 zhìzhǐ
中枢 zhōngshū
忠诚 zhōngchéng
忠实 zhōngshí
终身 zhōngshēn
种植 zhòngzhí
重视 zhòngshì
周转 zhōuzhuǎn
主张 zhǔzhāng
助手 zhùshǒu
注射 zhùshè
注视 zhùshì
注重 zhùzhòng
专政 zhuānzhèng
转身 zhuǎnshēn
装置 zhuāngzhì
追逐 zhuīzhú
着手 zhuóshǒu
着重 zhuózhòng
摘除 zhāichú
展翅 zhǎnchì
辗转 zhǎnzhuǎn
战事 zhànshì
长者 zhǎngzhě
招收 zhāoshōu
招手 zhāoshǒu
招致 zhāozhì
诏书 zhàoshū
照常 zhàocháng
肇事 zhàoshì
折中 zhézhōng
褶皱 zhězhòu
珍视 zhēnshì
珍重 zhēnzhòng
真知 zhēnzhī
真挚 zhēnzhì
斟酌 zhēnzhuó
诊治 zhěnzhì
震颤 zhènchàn
镇守 zhènshǒu
征兆 zhēngzhào
整数 zhěngshù
整治 zhěngzhì
正视 zhèngshì

正直 zhèngzhí
正中 zhèngzhōng
政事 zhèngshì
支柱 zhīzhù
只身 zhīshēn
执照 zhízhào
执政 zhízhèng
执着 zhízhuó
直肠 zhícháng
直属 zhíshǔ
直率 zhíshuài
直爽 zhíshuǎng
职称 zhíchēng
纸张 zhǐzhāng
指南针 zhǐnánzhēn
指使 zhǐshǐ
指针 zhǐzhēn
至上 zhìshàng
治水 zhìshuǐ
置身 zhìshēn
中止 zhōngzhǐ
中转 zhōngzhuǎn
忠贞 zhōngzhēn
终生 zhōngshēng
终止 zhōngzhǐ
肿胀 zhǒngzhàng
众生 zhòngshēng
重伤 zhòngshāng
周身 zhōushēn
周折 zhōuzhé
主食 zhǔshí
主事 zhǔshì
主旨 zhǔzhǐ
助长 zhùzhǎng
住址 zhùzhǐ
注释 zhùshì
驻守 zhùshǒu
驻扎 zhùzhā
著称 zhùchēng
著述 zhùshù
著作 zhùzuò
专长 zhuāncháng
专车 zhuānchē
专程 zhuānchéng
专职 zhuānzhí
专注 zhuānzhù
专著 zhuānzhù
转产 zhuǎnchǎn
转手 zhuǎnshǒu
转瞬 zhuǎnshùn
转战 zhuǎnzhàn
转折 zhuǎnzhé
庄重 zhuāngzhòng
装束 zhuāngshù
壮士 zhuàngshì
壮志 zhuàngzhì
赘述 zhuìshù
准绳 zhǔnshéng
准时 zhǔnshí
茁壮 zhuózhuàng
卓著 zhuózhù
着实 zhuóshí

3. 兼有 z、c、s 和 zh、ch、sh 的词语

C

财产 cáichǎn
财政 cáizhèng
参数 cānshù
参照 cānzhào
侧重 cèzhòng
场所 chángsuǒ
沉思 chénsī
称赞 chēngzàn
充足 chōngzú
出色 chūsè
储存 chǔcún
创造 chuàngzào
创作 chuàngzuò
纯粹 chúncuì
辞职 cízhí
磁场 cíchǎng
次数 cìshù
从事 cóngshì
从中 cóngzhōng
促成 cùchéng
促使 cùshǐ
村庄 cūnzhuāng
挫折 cuòzhé
措施 cuòshī
采摘 cǎizhāi
菜场 càichǎng
参展 cānzhǎn
参战 cānzhàn
参政 cānzhèng
餐桌 cānzhuō
残杀 cánshā
惨重 cǎnzhòng
藏身 cángshēn
藏书 cángshū
操持 cāochí

草场 cǎochǎng
草率 cǎoshuài
侧身 cèshēn
测试 cèshì
禅宗 chánzōng
长足 chángzú
唱词 chàngcí
沉醉 chénzuì
趁早 chènzǎo
称颂 chēngsòng
成才 chéngcái
成材 chéngcái
乘坐 chéngzuò
迟早 chízǎo
斥责 chìzé
赤字 chìzì
充塞 chōngsè
抽穗 chōusuì
筹措 chóucuò
出资 chūzī
出租 chūzū
处死 chǔsǐ
储藏 chǔcáng
处所 chùsuǒ
揣测 chuǎicè
穿刺 chuāncì
穿梭 chuānsuō
传送 chuánsòng
传诵 chuánsòng
船舱 chuáncāng
吹奏 chuīzòu
垂死 chuísǐ
春色 chūnsè
瓷砖 cízhuān

慈善 císhàn
从属 cóngshǔ
从众 cóngzhòng
丛生 cóngshēng
粗壮 cūzhuàng
村寨 cūnzhài
村镇 cūnzhèn
存储 cúnchǔ
存折 cúnzhé
磋商 cuōshāng
挫伤 cuòshāng

S

散射 sǎnshè
丧失 sàngshī
上层 shàngcéng
上诉 shàngsù
身材 shēncái
神色 shénsè
生存 shēngcún
识字 shízì
实在 shízài
氏族 shìzú
收缩 shōusuō
输送 shūsòng
蔬菜 shūcài
数字 shùzì
四处 sìchù
四肢 sìzhī
四周 sìzhōu
俗称 súchēng
素质 sùzhì
宿舍 sùshè
虽说 suīshuō
随时 suíshí

损伤 sǔnshāng
损失 sǔnshī
所属 suǒshǔ
撒手 sāshǒu
赛事 sàishì
散失 sànshī
丧事 sāngshì
扫射 sǎoshè
扫视 sǎoshì
擅自 shànzì
赏赐 shǎngcì
上座 shàngzuò
哨所 shàosuǒ
涉足 shèzú
申诉 shēnsù
伸缩 shēnsuō
深层 shēncéng
深思 shēnsī
深邃 shēnsuì
深造 shēnzào
神采 shéncǎi
神速 shénsù
肾脏 shènzàng
生死 shēngsǐ
生字 shēngzì
声速 shēngsù
绳索 shéngsuǒ
失散 shīsàn
失踪 shīzōng
失足 shīzú
师资 shīzī
十足 shízú
石笋 shísǔn
实测 shícè

史册 shǐcè
始祖 shízǔ
士族 shìzú
世俗 shìsú
侍从 shìcóng
收藏 shōucáng
手册 shǒucè
手足 shǒuzú
守则 shǒuzé
受挫 shòucuò
受灾 shòuzāi
受阻 shòuzǔ
受罪 shòuzuì
疏散 shūsàn
疏松 shūsōng
赎罪 shúzuì
水草 shuǐcǎo
水灾 shuǐzāi
顺从 shùncóng
丝绸 sīchóu
私产 sīchǎn
私事 sīshì
厮杀 sīshā
死伤 sǐshāng
死神 sǐshén
四时 sìshí
松手 sōngshǒu
松鼠 sōngshǔ
搜查 sōuchá
诉说 sùshuō
速成 sùchéng
算术 suànshù
算账 suànzhàng
随处 suíchù
随身 suíshēn
唆使 suōshǐ
琐事 suǒshì

Z

杂志 zázhì
杂质 zázhì
在场 zàichǎng
暂时 zànshí
赞成 zànchéng
遭受 zāoshòu
展示 zhǎnshì
正在 zhèngzài
政策 zhèngcè
职责 zhízé
指责 zhǐzé
制造 zhìzào
制作 zhìzuò
质子 zhìzǐ
种族 zhǒngzú
著作 zhùzuò
准则 zhǔnzé
姿势 zīshì
资产 zīchǎn
自称 zìchēng
自杀 zìshā
自身 zìshēn
自治 zìzhì
自主 zìzhǔ
自转 zìzhuàn
宗旨 zōngzhǐ
总数 zǒngshù
总之 zǒngzhī
阻止 zǔzhǐ
组织 zǔzhī
嘴唇 zuǐchún
最初 zuìchū
最终 zuìzhōng
尊重 zūnzhòng
遵守 zūnshǒu
左手 zuǒshǒu
作战 zuòzhàn
作者 zuòzhě
栽植 zāizhí
栽种 zāizhòng
在世 zàishì
在职 zàizhí
载重 zàizhòng
赞赏 zànshǎng
葬身 zàngshēn
早春 zǎochūn
早熟 zǎoshú
噪声 zàoshēng
责成 zéchéng
增产 zēngchǎn
增生 zēngshēng
增收 zēngshōu
增设 zēngshè
增长 zēngzhǎng
增值 zēngzhí
增殖 zēngzhí
择菜 zháicài
沼泽 zhǎozé
折算 zhésuàn
贞操 zhēncāo
珍藏 zhēncáng
真丝 zhēnsī
诊所 zhěnsuǒ
振作 zhènzuò

致死 zhìsǐ
中层 zhōngcéng
仲裁 zhòngcái
周岁 zhōusuì
竹笋 zhúsǔn
主次 zhǔcì
主宰 zhǔzǎi
住宿 zhùsù
住所 zhùsuǒ
注册 zhùcè
转速 zhuànsù
装载 zhuāngzài
追溯 zhuīsù
追随 zhuīsuí
追踪 zhuīzōng
滋生 zīshēng
滋长 zīzhǎng
自首 zìshǒu
自述 zìshù
自制 zìzhì
自重 zìzhòng
自传 zìzhuàn
宗室 zōngshì
总称 zǒngchēng
纵身 zòngshēn
纵深 zòngshēn
纵使 zòngshǐ
奏章 zòuzhāng
诅咒 zǔzhòu
组装 zǔzhuāng
钻石 zuànshí
罪证 zuìzhèng
罪状 zuìzhuàng
尊称 zūnchēng
遵照 zūnzhào
坐镇 zuòzhèn
做声 zuòshēng
做主 zuòzhǔ

二、含 r 声母的词语

扫一扫可获得配套音频

A

黯然 ànrán
昂然 ángrán
傲然 àorán

B

比如 bǐrú
必然 bìrán
辨认 biànrèn
病人 bìngrén
薄弱 bóruò
不然 bùrán
不容 bùróng
不如 bùrú
白日 báirì
包容 bāoróng
被褥 bèirù
哺乳 bǔrǔ

C

承认 chéngrèn
残忍 cánrěn
缠绕 chánrào
常人 chángrén
超然 chāorán
诚然 chéngrán
耻辱 chǐrǔ
炽热 chìrè
出任 chūrèn
出入 chūrù
传染 chuánrǎn
雌蕊 círuǐ
次日 cìrì
从容 cóngróng
脆弱 cuìruò

D

担任 dānrèn
当然 dāngrán
敌人 dírén
点燃 diǎnrán
电容 diànróng
打扰 dǎrǎo
淡然 dànrán
导热 dǎorè
地热 dìrè
陡然 dǒurán
度日 dùrì

断然 duànrán

E

恶人 èrén
愕然 èrán
恩人 ēnrén

F

发热 fārè
繁荣 fánróng
否认 fǒurèn
放任 fàngrèn
愤然 fènrán
缝纫 féngrèn
芙蓉 fúróng
富饶 fùráo

G

干扰 gānrǎo
感染 gǎnrǎn
固然 gùrán
光荣 guāngróng
果然 guǒrán
感人 gǎnrén
高热 gāorè
割让 gēràng
公然 gōngrán
骨肉 gǔròu
果肉 guǒròu
过热 guòrè
过人 guòrén

H

忽然 hūrán
寒热 hánrè
悍然 hànrán
赫然 hèrán
轰然 hōngrán
红润 hóngrùn
花蕊 huāruǐ
哗然 huárán
环绕 huánrào
恍然 huǎngrán
火热 huǒrè

J

肌肉 jīròu
既然 jìrán
加热 jiārè
加入 jiārù
假如 jiǎrú
尖锐 jiānruì
减弱 jiǎnruò
节日 jiérì
今日 jīnrì
金融 jīnróng
进入 jìnrù
惊人 jīngrén
竟然 jìngrán
即日 jírì
继任 jìrèn
假若 jiǎruò
假日 jiàrì
坚韧 jiānrèn
兼任 jiānrèn
交融 jiāoróng
叫嚷 jiàorǎng
接壤 jiērǎng
截然 jiérán
介入 jièrù
浸润 jìnrùn
惊扰 jīngrǎo
精锐 jīngruì
就任 jiùrèn
巨人 jùrén

K

酷热 kùrè
宽容 kuānróng
狂热 kuángrè
困扰 kùnrǎo

M

茫然 mángrán
迷人 mírén
敏锐 mǐnruì
盲人 mángrén
美人 měirén
美容 měiróng
闷热 mēnrè
猛然 měngrán
面容 miànróng
名人 míngrén
明日 míngrì
末日 mòrì
蓦然 mòrán
漠然 mòrán
默然 mòrán

N

纳入 nàrù
男人 nánrén
内容 nèiróng
女人 nǚrén

O

偶然 ǒurán

P

譬如 pìrú
平日 píngrì
旁人 pángrén

烹任 pēngrèn
皮肉 píròu
飘然 piāorán
仆人 púrén

Q

侵入 qīnrù
亲热 qīnrè
确认 quèrèn
凄然 qīrán
恰如 qiàrú
潜入 qiánrù
悄然 qiǎorán
轻柔 qīngróu
屈辱 qūrǔ

R

然而 rán'ér
然后 ránhòu
燃烧 ránshāo
染色 rǎnsè
热爱 rè'ài
热能 rènéng
热情 rèqíng
人才 réncái
人口 rénkǒu
人类 rénlèi
人力 rénlì
人身 rénshēn
人生 rénshēng
人士 rénshì
人事 rénshì
人心 rénxīn
人性 rénxìng
人造 rénzào
忍耐 rěnnài

忍受 rěnshòu
认定 rèndìng
认真 rènzhēn
任命 rènmìng
仍然 réngrán
日常 rìcháng
日趋 rìqū
荣誉 róngyù
容纳 róngnà
溶解 róngjiě
熔点 róngdiǎn
融合 rónghé
柔和 róuhé
柔软 róuruǎn
肉体 ròutǐ
如此 rúcǐ
如今 rújīn
儒家 rújiā
入侵 rùqīn
入手 rùshǒu
若是 ruòshì
弱点 ruòdiǎn
冉冉 rǎnrǎn
让步 ràngbù
让位 ràngwèi
饶恕 ráoshù
绕道 ràodào
热潮 rècháo
热忱 rèchén
热诚 rèchéng
热浪 rèlàng
热泪 rèlèi
热力 rèlì
热恋 rèliàn

热流 rèliú
热血 rèxuè
人材 réncái
人称 rénchēng
人丁 réndīng
人流 rénliú
人伦 rénlún
人命 rénmìng
人品 rénpǐn
人情 rénqíng
人参 rénshēn
人声 rénshēng
人世 rénshì
人手 rénshǒu
人中 rénzhōng
人种 rénzhǒng
仁慈 réncí
忍心 rěnxīn
认错 rèncuò
认罪 rènzuì
任凭 rènpíng
任性 rènxìng
任职 rènzhí
韧带 rèndài
韧性 rènxìng
妊娠 rènshēn
日程 rìchéng
日历 rìlì
日食 rìshí
荣幸 róngxìng
绒毛 róngmáo
容忍 róngrěn
容许 róngxǔ
溶洞 róngdòng

溶血 róngxuè
熔化 rónghuà
融洽 róngqià
融资 róngzī
冗长 rǒngcháng
柔情 róuqíng
柔弱 róuruò
柔顺 róushùn
蹂躏 róulìn
肉食 ròushí
肉质 ròuzhì
如实 rúshí
儒学 rúxué
蠕动 rúdòng
乳牛 rǔniú
乳汁 rǔzhī
入境 rùjìng
入睡 rùshuì
软禁 ruǎnjìn
软弱 ruǎnruò
锐角 ruìjiǎo
锐利 ruìlì
润滑 rùnhuá
弱小 ruòxiǎo

S

商人 shāngrén
深入 shēnrù
湿润 shīrùn
收入 shōurù
输入 shūrù
虽然 suīrán
骚扰 sāorǎo
渗入 shènrù
升任 shēngrèn
湿热 shīrè
时日 shírì
示弱 shìruò
收容 shōuróng
手软 shǒuruǎn
瘦弱 shòuruò
倏然 shūrán
衰弱 shuāiruò
丝绒 sīróng
松软 sōngruǎn

T

倘若 tǎngruò
天然 tiānrán
突然 tūrán
土壤 tǔrǎng
坦然 tǎnrán
听任 tīngrèn
徒然 túrán
颓然 tuírán
退让 tuìràng

W

微弱 wēiruò
为人 wéirén
围绕 wéirào
温柔 wēnróu
污染 wūrǎn
侮辱 wǔrǔ
宛如 wǎnrú
往日 wǎngrì
污辱 wūrǔ

X

显然 xiǎnrán
陷入 xiànrù
笑容 xiàoróng
信任 xìnrèn
行人 xíngrén
形容 xíngróng
削弱 xuēruò
昔日 xīrì
细弱 xìruò
消融 xiāoróng
欣然 xīnrán
杏仁 xìngrén
雄蕊 xióngruǐ
羞辱 xiūrǔ
虚弱 xūruò
旭日 xùrì
喧嚷 xuānrǎng
渲染 xuànrǎn
血肉 xuèròu

Y

依然 yīrán
毅然 yìrán
犹如 yóurú
炎热 yánrè
俨然 yǎnrán
已然 yǐrán
翌日 yìrì
印染 yìnrǎn
萦绕 yíngrào
悠然 yōurán
羽绒 yǔróng
圆润 yuánrùn

Z

早日 zǎorì
责任 zérèn
众人 zhòngrén
诸如 zhūrú

主任 zhǔrèn
自然 zìrán
沾染 zhānrǎn
阵容 zhènróng
重任 zhòngrèn
骤然 zhòurán
滋润 zīrùn
自如 zìrú

三、普通话 n、l 词语训练

扫一扫可获得配套音频

1. 声母是 n 的词语

A

安宁 ānníng
按捺 ànnà
按钮 ànniǔ
懊恼 àonǎo

B

百年 bǎinián
本能 běnnéng
避难 bìnàn

C

才能 cáinéng
常年 chángnián
成年 chéngnián
采纳 cǎinà
草拟 cǎonǐ
刹那 chànà
嘲弄 cháonòng
吵闹 chǎonào
初年 chūnián
吹牛 chuīniú

D

大脑 dànǎo
大娘 dàniáng
电脑 diànnǎo
电能 diànnéng
东南 dōngnán
胆囊 dǎnnáng
悼念 dàoniàn
惦念 diànniàn
刁难 diāonàn
叮咛 dīngníng

E

儿女 érnǚ

F

烦恼 fánnǎo
愤怒 fènnù
妇女 fùnǚ
发怒 fānù
丰年 fēngnián

G

概念 gàiniàn
功能 gōngnéng
观念 guānniàn
归纳 guīnà
高能 gāonéng
挂念 guàniàn
光能 guāngnéng
光年 guāngnián

H

怀念 huáiniàn
核能 hénéng
候鸟 hòuniǎo
胡闹 húnào
化脓 huànóng
患难 huànnàn

J

纪念 jìniàn
技能 jìnéng
艰难 jiānnán
江南 jiāngnán
激怒 jīnù
纪年 jìnián
娇嫩 jiāonèn
缴纳 jiǎonà
节能 jiénéng
拘泥 jūnì

K

苦难 kǔnàn
苦恼 kǔnǎo

L

老年 lǎonián

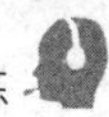

M

每年 měinián
玛瑙 mǎnǎo
毛囊 máonáng
美女 měinǚ
默念 mòniàn

N

哪些 nǎxiē
那样 nàyàng
纳税 nàshuì
乃至 nǎizhì
耐心 nàixīn
男女 nánnǚ
男性 nánxìng
南北 nánběi
难得 nándé
难免 nánmiǎn
难受 nánshòu
难题 nántí
难以 nányǐ
内涵 nèihán
内心 nèixīn
内在 nèizài
内脏 nèizàng
能动 néngdòng
能够 nénggòu
泥土 nítǔ
年初 niánchū
年纪 niánjì
年轻 niánqīng
宁静 níngjìng
凝视 níngshì
牛顿 niúdùn
扭转 niǔzhuǎn

农场 nóngchǎng
农村 nóngcūn
农民 nóngmín
农田 nóngtián
浓厚 nónghòu
奴役 núyì
女儿 nǚ'ér
女士 nǚshì
女性 nǚxìng
纳粹 nàcuì
奶牛 nǎiniú
奶油 nǎiyóu
奈何 nàihé
男生 nánshēng
南洋 nányáng
难产 nánchǎn
难说 nánshuō
难听 nántīng
难民 nànmín
囊括 nángkuò
恼怒 nǎonù
脑筋 nǎojīn
脑髓 nǎosuǐ
闹事 nàoshì
闹钟 nàozhōng
内疚 nèijiù
内情 nèiqíng
内伤 nèishāng
内政 nèizhèng
能人 néngrén
能手 néngshǒu
呢绒 níróng
泥坑 níkēng
泥泞 nínìng

泥塑 nísù
拟订 nǐdìng
拟人 nǐrén
逆差 nìchā
逆境 nìjìng
逆转 nìzhuǎn
溺爱 nì'ài
年景 niánjǐng
年终 niánzhōng
念白 niànbái
鸟瞰 niǎokàn
袅袅 niǎoniǎo
尿素 niàosù
捏造 niēzào
涅槃 nièpán
狞笑 níngxiào
凝神 níngshén
宁肯 nìngkěn
宁愿 nìngyuàn
牛犊 niúdú
扭曲 niǔqū
纽扣 niǔkòu
农耕 nónggēng
农垦 nóngkěn
农事 nóngshì
浓重 nóngzhòng
奴仆 núpú
女皇 nǚhuáng
女神 nǚshén
女生 nǚshēng
暖瓶 nuǎnpíng
虐待 nüèdài
挪用 nuóyòng
诺言 nuòyán

懦弱 nuòruò
糯米 nuòmǐ
P
叛逆 pànnì
Q
青年 qīngnián
气囊 qìnáng
气恼 qìnǎo
气馁 qìněi
前年 qiánnián
怯懦 qiènuò
亲昵 qīnnì
取暖 qǔnuǎn
全能 quánnéng
S
少年 shàonián
少女 shàonǚ
水泥 shuǐní
僧尼 sēngní
盛怒 shèngnù
首脑 shǒunǎo
受难 shòunàn
枢纽 shūniǔ
水鸟 shuǐniǎo
水牛 shuǐniú
思念 sīniàn
T
头脑 tóunǎo

逃难 táonàn
W
为难 wéinán
温暖 wēnnuǎn
玩弄 wánnòng
晚年 wǎnnián
万能 wànnéng
危难 wēinàn
位能 wèinéng
蜗牛 wōniú
无奈 wúnài
无能 wúnéng
舞女 wǔnǚ
务农 wùnóng
X
新娘 xīnniáng
信念 xìnniàn
性能 xìngnéng
戏弄 xìnòng
细腻 xìnì
仙女 xiānnǚ
鲜嫩 xiānnèn
想念 xiǎngniàn
小脑 xiǎonǎo
效能 xiàonéng
新年 xīnnián
匈奴 xiōngnú

虚拟 xūnǐ
许诺 xǔnuò
喧闹 xuānnào
悬念 xuánniàn
学年 xuénián
Y
疑难 yínán
意念 yìniàn
油腻 yóunì
淤泥 yūní
余年 yúnián
愚弄 yúnòng
欲念 yùniàn
遇难 yùnàn
酝酿 yùnniàng
Z
灾难 zāinàn
终年 zhōngnián
逐年 zhúnián
责难 zénàn
樟脑 zhāngnǎo
执拗 zhíniù
指南 zhǐnán
稚嫩 zhìnèn
转念 zhuǎnniàn
阻挠 zǔnáo
罪孽 zuìniè

2. 声母是 l 的词语

B
办理 bànlǐ
保留 bǎoliú
暴露 bàolù
本来 běnlái

本领 běnlǐng
比例 bǐlì
便利 biànlì
兵力 bīnglì
病理 bìnglǐ

波浪 bōlàng
捕捞 bǔlāo
不利 búlì
不论 búlùn
部落 bùluò

百灵 bǎilíng
斑斓 bānlán
伴侣 bànlǚ
包揽 bāolǎn
堡垒 bǎolěi
暴乱 bàoluàn
卑劣 bēiliè
背离 bèilí
鼻梁 bíliáng
比率 bǐlǜ
碧绿 bìlǜ
壁垒 bìlěi
辩论 biànlùn
表露 biǎolù
濒临 bīnlín
冰冷 bīnglěng
并联 bìnglián
病例 bìnglì
波澜 bōlán
菠萝 bōluó
步履 bùlǚ

C

材料 cáiliào
灿烂 cànlàn
测量 cèliáng
策略 cèlüè
产量 chǎnliàng
潮流 cháoliú
车辆 chēliàng
吃力 chīlì
处理 chǔlǐ
储量 chǔliàng
串联 chuànlián
创立 chuànglì
磁力 cílì
从来 cónglái
苍老 cānglǎo
沉沦 chénlún
城楼 chénglóu
齿轮 chǐlún
赤裸 chìluǒ
丑陋 chǒulòu
初恋 chūliàn
矗立 chùlì
传令 chuánlìng
窗帘 chuānglián
垂柳 chuíliǔ
锤炼 chuíliàn
粗鲁 cūlǔ
粗略 cūlüè
翠绿 cuìlǜ

D

大陆 dàlù
带领 dàilǐng
道路 dàolù
电力 diànlì
电量 diànliàng
定量 dìngliàng
定律 dìnglǜ
动力 dònglì
锻炼 duànliàn
对流 duìliú
打猎 dǎliè
胆量 dǎnliàng
胆略 dǎnlüè
捣乱 dǎoluàn
得力 délì
登陆 dēnglù
低劣 dīliè
涤纶 dílún
电缆 diànlǎn
定论 dìnglùn
丢脸 diūliǎn
动乱 dòngluàn
斗笠 dǒulì
度量 dùliàng
段落 duànluò
对联 duìlián

E

恶劣 èliè
饵料 ěrliào

F

法令 fǎlìng
法律 fǎlǜ
肥料 féiliào
分类 fēnlèi
分裂 fēnliè
风力 fēnglì
俘虏 fúlǔ
福利 fúlì
发愣 fālèng
乏力 fálì
泛滥 fànlàn
范例 fànlì
肥力 féilì
奋力 fènlì
峰峦 fēngluán
浮力 fúlì
腐烂 fǔlàn
父老 fùlǎo

G

概率 gàilǜ

纲领 gānglǐng
公理 gōnglǐ
孤立 gūlì
古老 gǔlǎo
鼓励 gǔlì
关联 guānlián
官吏 guānlì
官僚 guānliáo
光亮 guāngliàng
规律 guīlǜ
概论 gàilùn
赶路 gǎnlù
干流 gànliú
高龄 gāolíng
割裂 gēliè
阁楼 gélóu
格律 gélǜ
工龄 gōnglíng
功利 gōnglì
勾勒 gōulè
惯例 guànlì
光临 guānglín
瑰丽 guīlì
锅炉 guōlú
国力 guólì
过量 guòliàng
过滤 guòlǜ

H

寒冷 hánlěng
行列 hángliè
合理 hélǐ
衡量 héngliáng
后来 hòulái
忽略 hūlüè
欢乐 huānlè
婚礼 hūnlǐ
混乱 hùnluàn
活力 huólì
海流 hǎiliú
海轮 hǎilún
寒流 hánliú
号令 hàolìng
红利 hónglì
洪亮 hóngliàng
胡乱 húluàn
护理 hùlǐ
花蕾 huālěi
滑轮 huálún
画廊 huàláng
荒凉 huāngliáng
慌乱 huāngluàn
黄连 huánglián
回流 huíliú
贿赂 huìlù
火炉 huǒlú
霍乱 huòluàn

J

积累 jīlěi
激烈 jīliè
极力 jílì
记录 jìlù
将来 jiānglái
奖励 jiǎnglì
交流 jiāoliú
角落 jiǎoluò
教练 jiàoliàn
接连 jiēlián
揭露 jiēlù
近来 jìnlái
经理 jīnglǐ
剧烈 jùliè
几率 jīlǜ
击落 jīluò
机理 jīlǐ
激流 jīliú
急流 jíliú
伎俩 jìliǎng
剂量 jìliàng
祭礼 jìlǐ
尖利 jiānlì
监牢 jiānláo
简练 jiǎnliàn
简陋 jiǎnlòu
简略 jiǎnlüè
降临 jiànglín
将领 jiànglǐng
焦虑 jiāolǜ
较量 jiàoliàng
戒律 jièlǜ
近邻 jìnlín
禁令 jìnlìng
劲旅 jìnglǚ
敬礼 jìnglǐ
举例 jǔlì
眷恋 juànliàn
决裂 juéliè
军粮 jūnliáng

K

颗粒 kēlì
可怜 kělián
快乐 kuàilè
开朗 kāilǎng

慨然 kǎirán
靠拢 kàolǒng
口粮 kǒuliáng
口令 kǒulìng
苦力 kǔlì
傀儡 kuǐlěi
溃烂 kuìlàn

L

蜡烛 làzhú
来临 láilín
来信 láixìn
来源 láiyuán
浪费 làngfèi
劳动 láodòng
劳力 láolì
牢固 láogù
老虎 lǎohǔ
老人 lǎorén
老师 lǎoshī
乐观 lèguān
雷达 léidá
泪水 lèishuǐ
类似 lèisì
类型 lèixíng
冷静 lěngjìng
冷水 lěngshuǐ
离婚 líhūn
礼貌 lǐmào
理论 lǐlùn
理性 lǐxìng
理智 lǐzhì
力求 lìqiú
力学 lìxué
历来 lìlái

历史 lìshǐ
立场 lìchǎng
立法 lìfǎ
立即 lìjí
利害 lìhài
利率 lìlǜ
利于 lìyú
连结 liánjié
连忙 liánmáng
连续 liánxù
莲子 liánzǐ
联邦 liánbāng
联合 liánhé
联结 liánjié
联络 liánluò
联盟 liánméng
联营 liányíng
脸色 liǎnsè
恋爱 liàn'ài
良种 liángzhǒng
两岸 liǎng'àn
辽阔 liáokuò
列车 lièchē
烈士 lièshì
邻近 línjìn
临床 línchuáng
临时 línshí
淋巴 línbā
灵敏 língmǐn
零售 língshòu
领事 lǐngshì
另外 lìngwài
流传 liúchuán
流露 liúlù

流水 liúshuǐ
流行 liúxíng
流血 liúxuè
硫酸 liúsuān
垄断 lǒngduàn
笼罩 lǒngzhào
楼房 lóufáng
陆军 lùjūn
陆续 lùxù
路程 lùchéng
旅行 lǚxíng
旅游 lǚyóu
履行 lǚxíng
律师 lǜshī
绿化 lǜhuà
氯气 lǜqì
卵巢 luǎncháo
掠夺 lüèduó
伦理 lúnlǐ
轮船 lúnchuán
轮流 lúnliú
论述 lùnshù
论证 lùnzhèng
螺旋 luóxuán
落实 luòshí
拉力 lālì
来宾 láibīn
来访 láifǎng
来历 láilì
来势 láishì
来者 láizhě
拦阻 lánzǔ
栏杆 lángān
懒散 lǎnsǎn

滥用 lànyòng
狼狈 lángbèi
朗读 lǎngdú
朗诵 lǎngsòng
浪潮 làngcháo
劳累 láolèi
劳模 láomó
劳役 láoyì
牢笼 láolóng
牢狱 láoyù
老练 lǎoliàn
老少 lǎoshào
老生 lǎoshēng
老式 lǎoshì
老鹰 lǎoyīng
老者 lǎozhě
烙印 làoyìn
乐趣 lèqù
勒令 lèlìng
勒索 lèsuǒ
雷鸣 léimíng
雷雨 léiyǔ
累积 lěijī
累及 lěijí
累计 lěijì
肋骨 lèigǔ
泪痕 lèihén
泪珠 lèizhū
类比 lèibǐ
类推 lèituī
棱角 léngjiǎo
棱镜 léngjìng
冷藏 lěngcáng
冷竣 lěngjùn

冷饮 lěngyǐn
离散 lísàn
离心 líxīn
离职 lízhí
梨园 líyuán
黎明 límíng
里程 lǐchéng
理财 lǐcái
理发 lǐfà
理应 lǐyīng
力度 lìdù
力争 lìzhēng
历程 lìchéng
历届 lìjiè
历经 lìjīng
历书 lìshū
厉声 lìshēng
立论 lìlùn
立正 lìzhèng
立志 lìzhì
沥青 lìqīng
例证 lìzhèng
隶属 lìshǔ
荔枝 lìzhī
连声 liánshēng
怜悯 liánmǐn
莲花 liánhuā
涟漪 liányī
联名 liánmíng
廉洁 liánjié
脸颊 liǎnjiá
练兵 liànbīng
链条 liàntiáo
良性 liángxìng

凉爽 liángshuǎng
凉水 liángshuǐ
粮仓 liángcāng
两栖 liǎngqī
两性 liǎngxìng
亮度 liàngdù
谅解 liàngjiě
量刑 liàngxíng
踉跄 liàngqiàng
疗程 liáochéng
嘹亮 liáoliàng
潦倒 liáodǎo
料理 liàolǐ
瞭望 liàowàng
列强 lièqiáng
列席 lièxí
劣等 lièděng
劣势 lièshì
劣质 lièzhì
烈日 lièrì
烈性 lièxìng
猎手 lièshǒu
裂缝 lièfèng
裂隙 lièxì
邻里 línlǐ
邻舍 línshè
林立 línlì
临界 línjiè
临终 línzhōng
淋漓 línlí
嶙峋 línxún
磷脂 línzhī
吝啬 lìnsè
灵性 língxìng

灵芝 língzhī
玲珑 línglóng
凌晨 língchén
凌乱 língluàn
陵园 língyuán
聆听 língtīng
菱形 língxíng
羚羊 língyáng
零乱 língluàn
零碎 língsuì
零星 língxīng
领队 lǐngduì
领略 lǐnglüè
领受 lǐngshòu
领主 lǐngzhǔ
另行 lìngxíng
浏览 liúlǎn
留存 liúcún
留恋 liúliàn
留神 liúshén
留守 liúshǒu
流畅 liúchàng
流程 liúchéng
流浪 liúlàng
流利 liúlì
流量 liúliàng
流落 liúluò
流失 liúshī
流逝 liúshì
流速 liúsù
流星 liúxīng
流转 liúzhuǎn
硫磺 liúhuáng
龙船 lóngchuán

龙灯 lóngdēng
隆重 lóngzhòng
笼络 lǒngluò
楼阁 lóugé
漏洞 lòudòng
漏斗 lòudǒu
炉灶 lúzào
卤水 lǔshuǐ
陆路 lùlù
录制 lùzhì
绿林 lùlín
路灯 lùdēng
路径 lùjìng
路途 lùtú
露珠 lùzhū
旅程 lǚchéng
旅途 lǚtú
绿灯 lǜdēng
绿豆 lǜdòu
绿洲 lǜzhōu
孪生 luánshēng
卵石 luǎnshí
卵子 luǎnzǐ
略微 lüèwēi
沦陷 lúnxiàn
轮番 lúnfān
论理 lùnlǐ
论说 lùnshuō
论战 lùnzhàn
论著 lùnzhù
罗列 luóliè
锣鼓 luógǔ
箩筐 luókuāng
螺丝 luósī

裸露 luǒlù
落差 luòchā
落成 luòchéng
落水 luòshuǐ

M

忙碌 mánglù
魅力 mèilì
猛烈 měngliè
面临 miànlín
明亮 míngliàng
命令 mìnglìng
模拟 mónǐ
马力 mǎlì
脉络 màiluò
忙乱 mángluàn
盲流 mángliú
毛料 máoliào
毛驴 máolǘ
霉烂 méilàn
门类 ménlèi
门帘 ménlián
门铃 ménlíng
迷离 mílí
迷恋 míliàn
迷路 mílù
糜烂 mílàn
名利 mínglì
名流 míngliú
明朗 mínglǎng
明了 míngliǎo
磨练 móliàn
谋略 móulüè
牡蛎 mǔlì
木料 mùliào

目录 mùlù

P

排列 páiliè
疲劳 píláo
频率 pínlǜ
破裂 pòliè
排练 páiliàn
蓬乱 péngluàn
批量 pīliàng
毗邻 pílín
漂流 piāoliú
飘零 piāolíng
破烂 pòlàn

Q

凄凉 qīliáng
潜力 qiánlì
桥梁 qiáoliáng
侵略 qīnlüè
勤劳 qínláo
清理 qīnglǐ
权利 quánlì
确立 quèlì
群落 qúnluò
欺凌 qīlíng
起落 qǐluò
绮丽 qǐlì
牵连 qiānlián
前列 qiánliè
强力 qiánglì
青睐 qīnglài
清冷 qīnglěng
清凉 qīngliáng
情理 qínglǐ
情侣 qínglǚ
晴朗 qínglǎng
丘陵 qiūlíng
去路 qùlù
全力 quánlì

S

森林 sēnlín
僧侣 sēnglǚ
山林 shānlín
善良 shànliáng
少量 shǎoliàng
设立 shèlì
生理 shēnglǐ
实例 shílì
首领 shǒulǐng
狩猎 shòu liè
熟练 shúliàn
衰老 shuāilǎo
率领 shuàilǐng
水利 shuǐlì
司令 sīlìng
饲料 sìliào
塑料 sùliào
散落 sànluò
杀戮 shālù
山梁 shānliáng
山岭 shānlǐng
山麓 shānlù
山峦 shānluán
上列 shàngliè
上流 shàngliú
上路 shànglù
社论 shèlùn
神灵 shénlíng
审理 shěnlǐ
声浪 shēnglàng
省略 shěnglüè
失礼 shīlǐ
失利 shīlì
失恋 shīliàn
失灵 shīlíng
失落 shīluò
石料 shíliào
史料 shǐliào
事理 shìlǐ
视力 shìlì
适量 shìliàng
收敛 shōuliǎn
收留 shōuliú
收录 shōulù
受理 shòulǐ
梳理 shūlǐ
竖立 shùlì
衰落 shuāiluò
爽朗 shuǎnglǎng
水力 shuǐlì
水陆 shuǐlù
税利 shuìlì
税率 shuìlǜ
说理 shuōlǐ
私立 sīlì
思虑 sīlǜ
送礼 sònglǐ
搜罗 sōuluó
锁链 suǒliàn

T

讨论 tǎolùn
提炼 tíliàn
条例 tiáolì

停留 tíngliú
透露 tòulù
脱离 tuōlí
贪婪 tānlán
弹力 tánlì
螳螂 tángláng
桃李 táolǐ
藤萝 téngluó
提留 tíliú
天理 tiānlǐ
天亮 tiānliàng
挺立 tǐnglì
通令 tōnglìng
同龄 tónglíng
统领 tǒnglǐng
头颅 tóulú
涂料 túliào
吐露 tǔlù
推力 tuīlì
退路 tuìlù
拖累 tuōlěi
陀螺 tuóluó

W

网络 wǎngluò
无力 wúlì
物理 wùlǐ
瓦砾 wǎlì
外流 wàiliú
外露 wàilù
挽留 wǎnliú
亡灵 wánglíng
网罗 wǎngluó
蔚蓝 wèilán
紊乱 wěnluàn
涡流 wōliú
无赖 wúlài

X

下令 xiàlìng
显露 xiǎnlù
线路 xiànlù
相连 xiānglián
效力 xiàolì
效率 xiàolǜ
心理 xīnlǐ
心灵 xīnlíng
奚落 xīluò
溪流 xīliú
洗礼 xǐlǐ
乡里 xiānglǐ
享乐 xiǎnglè
项链 xiàngliàn
笑脸 xiàoliǎn
效劳 xiàoláo
泄露 xièlòu
心力 xīnlì
心率 xīnlǜ
辛辣 xīnlà
辛劳 xīnláo
新郎 xīnláng
行礼 xínglǐ
秀丽 xiùlì
序列 xùliè
绚丽 xuànlì
学龄 xuélíng
血泪 xuèlèi
巡逻 xúnluó
驯鹿 xùnlù

Y

严厉 yánlì
眼泪 yǎnlèi
养料 yǎngliào
冶炼 yěliàn
医疗 yīliáo
依赖 yīlài
议论 yìlùn
盈利 yínglì
优良 yōuliáng
娱乐 yúlè
舆论 yúlùn
原理 yuánlǐ
原谅 yuánliàng
颜料 yánliào
眼力 yǎnlì
眼帘 yǎnlián
阳历 yánglì
杨柳 yángliǔ
洋流 yángliú
养老 yǎnglǎo
要领 yàolǐng
依恋 yīliàn
遗漏 yílòu
疑虑 yílǜ
屹立 yìlì
阴冷 yīnlěng
阴凉 yīnliáng
音量 yīnliàng
音律 yīnlǜ
营垒 yínglěi
赢利 yínglì
忧虑 yōulǜ
幽灵 yōulíng
油轮 yóulún
游览 yóulǎn

游乐 yóulè
游历 yóulì
余粮 yúliáng
语录 yǔlù
元老 yuánlǎo
园林 yuánlín
院落 yuànluò
韵律 yùnlǜ

Z

占领 zhànlǐng
照例 zhàolì
真理 zhēnlǐ
整理 zhěnglǐ
质量 zhìliàng
智力 zhìlì
肿瘤 zhǒngliú
种类 zhǒnglèi
重量 zhòngliàng
主力 zhǔlì
资料 zīliào
阻力 zǔlì
杂粮 záliáng
杂乱 záluàn
责令 zélìng
粘连 zhānlián
战栗 zhànlì
长老 zhǎnglǎo
丈量 zhàngliáng
政论 zhènglùn
知了 zhīliǎo
中立 zhōnglì
株连 zhūlián
伫立 zhùlì
助理 zhùlǐ
专栏 zhuānlán
转脸 zhuǎnliǎn
壮丽 zhuànglì
壮烈 zhuàngliè
坠落 zhuìluò
棕榈 zōnglǘ
租赁 zūlìn
阻拦 zǔlán

3. 兼有 l、n 的词语

L

老年 lǎonián
来年 láinián
烂泥 lànní
冷凝 lěngníng
冷暖 lěngnuǎn
历年 lìnián
利尿 lìniào
连年 liánnián

N

能力 nénglì
能量 néngliàng
年龄 niánlíng
奴隶 núlì
努力 nǔlì
耐力 nàilì
脑力 nǎolì
内力 nèilì
内陆 nèilù
内乱 nèiluàn
嫩绿 nènlǜ
尼龙 nílóng
逆流 nìliú
年轮 niánlún
农历 nónglì
浓烈 nóngliè
女郎 nǚláng
暖流 nuǎnliú

4. 兼有 l、r 的词语

老人 lǎorén
利润 lìrùn
例如 lìrú
礼让 lǐràng
连日 liánrì
恋人 liànrén
缭绕 liáorào
了然 liǎorán
烈日 lièrì
猎人 lièrén
路人 lùrén
落日 luòrì
燃料 ránliào
扰乱 rǎoluàn
热量 rèliàng
热烈 rèliè
人类 rénlèi
人力 rénlì
容量 róngliàng
染料 rǎnliào
热浪 rèlàng

热泪 rèlèi
热力 rèlì
热恋 rèliàn
热流 rèliú
人流 rénliú
人伦 rénlún
蹂躏 róulìn

四、普通话韵母 en、eng，in、ing 词语训练

扫一扫可获得配套音频

1. 韵母是 en 的词语

B

奔跑 bēnpǎo
本来 běnlái
本领 běnlǐng
本人 běnrén
本身 běnshēn
本性 běnxìng
本质 běnzhì
奔驰 bēnchí
奔赴 bēnfù
奔流 bēnliú
本色 běnsè
本意 běnyì
本源 běnyuán
笨重 bènzhòng
笨拙 bènzhuō

C

沉淀 chéndiàn
沉默 chénmò
沉重 chénzhòng
沉着 chénzhuó
陈述 chénshù
臣民 chénmín
尘埃 chén'āi
沉浸 chénjìn
沉静 chénjìng
沉沦 chénlún
沉睡 chénshuì
沉吟 chényín
沉郁 chényù
陈列 chénliè
陈设 chénshè
晨曦 chénxī
衬衫 chènshān
趁势 chènshì
趁早 chènzǎo
称职 chènzhí

E

恩赐 ēncì
恩情 ēnqíng
恩人 ēnrén

F

分布 fēnbù
分割 fēngē
分解 fēnjiě
分类 fēnlèi
分离 fēnlí
分裂 fēnliè
分明 fēnmíng
分析 fēnxī
分支 fēnzhī
粉碎 fěnsuì
奋斗 fèndòu
愤怒 fènnù
分兵 fēnbīng
分队 fēnduì
分隔 fēngé
分流 fēnliú
分娩 fēnmiǎn
分清 fēnqīng
分手 fēnshǒu
分数 fēnshù
纷乱 fēnluàn
纷纭 fēnyún
氛围 fēnwéi
坟墓 fénmù
焚烧 fénshāo
粉尘 fěnchén
粉饰 fěnshì
分外 fènwài
份额 fèn'é
奋力 fènlì

奋战 fènzhàn
粪便 fènbiàn
愤慨 fènkǎi
愤然 fènrán

G

根本 gēnběn
根系 gēnxì
根除 gēnchú
根治 gēnzhì
跟踪 gēnzōng

H

痕迹 hénjì
狠心 hěnxīn

K

肯定 kěndìng
垦荒 kěnhuāng

M

门口 ménkǒu
闷热 mēnrè
门槛 ménkǎn
门类 ménlèi
门帘 ménlián
门铃 ménlíng
门诊 ménzhěn

N

嫩绿 nènlǜ

P

盆地 péndì
喷泉 pēnquán
喷射 pēnshè
喷涂 pēntú
盆景 pénjǐng
盆栽 pénzāi

R

人格 réngé
人类 rénlèi
人身 rénshēn
人士 rénshì
人事 rénshì
人性 rénxìng
忍耐 rěnnài
忍受 rěnshòu
认定 rèndìng
认真 rènzhēn
任命 rènmìng
人材 réncái
人丁 réndīng
人伦 rénlún
人命 rénmìng
人情 rénqíng
人参 rénshēn
人世 rénshì
人手 rénshǒu
人中 rénzhōng
人种 rénzhǒng
仁慈 réncí
忍心 rěnxīn
认错 rèncuò
认罪 rènzuì
任凭 rènpíng
任性 rènxìng
任职 rènzhí
韧性 rènxìng
妊娠 rènshēn

S

森林 sēnlín
申请 shēnqǐng
伸手 shēnshǒu
身影 shēnyǐng
深沉 shēnchén
深情 shēnqíng
深远 shēnyuǎn
神经 shénjīng
神情 shénqíng
神学 shénxué
审查 shěnchá
审美 shěnměi
甚至 shènzhì
渗透 shèntòu
慎重 shènzhòng
森严 sēnyán
申明 shēnmíng
申诉 shēnsù
伸缩 shēnsuō
伸展 shēnzhǎn
伸张 shēnzhāng
身长 shēncháng
身世 shēnshì
呻吟 shēnyín
绅士 shēnshì
深奥 shēn'ào
深山 shēnshān
深邃 shēnsuì
深重 shēnzhòng
神龛 shénkān
神灵 shénlíng
神明 shénmíng
神志 shénzhì
神州 shénzhōu
审定 shěndìng
审理 shěnlǐ
审慎 shěnshèn
审视 shěnshì

肾脏 shènzàng
甚而 shèn'ér
渗入 shènrù

W

温暖 wēnnuǎn
温柔 wēnróu
文明 wénmíng
文章 wénzhāng
稳定 wěndìng
问世 wènshì
温差 wēnchà
温存 wēncún
温情 wēnqíng
温室 wēnshì
温顺 wēnshùn
瘟疫 wēnyì
文静 wénjìng
文凭 wénpíng
文书 wénshū
文选 wénxuǎn
文娱 wényú
纹理 wénlǐ
纹饰 wénshì
闻名 wénmíng
蚊虫 wénchóng
蚊帐 wénzhàng
吻合 wěnhé
紊乱 wěnluàn
稳产 wěnchǎn
稳妥 wěntuǒ
稳重 wěnzhòng
问卷 wènjuàn

Z

怎样 zěnyàng
针灸 zhēnjiǔ
侦查 zhēnchá
侦察 zhēnchá
珍珠 zhēnzhū
真理 zhēnlǐ
真实 zhēnshí
诊断 zhěnduàn
阵地 zhèndì
振奋 zhènfèn
振兴 zhènxīng
震惊 zhènjīng
镇压 zhènyā
贞操 zhēncāo
针头 zhēntóu
侦破 zhēnpò
珍藏 zhēncáng
珍品 zhēnpǐn
珍视 zhēnshì
珍重 zhēnzhòng
真菌 zhēnjūn
真切 zhēnqiè
真情 zhēnqíng
真知 zhēnzhī
真挚 zhēnzhì
斟酌 zhēnzhuó
诊所 zhěnsuǒ
诊治 zhěnzhì
阵容 zhènróng
阵营 zhènyíng
振作 zhènzuò
震颤 zhènchàn
震撼 zhènhàn
镇定 zhèndìng
镇静 zhènjìng
镇守 zhènshǒu

2. 韵母是 eng 的词语

B

崩溃 bēngkuì
绷带 bēngdài
迸发 bèngfā

C

层次 céngcì
曾经 céngjīng
称号 chēnghào
称赞 chēngzàn
成虫 chéngchóng
成绩 chéngjì
成年 chéngnián
成熟 chéngshú
成为 chéngwéi
成长 chéngzhǎng
承认 chéngrèn
城市 chéngshì
乘机 chéngjī
乘客 chéngkè
程度 chéngdù
程式 chéngshì
惩罚 chéngfá
称颂 chēngsòng
撑腰 chēngyāo
成材 chéngcái
成风 chéngfēng
成名 chéngmíng
成品 chéngpǐn
成亲 chéngqīn
成书 chéngshū

成行 chéngxíng
成形 chéngxíng
丞相 chéngxiàng
诚然 chéngrán
诚挚 chéngzhì
承袭 chéngxí
城楼 chénglóu
乘法 chéngfǎ
乘凉 chéngliáng
乘坐 chéngzuò
惩处 chéngchǔ
惩戒 chéngjiè
惩治 chéngzhì
澄清 chéngqīng

D

灯光 dēngguāng
等待 děngdài
等于 děngyú
灯火 dēnghuǒ
登场 dēngchǎng
登陆 dēnglù
登山 dēngshān
登载 dēngzǎi
等式 děngshì
瞪眼 dèngyǎn

F

丰收 fēngshōu
风景 fēngjǐng
风俗 fēngsú
封锁 fēngsuǒ
疯狂 fēngkuáng
讽刺 fěngcì
奉献 fèngxiàn
丰产 fēngchǎn
丰年 fēngnián
丰盛 fēngshèng
丰硕 fēngshuò
丰腴 fēngyú
风潮 fēngcháo
风车 fēngchē
风帆 fēngfān
风靡 fēngmǐ
风情 fēngqíng
风沙 fēngshā
风尚 fēngshàng
风声 fēngshēng
风行 fēngxíng
风韵 fēngyùn
封面 fēngmiàn
烽火 fēnghuǒ
锋利 fēnglì
蜂巢 fēngcháo
峰峦 fēngluán
缝合 fénghé
奉命 fèngmìng
奉行 fèngxíng

G

更新 gēngxīn
耕作 gēngzuò
更加 gèngjiā
更换 gēnghuàn
更正 gēngzhèng
耕种 gēngzhòng
哽咽 gěngyè

H

恒星 héngxīng
横向 héngxiàng
衡量 héngliáng
恒定 héngdìng
横渡 héngdù
横亘 hénggèn
横扫 héngsǎo
横行 héngxíng

K

坑道 kēngdào
吭声 kēngshēng
铿锵 kēngqiāng

L

冷静 lěngjìng
冷水 lěngshuǐ
棱角 léngjiǎo
棱镜 léngjìng
冷风 lěngfēng
冷峻 lěngjùn
冷凝 lěngníng
冷暖 lěngnuǎn

M

萌芽 méngyá
猛烈 měngliè
萌生 méngshēng
蒙昧 méngmèi
蒙受 méngshòu
盟国 méngguó
猛然 měngrán
猛兽 měngshòu
梦境 mèngjìng
梦呓 mèngyì

N

能力 nénglì
能干 nénggàn
能事 néngshì
能手 néngshǒu

蓬勃 péngbó
膨胀 péngzhàng
抨击 pēngjī
烹调 pēngtiáo
蓬乱 péngluàn
蓬松 péngsōng
膨大 péngdà
碰撞 pèngzhuàng

R

仍然 réngrán

S

僧侣 sēnglǚ
僧尼 sēngní
生产 shēngchǎn
生成 shēngchéng
生命 shēngmìng
生育 shēngyù
生长 shēngzhǎng
生殖 shēngzhí
声调 shēngdiào
声明 shēngmíng
声响 shēngxiǎng
声音 shēngyīn
牲畜 shēngchù
胜利 shènglì
盛行 shèngxíng
剩余 shèngyú
升腾 shēngténg
升学 shēngxué
生病 shēngbìng
生平 shēngpíng
生疏 shēngshū
生肖 shēngxiào
生性 shēngxìng
生硬 shēngyìng
声称 shēngchēng
声名 shēngmíng
声势 shēngshì
声誉 shēngyù
声乐 shēngyuè
绳索 shéngsuǒ
省城 shěngchéng
省略 shěnglüè
省事 shěngshì
圣旨 shèngzhǐ
胜仗 shèngzhàng
盛产 shèngchǎn
盛名 shèngmíng
盛怒 shèngnù
盛装 shèngzhuāng

T

疼痛 téngtòng
疼爱 téng'ài
腾飞 téngfēi
腾空 téngkōng
藤萝 téngluó

Z

增产 zēngchǎn
增长 zēngzhǎng
增殖 zēngzhí
争论 zhēnglùn
征收 zhēngshōu
蒸气 zhēngqì
整顿 zhěngdùn
整齐 zhěngqí
正常 zhèngcháng
正式 zhèngshì
证明 zhèngmíng
证实 zhèngshí
证书 zhèngshū
政策 zhèngcè
政委 zhèngwěi
政治 zhèngzhì
症状 zhèngzhuàng
增设 zēngshè
增生 zēngshēng
增收 zēngshōu
增值 zēngzhí
憎恶 zēngwù
赠送 zèngsòng
正月 zhēngyuè
争吵 zhēngchǎo
争端 zhēngduān
争鸣 zhēngmíng
争执 zhēngzhí
征途 zhēngtú
征兆 zhēngzhào
症结 zhēngjié
蒸馏 zhēngliú
蒸汽 zhēngqì
蒸腾 zhēngténg
拯救 zhěngjiù
整风 zhěngfēng
整数 zhěngshù
整形 zhěngxíng
整治 zhěngzhì
正轨 zhèngguǐ
正视 zhèngshì
正直 zhèngzhí
正中 zhèngzhōng
正宗 zhèngzōng
证券 zhèngquàn

郑重 zhèngzhòng	政论 zhènglùn	政事 zhèngshì

3. 兼有 en、eng 的词语

B	缝纫 féngrèn	S
本能 běnnéng	H	神圣 shénshèng
奔腾 bēnténg	恒温 héngwēn	深层 shēncéng
C	M	升任 shēngrèn
成本 chéngběn	门生 ménshēng	生根 shēnggēn
成人 chéngrén	N	省份 shěngfèn
诚恳 chéngkěn	能人 néngrén	圣人 shèngrén
承认 chéngrèn	P	胜任 shèngrèn
城镇 chéngzhèn	烹饪 pēngrèn	文风 wénfēng
D	R	真诚 zhēnchéng
登门 dēngmén	人生 rénshēng	真正 zhēnzhèng
F	人称 rénchēng	憎恨 zēnghèn
分成 fēnchéng	人声 rénshēng	正门 zhèngmén
纷争 fēnzhēng		正文 zhèngwén

4. 韵母是 in 的词语

B	进展 jìnzhǎn	近邻 jìnlín
宾主 bīnzhǔ	近来 jìnlái	近亲 jìnqīn
濒临 bīnlín	近似 jìnsì	劲头 jìntóu
摈弃 bìnqì	禁止 jìnzhǐ	晋升 jìnshēng
J	金石 jīnshí	浸润 jìnrùn
今年 jīnnián	津贴 jīntiē	禁锢 jìngù
今日 jīnrì	矜持 jīnchí	l
金融 jīnróng	筋骨 jīngǔ	邻近 línjìn
金属 jīnshǔ	尽早 jǐnzǎo	林木 línmù
尽快 jǐnkuài	紧凑 jǐncòu	临床 línchuáng
尽量 jǐnliàng	紧缩 jǐnsuō	临时 línshí
紧张 jǐnzhāng	锦绣 jǐnxiù	淋巴 línbā
谨慎 jǐnshèn	尽心 jìnxīn	邻里 línlǐ
尽力 jìnlì	进出 jìnchū	邻舍 línshè
进程 jìnchéng	进度 jìndù	林立 línlì
进而 jìn’ér	进驻 jìnzhù	临界 línjiè
进入 jìnrù	进食 jìnshí	临摹 línmó

临终 línzhōng
淋漓 línlí
嶙峋 línxún
磷脂 línzhī
鳞片 línpiàn
吝啬 lìnsè

m

民歌 míngē
民国 mínguó
民事 mínshì
民俗 mínsú
民众 mínzhòng
民主 mínzhǔ
民族 mínzú
敏锐 mǐnruì
民生 mínshēng
民营 mínyíng
民政 mínzhèng
泯灭 mǐnmiè

p

贫穷 pínqióng
频率 pínlǜ
品质 pǐnzhì
拼凑 pīncòu
拼音 pīnyīn
贫瘠 pínjí
贫民 pínmín
贫血 pínxuè
频道 píndào
品尝 pǐncháng
品味 pǐnwèi

q

侵略 qīnlüè
侵入 qīnrù
侵蚀 qīnshí
侵占 qīnzhàn
亲热 qīnrè
亲人 qīnrén
亲属 qīnshǔ
勤劳 qínláo
钦差 qīnchāi
侵吞 qīntūn
侵袭 qīnxí
亲笔 qīnbǐ
亲近 qīnjìn
亲临 qīnlín
亲昵 qīnnì
亲朋 qīnpéng
亲身 qīnshēn
亲生 qīnshēng
亲手 qīnshǒu
亲信 qīnxìn
禽兽 qínshòu
勤俭 qínjiǎn
寝室 qǐnshì

x

心理 xīnlǐ
心事 xīnshì
心血 xīnxuè
辛勤 xīnqín
欣赏 xīnshǎng
新娘 xīnniáng
新人 xīnrén
新式 xīnshì
新闻 xīnwén
信念 xìnniàn
信任 xìnrèn
信徒 xìntú
信心 xìnxīn
心肠 xīncháng
心悸 xīnjì
心率 xīnlǜ
心神 xīnshén
心声 xīnshēng
心室 xīnshì
心酸 xīnsuān
心疼 xīnténg
心弦 xīnxián
辛辣 xīnlà
欣然 xīnrán
新潮 xīncháo
新郎 xīnláng
新年 xīnnián
新诗 xīnshī
新书 xīnshū
薪金 xīnjīn
信封 xìnfēng
信赖 xìnlài
信使 xìnshǐ
信誉 xìnyù
信纸 xìnzhǐ

y

因而 yīn'ér
因果 yīnguǒ
因子 yīnzǐ
音阶 yīnjiē
音乐 yīnyuè
银行 yínháng
引进 yǐnjìn
引力 yǐnlì
饮食 yǐnshí
隐蔽 yǐnbì

印刷 yìnshuā
因袭 yīnxí
阴沉 yīnchén
阴冷 yīnlěng
阴凉 yīnliáng
阴霾 yīnmái
阴郁 yīnyù
音程 yīnchéng
音符 yīnfú
音量 yīnliàng
音讯 yīnxùn
姻缘 yīnyuán
殷切 yīnqiè
银河 yínhé
引申 yǐnshēn
引水 yǐnshuǐ
引证 yǐnzhèng
饮料 yǐnliào
饮水 yǐnshuǐ
隐居 yǐnjū
隐士 yǐnshì
隐约 yǐnyuē
印染 yìnrǎn
印章 yìnzhāng
印证 yìnzhèng
荫庇 yìnbì

5. **韵母是 ing 的词语**

B
冰川 bīngchuān
并且 bìngqiě
病毒 bìngdú
病理 bìnglǐ
病情 bìngqíng
病人 bìngrén
冰窖 bīngjiào
冰晶 bīngjīng
冰冷 bīnglěng
冰凉 bīngliáng
冰山 bīngshān
兵团 bīngtuán
兵营 bīngyíng
兵站 bīngzhàn
兵种 bīngzhǒng
饼干 bǐnggān
屏息 bǐngxī
并联 bìnglián
并列 bìngliè
并行 bìngxíng
并重 bìngzhòng
病床 bìngchuáng
病菌 bìngjūn
病例 bìnglì
病史 bìngshǐ
病榻 bìngtà
病灶 bìngzào
病症 bìngzhèng
摒弃 bìngqì

D
顶点 dǐngdiǎn
顶端 dǐngduān
订货 dìnghuò
定理 dìnglǐ
定量 dìngliàng
定律 dìnglǜ
定型 dìngxíng
叮咛 dīngníng
叮嘱 dīngzhǔ
顶峰 dǐngfēng
鼎盛 dǐngshèng
订立 dìnglì
订正 dìngzhèng
定名 dìngmíng
定神 dìngshén
定时 dìngshí
定性 dìngxìng
定罪 dìngzuì
经常 jīngcháng
经理 jīnglǐ
经历 jīnglì
经受 jīngshòu
经营 jīngyíng
惊人 jīngrén
惊醒 jīngxǐng
晶体 jīngtǐ
精力 jīnglì
精确 jīngquè
精神 jīngshén
景色 jǐngsè
警察 jǐngchá
径流 jìngliú
净化 jìnghuà
竞争 jìngzhēng
竟然 jìngrán
静止 jìngzhǐ
境界 jìngjiè
镜头 jìngtóu
京城 jīngchéng
京师 jīngshī
经络 jīngluò

经商 jīngshāng
经书 jīngshū
荆棘 jīngjí
惊诧 jīngchà
惊愕 jīng'è
惊骇 jīnghài
惊惶 jīnghuáng
惊扰 jīngrǎo
惊疑 jīngyí
晶莹 jīngyíng
精炼 jīngliàn
精灵 jīnglíng
精明 jīngmíng
精锐 jīngruì
精髓 jīngsuǐ
精英 jīngyīng
精湛 jīngzhàn
精制 jīngzhì
精致 jīngzhì
颈椎 jǐngzhuī
景致 jǐngzhì
警车 jǐngchē
警戒 jǐngjiè
劲旅 jìnglǚ
径直 jìngzhí
净土 jìngtǔ
竞相 jìngxiāng
竞选 jìngxuǎn
敬爱 jìng'ài
敬仰 jìngyǎng
敬重 jìngzhòng
静谧 jìngmì
静默 jìngmò
境况 jìngkuàng
镜片 jìngpiàn

L

灵感 línggǎn
灵魂 línghún
灵活 línghuó
零售 língshòu
领事 lǐngshì
领土 lǐngtǔ
领域 lǐngyù
另外 lìngwài
灵性 língxìng
灵芝 língzhī
玲珑 línglóng
凌晨 língchén
凌乱 língluàn
陵园 língyuán
聆听 língtīng
菱形 língxíng
羚羊 língyáng
零乱 língluàn
零散 língsǎn
零星 língxīng
领略 lǐnglüè
领受 lǐngshòu
领悟 lǐngwù
领主 lǐngzhǔ
另行 lìngxíng

M

名称 míngchēng
明亮 míngliàng
明年 míngnián
明确 míngquè
命令 mìnglìng
命名 mìngmíng
命运 mìngyùn
名额 míng'é
名利 mínglì
名流 míngliú
名人 míngrén
名山 míngshān
名声 míngshēng
名胜 míngshèng
名师 míngshī
名誉 míngyù
名著 míngzhù
明净 míngjìng
明镜 míngjìng
明朗 mínglǎng
明了 míngliǎo
明日 míngrì
明星 míngxīng
明珠 míngzhū
鸣叫 míngjiào
冥想 míngxiǎng
铭文 míngwén
命脉 mìngmài
命中 mìngzhòng

N

凝聚 níngjù
凝视 níngshì
狞笑 níngxiào
凝神 níngshén
宁可 nìngkě
宁肯 nìngkěn
宁愿 nìngyuàn

P

平常 píngcháng
平等 píngděng

平衡 pínghéng
平静 píngjìng
平日 píngrì
平时 píngshí
平行 píngxíng
评论 pínglùn
苹果 píngguǒ
凭借 píngjiè
屏幕 píngmù
平安 píng'ān
平定 píngdìng
平生 píngshēng
平素 píngsù
平整 píngzhěng
评定 píngdìng
评审 píngshěn
评述 píngshù
评弹 píngtán
凭证 píngzhèng
屏风 píngfēng
屏障 píngzhàng

Q

青春 qīngchūn
青年 qīngnián
轻声 qīngshēng
轻视 qīngshì
轻重 qīngzhòng
氢气 qīngqì
倾听 qīngtīng
倾斜 qīngxié
清晨 qīngchén
清除 qīngchú
清理 qīnglǐ
清晰 qīngxī
清醒 qīngxǐng
情操 qíngcāo
情景 qíngjǐng
情境 qíngjìng
请示 qǐngshì
庆祝 qìngzhù
青翠 qīngcuì
青稞 qīngkē
青睐 qīnglài
轻便 qīngbiàn
轻快 qīngkuài
轻柔 qīngróu
轻率 qīngshuài
轻盈 qīngyíng
氢弹 qīngdàn
倾倒 qīngdǎo
倾倒 qīngdào
倾角 qīngjiǎo
倾诉 qīngsù
倾吐 qīngtǔ
倾注 qīngzhù
清白 qīngbái
清查 qīngchá
清偿 qīngcháng
清澈 qīngchè
清脆 qīngcuì
清净 qīngjìng
清静 qīngjìng
清冷 qīnglěng
清凉 qīngliáng
清明 qīngmíng
清瘦 qīngshòu
清爽 qīngshuǎng
清算 qīngsuàn
清早 qīngzǎo
蜻蜓 qīngtíng
情理 qínglǐ
情侣 qínglǚ
情势 qíngshì
情书 qíngshū
情欲 qíngyù
晴朗 qínglǎng
顷刻 qǐngkè
请愿 qǐngyuàn
庆幸 qìngxìng

T

听觉 tīngjué
听众 tīngzhòng
停顿 tíngdùn
停留 tíngliú
停止 tíngzhǐ
厅堂 tīngtáng
听从 tīngcóng
听课 tīngkè
听任 tīngrèn
庭审 tíngshěn
庭院 tíngyuàn
停泊 tíngbó
停车 tíngchē
停歇 tíngxiē
停战 tíngzhàn
停滞 tíngzhì
挺拔 tǐngbá
挺立 tǐnglì
挺身 tǐngshēn

X

兴奋 xīngfèn
星球 xīngqiú

刑事 xíngshì
行人 xíngrén
行使 xíngshǐ
行驶 xíngshǐ
行星 xíngxīng
行政 xíngzhèng
形成 xíngchéng
形容 xíngróng
形式 xíngshì
形势 xíngshì
形状 xíngzhuàng
兴趣 xìngqù
幸福 xìngfú
性能 xìngnéng
性情 xìngqíng
性质 xìngzhì
性状 xìngzhuàng
姓名 xìngmíng
兴盛 xīngshèng
兴衰 xīngshuāi
星辰 xīngchén
星座 xīngzuò
刑场 xíngchǎng
刑侦 xíngzhēn

行车 xíngchē
行程 xíngchéng
行船 xíngchuán
行径 xíngjìng
行礼 xínglǐ
行装 xíngzhuāng
型号 xínghào
醒目 xǐngmù
兴致 xìngzhì
杏仁 xìngrén
幸存 xìngcún
幸而 xìng'ér
性命 xìngmìng
姓氏 xìngshì
应该 yīnggāi
英勇 yīngyǒng
婴儿 yīng'ér
迎接 yíngjiē
盈利 yínglì
营养 yíngyǎng
赢得 yíngdé
影片 yǐngpiàn
应用 yìngyòng
应届 yīngjiè

应允 yīngyǔn
英镑 yīngbàng
英俊 yīngjùn
英明 yīngmíng
樱花 yīnghuā
鹦鹉 yīngwǔ
迎风 yíngfēng
迎战 yíngzhàn
荧光 yíngguāng
荧屏 yíngpíng
盈亏 yíngkuī
营垒 yínglěi
营造 yíngzào
萦绕 yíngrào
赢利 yínglì
影射 yǐngshè
应变 yìngbiàn
应考 yìngkǎo
应战 yìngzhàn
应征 yìngzhēng
映照 yìngzhào
硬度 yìngdù
硬性 yìngxìng

6. 兼有 in、ing 的词语

B

并进 bìngjìn

J

进行 jìnxíng
精心 jīngxīn
金星 jīnxīng
尽情 jìnqíng
禁令 jìnlìng
精品 jīngpǐn

L

灵敏 língmǐn

M

民兵 mínbīng
民警 mínjǐng
民情 mínqíng
民营 mínyíng

P

拼命 pīnmìng
平民 píngmín
品评 pǐnpíng
品行 pǐnxíng
聘请 pìnqǐng

Q

轻信 qīngxìn
倾心 qīngxīn
清新 qīngxīn

T

听信 tīngxìn

挺进 tǐngjìn

X

心灵 xīnlíng

心情 xīnqíng

新兴 xīnxīng

新型 xīnxíng

新颖 xīnyǐng

心病 xīnbìng

心境 xīnjìng

新星 xīnxīng

行进 xíngjìn

Y

阴影 yīnyǐng

阴性 yīnxìng

银杏 yínxìng

引擎 yǐnqíng

印行 yìnxíng

迎亲 yíngqīn

五、三音节词语训练

扫一扫可获得配套音频

A

氨基酸 ānjīsuān

安理会 ānlǐhuì

B

办公室 bàngōngshì

半导体 bàndǎotǐ

八仙桌 bāxiānzhuō

芭蕾舞 bālěiwǔ

百分比 bǎifēnbǐ

班主任 bānzhǔrèn

半成品 bànchéngpǐn

保护色 bǎohùsè

保证金 bǎozhèngjīn

保证人 bǎozhèngrén

抱不平 bàobùpíng

暴风雪 bàofēngxuě

北极星 běijíxīng

必然性 bìránxìng

辩证法 biànzhèngfǎ

标准化 biāozhǔnhuà

比例尺 bǐlìchǐ

必需品 bìxūpǐn

避雷针 bìléizhēn

辩护人 biànhùrén

病原体 bìngyuántǐ

博物馆 bówùguǎn

不得了 bùdéliǎo

不动产 búdòngchǎn

不至于 búzhìyú

C

差不多 chàbùduō

出发点 chūfādiǎn

传教士 chuánjiàoshì

传染病 chuánrǎnbìng

创造性 chuàngzàoxìng

参议院 cānyìyuàn

长臂猿 chángbìyuán

长方形 chángfāngxíng

长颈鹿 chángjǐnglù

超声波 chāoshēngbō

乘务员 chéngwùyuán

吃不消 chībùxiāo

穿山甲 chuānshānjiǎ
出生率 chūshēnglǜ

D

大多数 dàduōshù
大学生 dàxuéshēng
大自然 dàzìrán
代理人 dàilǐrén
蛋白质 dànbáizhì
当事人 dāngshìrén
地下水 dìxiàshuǐ
电视剧 diànshìjù
对不起 duìbùqǐ
多边形 duōbiānxíng
大本营 dàběnyíng
大不了 dàbùliǎo
大理石 dàlǐshí
大气层 dàqìcéng
大人物 dàrénwù
丹顶鹤 dāndǐnghè
胆固醇 dǎngùchún
胆小鬼 dǎnxiǎoguǐ
地平线 dìpíngxiàn
地下室 dìxiàshì
电磁场 diàncíchǎng
电解质 diànjiězhì
电影院 diànyǐngyuàn
东道主 dōngdàozhǔ
董事会 dǒngshìhuì
动画片 dònghuàpiàn
鹅卵石 éluǎnshí

E

恶作剧 èzuòjù
方法论 fāngfǎlùn

F

放射性 fàngshèxìng
服务员 fúwùyuán
发言人 fāyánrén
防护林 fánghùlín
纺织品 fǎngzhīpǐn
放大镜 fàngdàjìng
放射线 fàngshèxiàn
飞行员 fēihángyuán
肺活量 fèihuóliàng
分水岭 fēnshuǐlǐng
负离子 fùlízǐ

六、容易读错的词语训练

扫一扫可获得配套音频

A

按 àn
阿訇 āhōng
哀号 āiháo
隘口 àikǒu
按捺 ànnà
暗疾 ànjí
懊恼 àonǎo

B

掰 bāi
半拉 bànlǎ
背包 bēibāo
不禁 bùjīn
跋扈 báhù
跋涉 báshè

靶台 bǎtái
白醭儿 báibúr
白炽 báichì
白桦 báihuà
白芨 báijī
白芍 báisháo
白癣 báixuǎn
白翳 báiyì
败血病 bàixuèbìng
拜谒 bàiyè
斑蝥 bānmáo
板栗 bǎnlì
版纳 bǎnnà
帮倒忙 bāngdàománg
褒贬 bāobiǎn
包庇 bāobì
包扎 bāozā
暴虐 bàonüè
鲍鱼 bàoyú
背带 bēidài
背负 bēifù
悲切 bēiqiè
碑帖 bēitiè
背债 bēizhài
背运 bèiyùn
被覆 bèifù
被褥 bèirù
鼻窦 bídòu
鼻衄 bínù
鄙薄 bǐbó
笔筒 bǐtǒng
秕糠 bǐkāng
笔迹 bǐjì
必得 bìděi
婢女 bìnǚ
闭塞 bìsè
避讳 bìhuì
蝙蝠 biānfú
编纂 biānzuǎn
鳔胶 biàojiāo
补给 bújǐ
布帛 bùbó

D

答案 dá'àn
答复 dáfù
答卷 dájuàn
带劲 dàijìn
当作 dàngzuò
掂 diān
电子 diànzǐ
堵塞 dǔsè
搭配 dāpèi
答谢 dáxiè
打场 dǎcháng
大曲 dàqū
当真 dàngzhēn
雕琢 diāozhuó
钓耳 diào'ěr
掉色 diàoshǎi
恫吓 dònghè
豆豉 dòuchǐ
蠹虫 dùchóng
妒忌 dùjì
对答 duìdá
对峙 duìzhì

F

反倒 fǎndào
妨碍 fáng'ài
分泌 fēnmì
辐射 fúshè
幅 fú
符合 fúhé
赋予 fùyǔ
附和 fùhè
珐琅 fàláng
发指 fàzhǐ
反刍 fǎnchú
防疫 fángyì
汾酒 fénjiǔ
风钻 fēngzuàn
俯瞰 fǔkàn
辅佐 fǔzuǒ
富庶 fùshù
附着 fùzhuó

G

秆 gǎn
高涨 gāozhǎng
公顷 gōngqǐng
雇佣 gùyōng
管辖 guǎnxiá
尴尬 gāngà
感慨 gǎnkǎi
感召 gǎnzhào
公寓 gōngyù
苟安 gǒu'ān
蛊惑 gǔhuò
骨骼 gǔgé
怪癖 guàipǐ
瑰宝 guībǎo
果脯 guǒfǔ
裹挟 guǒxié

H

号召 hàozhào

呼吁 hūyù
豁 huō
混淆 hùnxiáo
混浊 hùnzhuó
寒噤 hánjìn
号哭 háokū
河沿 héyán
轰隆 hōnglōng
红晕 hóngyùn
厚薄 hòubó
胡诌 húzhōu
花岗岩 huāgāngyán
花蕾 huālěi
划一 huàyī
踝骨 huáigǔ
寰宇 huányǔ
豢养 huànyǎng
黄芪 huángqí
昏聩 hūnkuì
浑浊 húnzhuó
混血儿 hùnxuè'ér
晦涩 huìsè

J

给予 jǐyǔ
间隔 jiàngé
践踏 jiàntà
尽快 jǐnkuài
跻身 jīshēn
犄角 jījiǎo
脊背 jǐbèi
伎俩 jìliǎng
夹板 jiābǎn
戛然 jiárán
甲壳 jiǎqiào
歼灭 jiānmiè
坚韧 jiānrèn
剪辑 jiǎnjí
腱鞘 jiànqiào
豇豆 jiāngdòu
强嘴 jiàngzuǐ
骄横 jiāohèng
结扎 jiézā
孑孓 jiéjué
尽先 jǐnxiān
纠缠 jiūchán
臼齿 jiùchǐ
沮丧 jǔsàng
咀嚼 jǔjué
句读 jùdòu

K

矿藏 kuàngcáng
咯血 kǎxiě
坎坷 kǎnkě
糠秕 kāngbǐ
慷慨 kāngkǎi
犒赏 kàoshǎng
枯竭 kūjié
枯槁 kūgǎo
岿然 kuīrán

M

埋怨 mányuàn
模仿 mófǎng
漫骂 mànmà
没辙 méizhé
苗圃 miáopǔ
腼腆 miǎntiǎn
魔爪 mózhǎo
墓穴 mùxué

O

偶尔 ǒu'ěr
沤肥 òuféi
怄气 òuqì

P

跑步 pǎobù
瞥 piē
迫击炮 pǎijīpào
滂沱 pāngtuó
泡桐 pāotóng
咆哮 páoxiào
疱疹 pàozhěn
配给 pèijǐ
纰漏 pīlòu
毗连 pílián
癖好 pǐ hào
剽窃 piāoqiè
剽悍 piāohàn
漂染 piǎorǎn
瞟 piǎo
瞥见 piējiàn
苤蓝 piělan
叵测 pǒcè
蒲公英 púgōngyīng

Q

起哄 qǐhòng
气氛 qìfēn
恰当 qiàdàng
强迫 qiǎngpò
锹 qiāo
瘸 qué
蹊跷 qīqiāo
祈求 qíqiú
乞丐 qǐgài

契机 qìjī
卡具 qiǎjù
牵掣 qiānchè
荨麻 qiánmá
潜伏 qiánfú
掮客 qiánkè
浅陋 qiǎnlòu
镪水 qiāngshuǐ
翘首 qiáoshǒu
悄然 qiǎorán
撬杠 qiàogàng
怯弱 qièruò
祛除 qūchú
蛆 qū
龋齿 qǔchǐ
权宜 quányí
确凿 quèzáo

R

日晕 rìyùn
儒家 rújiā
偌大 ruòdà

T

挑衅 tiǎoxìn
桶 tǒng
拓本 tàběn
拓片 tàpiàn
太监 tàijiàn
太阳 tàiyáng
弹劾 tánhé
炭疽 tànjū
绦虫 tāochóng
套色 tàoshǎi
剔除 tīchú
挑拨 tiǎobō
挑花 tiǎohuā
铜模 tóngmú
铜臭 tóngxiù
吐血 tùxiě
颓丧 tuísàng
褪色 tuìshǎi
拖累 tuōlěi
拓荒 tuòhuāng

W

文雅 wényǎ
问答 wèndá
呜咽 wūyè
侮辱 wǔrǔ
瓦刀 wàdāo
蜿蜒 wānyán
威吓 wēihè
苇塘 wěitáng
委靡 wěimǐ
猥琐 wěisuǒ
畏缩 wèisuō
未遂 wèisuì
卫戍 wèishù
文娱 wényú
倭瓜 wōguā
斡旋 wòxuán
无为 wúwéi
忤逆 wǔnì

X

掀 xiān
弦 xián
肖像 xiàoxiàng
泄露 xièlòu
屑 xiè
酗酒 xùjiǔ
削减 xuējiǎn
穴 xué
稀释 xīshì
檄文 xíwén
铣床 xǐchuáng
瑕疵 xiácī
籼米 xiān mǐ
掀动 xiāndòng
涎水 xiánshuǐ
相间 xiāngjiàn
香椿 xiāngchūn
消长 xiāozhǎng
血晕 xiěyùn
序跋 xùbá
选择 xuǎnzé
眩晕 xuànyùn
血泊 xuèpō
血渍 xuèzì
熏陶 xūntáo
寻衅 xúnxìn
驯服 xùnfú
训诂 xùngǔ
徇情 xùnqíng

Y

厌恶 yànwù
因为 yīnwèi
娱乐 yúlè
押解 yājiè
殷红 yānhóng
眼睑 yánjiǎn
眼眶 yǎnkuàng
赝本 yànběn
要挟 yāoxié
掖紧 yējǐn

谒见 yèjiàn　　荫 yìn　　佣工 yōnggōng
依偎 yīwēi　　寅时 yínshí　　佣金 yòngjīn
肄业 yìyè　　痈疽 yōngjū　　佣钱 yòngqián

七、上声连读的词语训练

扫一扫可获得配套音频

A

矮小 ǎi xiǎo

B

半导体 bàn dǎo tǐ
保守 bǎo shǒu
保险 bǎo xiǎn
本领 běn lǐng
彼此 bǐ cǐ
笔者 bǐ zhě
表演 biǎo yǎn
芭蕾舞 bālěiwǔ
把柄 bǎbǐng
把手 bǎshǒu
靶场 bǎchǎng
保姆 bǎomǔ
保险丝 bǎoxiǎnsī
保垒 bǎolěi
本土 běntǔ
匕首 bǐshǒu
比拟 bǐnǐ
补给 bǔjǐ
哺乳 bǔrǔ

C

采访 cǎifǎng
采取 cǎiqǔ
产品 chǎnpǐn
场所 chǎngsuǒ
处理 chǔlǐ
惨死 cǎnsǐ
草场 cǎochǎng
草拟 cǎonǐ
场景 chǎng jǐng
超导体 chāodǎotǐ
吵嘴 chǎozuǐ
耻辱 chǐrǔ
处女 chǔnǚ
处死 chǔsǐ
此起彼伏 cǐqǐ-bǐfú

D

打倒 dǎdǎo
导体 dǎotǐ
导演 dǎoyǎn
岛屿 dǎoyǔ
顶点 dǐngdiǎn
打盹儿 dǎdǔnr
打搅 dǎjiǎo
打垮 dǎkuǎ
打扰 dǎrǎo
打扫 dǎsǎo
胆小鬼 dǎnxiǎoguǐ

捣毁 dǎohuǐ
诋毁 dǐhuǐ
抵挡 dǐdǎng
典礼 diǎnlǐ
抖擞 dǒusǒu
短跑 duǎnpǎo
躲闪 duǒshǎn

E

耳语 ěryǔ

F

法典 fǎdiǎn
反省 fǎnxǐng
粉笔 fěnbǐ
腐朽 fǔxiǔ
抚养 fǔyǎng
俯首 fǔshǒu
辅导 fǔdǎo

G

赶紧 gǎnjǐn
感慨 gǎnkǎi
感染 gǎnrǎn
给以 gěiyǐ
古老 gǔlǎo
管理 guǎnlǐ
广场 guǎngchǎng
改悔 gǎihuǐ
改选 gǎixuǎn
赶场 gǎnchǎng
橄榄 gǎnlǎn
稿纸 gǎozhǐ
拱手 gǒngshǒu
苟且 gǒuqiě
古朴 gǔpǔ
骨髓 gǔsuǐ
鼓掌 gǔzhǎng
鬼脸 guǐliǎn
果品 guǒpǐn

H

好转 hǎozhuǎn
海里 hǎilǐ
好歹 hǎodǎi
悔改 huǐgǎi
火种 huǒzhǒng

J

济济 jǐjǐ
给予 jǐyǔ
甲板 jiǎbǎn
假使 jiǎshǐ
减少 jiǎnshǎo
尽管 jǐnguǎn
给养 jǐyǎng
脊髓 jǐsuǐ
甲骨文 jiǎgǔwén
检举 jiǎnjǔ
检索 jiǎnsuǒ
减产 jiǎnchǎn
减免 jiǎnmiǎn
剪纸 jiǎnzhǐ
简短 jiǎnduǎn
讲理 jiǎnglǐ
奖品 jiǎngpǐn
奖赏 jiǎngshǎng
脚手架 jiǎoshǒujià
脚掌 jiǎozhǎng
脚趾 jiǎozhǐ
解渴 jiěkě
尽早 jǐnzǎo
警犬 jǐngquǎn

炯炯 jiǒngjiǒng
久远 jiǔyuǎn
举止 jǔzhǐ

k

可以 kěyǐ
口语 kǒuyǔ
苦恼 kǔnǎo
坎坷 kǎnkě
考场 kǎochǎng
考取 kǎoqǔ
可耻 kěchǐ
可取 kěqǔ
口角 kǒujiǎo
口水 kǒushuǐ
傀儡 kuǐlěi

L

老百姓 lǎobǎixìng
老虎 lǎohǔ
老鼠 lǎoshǔ
冷水 lěngshuǐ
理解 lǐjiě
理想 lǐxiǎng
了解 liǎojiě
领导 lǐngdǎo
领土 lǐngtǔ
旅馆 lǚguǎn
懒散 lǎnsǎn
老者 lǎozhě
冷暖 lěngnuǎn
冷饮 lěngyǐn
礼法 lǐfǎ
礼品 lǐpǐn
理睬 lǐcǎi
脸谱 liǎnpǔ
两口子 liǎngkǒuzi
了如指掌 liǎorúzhǐzhǎng
领海 lǐnghǎi
领主 lǐngzhǔ
笼统 lǒngtǒng
卤水 lǔshuǐ
鲁莽 lǔmǎng

M

蚂蚁 mǎyǐ
美好 měihǎo
勉强 miǎnqiǎng
敏感 mǐngǎn
母体 mǔtǐ
马匹 mǎpǐ
马桶 mǎtǒng
玛瑙 mǎnǎo
买主 mǎizhǔ
满嘴 mǎnzuǐ
毛骨悚然 máogǔ-sǒngrán
美景 měijǐng
美女 měinǚ
蒙古包 měnggǔbāo
拇指 mǔzhǐ

N

哪里 nǎlǐ
扭转 niǔzhuǎn
农产品 nóngchǎnpǐn
女子 nǚzǐ
奶粉 nǎifěn
恼火 nǎohuǒ
脑海 nǎohǎi
脑髓 nǎosuǐ
袅袅 niǎoniǎo

O

偶尔 ǒu'ěr

P

普法 pǔfǎ

普选 pǔxuǎn

Q

起码 qǐmǎ

岂有此理 qǐyǒucǐlǐ

起草 qǐcǎo

浅海 qiǎnhǎi

浅显 qiǎnxiǎn

抢险 qiǎngxiǎn

取暖 qǔnuǎn

取舍 qǔshě

犬齿 quǎnchǐ

R

冉冉 rǎnrǎn

软骨 ruǎngǔ

S

审美 shěnměi

手法 shǒufǎ

手掌 shǒuzhǎng

手指 shǒuzhǐ

首领 shǒulǐng

首长 shǒuzhǎng

水手 shuǐshǒu

所属 suǒshǔ

所以 suǒyǐ

所有 suǒyǒu

所有制 suǒyǒuzhì

审理 shěnlǐ

使者 shǐzhě

始祖 shǐzǔ

手软 shǒuruǎn

守法 shǒufǎ

首府 shǒufǔ

首脑 shǒunǎo

爽朗 shuǎnglǎng

水草 shuǐcǎo

水产 shuǐchǎn

水井 shuǐjǐng

水鸟 shuǐniǎo

水獭 shuǐtǎ

水肿 shuǐzhǒng

水准 shuǐzhǔn

死守 sǐshǒu

怂恿 sǒngyǒng

索取 suǒqǔ

T

土匪 tǔfěi

土壤 tǔrǎng

倘使 tǎngshǐ

体检 tǐjiǎn

铁索 tiěsuǒ

统领 tǒnglǐng

土产 tǔchǎn

W

往往 wǎngwǎng

侮辱 wǔrǔ

舞蹈 wǔdǎo

外祖母 wàizǔmǔ

婉转 wǎnzhuǎn

委婉 wěiwǎn

稳产 wěnchǎn

稳妥 wěntuǒ

舞场 wǔchǎng

舞女 wǔnǚ

舞曲 wǔqǔ

X

洗澡 xǐzǎo

享有 xiǎngyǒu
想法 xiǎngfǎ
小伙子 xiǎohuǒzi
小姐 xiǎojiě
小组 xiǎozǔ
许可 xǔkě
选举 xuǎnjǔ
选手 xuǎnshǒu
洗礼 xǐlǐ
小丑 xiǎochǒu
小脑 xiǎonǎo
小品 xiǎopǐn
小雪 xiǎoxuě
写法 xiěfǎ
选取 xuǎnqǔ
选种 xuǎnzhǒng

Y

也许 yěxǔ
以免 yǐmiǎn
以往 yǐwǎng
引导 yǐndǎo
引起 yǐnqǐ
影响 yǐngxiǎng
永久 yǒngjiǔ
永远 yǒngyuǎn
勇敢 yǒnggǎn
友好 yǒuhǎo
予以 yǔyǐ
雨水 yǔshuǐ
语法 yǔfǎ
允许 yǔnxǔ
眼睑 yǎnjiǎn
养老 yǎnglǎo
窈窕 yǎotiǎo
饮水 yǐnshuǐ
勇猛 yǒngměng
有理 yǒulǐ
雨点儿 yǔdiǎnr
雨伞 yǔsǎn
圆舞曲 yuánwǔqǔ
远景 yuǎnjǐng

Z

早已 zǎoyǐ
展览 zhǎnlǎn
整理 zhěnglǐ
整体 zhěngtǐ
只好 zhǐhǎo
只有 zhǐyǒu
指导 zhǐdǎo
主导 zhǔdǎo
主体 zhǔtǐ
子女 zǐnǚ
总理 zǒnglǐ
总体 zǒngtǐ
总统 zǒngtǒng
阻止 zǔzhǐ
祖母 zǔmǔ
左手 zuǒshǒu
早点 zǎodiǎn
眨眼 zhǎyǎn
辗转 zhǎnzhuǎn
长老 zhǎnglǎo
长者 zhǎngzhě
掌管 zhǎngguǎn
诊所 zhěnsuǒ
只管 zhǐguǎn
纸板 zhǐbǎn
指使 zhǐshǐ

指引 zhǐyǐn
主宰 zhǔzǎi
主旨 zhǔzhǐ
转产 zhuǎnchǎn
转脸 zhuǎnliǎn
转手 zhuǎnshǒu
准许 zhǔnxǔ
总得 zǒngděi
总管 zǒngguǎn
嘴脸 zuǐliǎn

八、轻声词语训练

扫一扫可获得配套音频

说明：

（一）本表根据国家制定的《普通话水平测试用普通话词语表》编制。

（二）本表供普通话水平测试第二项——读多音节词语 100 个音节测试使用。

（三）本表共收词 545 条（其中"子"尾词 206 条），按汉语拼音字母顺序排列。

（四）条目中的非轻声音节只标本调，不标变调；条目中的轻声音节，注音不标调号，如："明白 míngbai"。

1. 爱人 àiren
2. 案子 ànzi
3. 巴掌 bāzhang
4. 把子 bǎzi
5. 把子 bà zi
6. 爸爸 bàba
7. 白净 báijing
8. 班子 bānzi
9. 板子 bǎnzi
10. 帮手 bāngshou
11. 梆子 bāngzi
12. 膀子 bǎngzi
13. 棒槌 bàngchui
14. 棒子 bàngzi
15. 包袱 bāofu
16. 包涵 bāohan
17. 报酬 bàochou
18. 豹子 bàozi
19. 杯子 bēizi
20. 被子 bèizi
21. 本事 běnshi
22. 本子 běnzi
23. 鼻子 bízi
24. 比方 bǐfang
25. 鞭子 biānzi
26. 扁担 biǎndan
27. 辫子 biànzi
28. 别扭 bièniu
29. 饼子 bǐngzi
30. 拨弄 bōnong

31. 脖子 bózi
32. 簸箕 bòji
33. 补丁 bǔding
34. 不由得 bùyóude
35. 不在乎 búzàihu
36. 步子 bùzi
37. 部分 bùfen
38. 裁缝 cáifeng
39. 财主 cáizhu
40. 苍蝇 cāngying
41. 差事 chāishi
42. 柴火 cháihuo
43. 肠子 chángzi
44. 厂子 chǎngzi
45. 场子 chǎngzi
46. 车子 chēzi
47. 称呼 chēnghu
48. 池子 chízi
49. 尺子 chǐzi
50. 虫子 chóngzi
51. 绸子 chóuzi
52. 除了 chúle
53. 锄头 chútou
54. 畜生 chùsheng
55. 窗户 chuānghu
56. 窗子 chuāngzi
57. 锤子 chuízi
58. 刺猬 cìwei
59. 凑合 còuhe
60. 村子 cūnzi
61. 耷拉 dāla
62. 答应 dāying
63. 打扮 dǎban
64. 打点 dǎdian
65. 打发 dǎfa
66. 打量 dǎliang
67. 打算 dǎsuan
68. 打听 dǎting
69. 大方 dàfang
70. 大爷 dàye
71. 大夫 dàifu
72. 带子 dàizi
73. 袋子 dàizi
74. 耽搁 dānge
75. 耽误 dānwu
76. 单子 dānzi
77. 胆子 dǎnzi
78. 担子 dànzi
79. 刀子 dāozi
80. 道士 dàoshi
81. 稻子 dàozi
82. 灯笼 dēnglong
83. 提防 dīfang
84. 笛子 dízi
85. 底子 dǐzi
86. 地道 dìdao
87. 地方 dìfang
88. 弟弟 dìdi
89. 弟兄 dìxiong
90. 点心 diǎnxin
91. 调子 diàozi
92. 钉子 dīngzi
93. 东家 dōngjia
94. 东西 dōngxi
95. 动静 dòngjing
96. 动弹 dòngtan
97. 豆腐 dòufu
98. 豆子 dòuzi

99. 嘟囔 dūnang
100. 肚子 dùzi
102. 缎子 duànzi
103. 对付 duìfu
104. 对头 duìtou
105. 队伍 duìwu
106. 多么 duōme
107. 蛾子 ézi
108. 儿子 érzi
109. 耳朵 ěrduo
110. 贩子 fànzi
111. 房子 fángzi
112. 份子 fènzi
113. 风筝 fēngzheng
114. 疯子 fēngzi
115. 福气 fúqi
116. 斧子 fǔzi
117. 盖子 gàizi
118. 甘蔗 gānzhe
119. 杆子 gānzi
120. 杆子 gǎnzi
121. 干事 gànshi
122. 杠子 gàngzi
123. 高粱 gāoliang
124. 膏药 gāoyao
125. 稿子 gǎozi
126. 告诉 gàosu
127. 疙瘩 gēda
128. 哥哥 gēge
129. 胳膊 gēbo
130. 鸽子 gēzi
131. 格子 gézi
132. 个子 gèzi
133. 根子 gēnzi
134. 跟头 gēntou
135. 工夫 gōngfu
136. 弓子 gōngzi
137. 公公 gōnggong
138. 功夫 gōngfu
139. 钩子 gōuzi
140. 姑姑 gūgu
141. 姑娘 gūniang
142. 谷子 gǔzi
143. 骨头 gǔtou
144. 故事 gùshi
145. 寡妇 guǎfu
146. 褂子 guàzi
147. 怪物 guàiwu
148. 关系 guānxi
149. 官司 guānsi
150. 罐头 guàntou
151. 罐子 guànzi
152. 规矩 guīju
153. 闺女 guīnü
154. 鬼子 guǐzi
155. 柜子 guìzi
156. 棍子 gùnzi
157. 锅子 guōzi
158. 果子 guǒzi
159. 蛤蟆 háma
160. 孩子 háizi
161. 含糊 hánhu
162. 汉子 hànzi
163. 行当 hángdang
164. 合同 hétong
165. 和尚 héshang
166. 核桃 hétao
167. 盒子 hézi

168. 红火 hónghuo
169. 猴子 hóuzi
170. 后头 hòutou
171. 厚道 hòudao
172. 狐狸 húli
173. 胡琴 húqin
174. 糊涂 hútu
175. 皇上 huángshang
176. 幌子 huǎngzi
177. 胡萝卜 húluóbo
178. 活泼 huópo
179. 火候 huǒhou
180. 伙计 huǒji
181. 护士 hùshi
182. 机灵 jīling
183. 脊梁 jǐliang
184. 记号 jìhao
185. 记性 jìxing
186. 夹子 jiāzi
187. 家伙 jiāhuo
188. 架势 jiàshi
189. 架子 jiàzi
190. 嫁妆 jiàzhuang
191. 尖子 jiānzi
192. 茧子 jiǎnzi
193. 剪子 jiǎnzi
194. 见识 jiànshi
195. 毽子 jiànzi
196. 将就 jiāngjiu
197. 交情 jiāoqing
198. 饺子 jiǎozi
199. 叫唤 jiàohuan
200. 轿子 jiàozi
201. 结实 jiēshi
202. 街坊 jiēfang
203. 姐夫 jiěfu
204. 姐姐 jiějie
205. 戒指 jièzhi
206. 金子 jīnzi
207. 精神 jīngshen
208. 镜子 jìngzi
209. 舅舅 jiùjiu
210. 橘子 júzi
211. 句子 jùzi
212. 卷子 juànzi
213. 咳嗽 késou
214. 客气 kèqi
215. 空子 kòngzi
216. 口袋 kǒudai
217. 口子 kǒuzi
218. 扣子 kòuzi
219. 窟窿 kūlong
220. 裤子 kùzi
221. 快活 kuàihuo
222. 筷子 kuàizi
223. 框子 kuàngzi
224. 困难 kùnnan
225. 阔气 kuòqi
226. 喇叭 lǎba
227. 喇嘛 lǎma
228. 篮子 lánzi
229. 懒得 lǎnde
230. 浪头 làngtou
231. 老婆 lǎopo
232. 老实 lǎoshi
233. 老太太 lǎotàitai
234. 老头子 lǎotóuzi
235. 老爷 lǎoye

236. 老子 lǎozi
237. 姥姥 lǎolao
238. 累赘 léizhui
239. 篱笆 líba
240. 里头 lǐtou
241. 力气 lìqi
242. 厉害 lìhai
243. 利落 lìluo
244. 利索 lìsuo
245. 例子 lìzi
246. 栗子 lìzi
247. 痢疾 lìji
248. 连累 liánlei
249. 帘子 liánzi
250. 凉快 liángkuai
251. 粮食 liángshi
252. 两口子 liǎngkǒuzi
253. 料子 liàozi
254. 林子 línzi
255. 翎子 língzi
256. 领子 lǐngzi
257. 溜达 liūda
258. 聋子 lóngzi
259. 笼子 lóngzi
260. 炉子 lúzi
261. 路子 lùzi
262. 轮子 lúnzi
263. 萝卜 luóbo
264. 骡子 luózi
265. 骆驼 luòtuo
266. 妈妈 māma
267. 麻烦 máfan
268. 麻利 máli
269. 麻子 mázi
270. 马虎 mǎhu
271. 码头 mǎtou
272. 买卖 mǎimai
273. 麦子 màizi
274. 馒头 mántou
275. 忙活 mánghuo
276. 冒失 màoshi
277. 帽子 màozi
278. 眉毛 méimao
279. 媒人 méiren
280. 妹妹 mèimei
281. 门道 méndao
282. 眯缝 mīfeng
283. 迷糊 míhu
284. 面子 miànzi
285. 苗条 miáotiao
286. 苗头 miáotou
287. 名堂 míngtang
288. 名字 míngzi
289. 明白 míngbai
290. 蘑菇 mógu
291. 模糊 móhu
292. 木匠 mùjiang
293. 木头 mùtou
294. 那么 nàme
295. 奶奶 nǎinai
296. 难为 nánwei
297. 脑袋 nǎodai
298. 脑子 nǎozi
299. 能耐 néngnai
300. 你们 nǐmen
301. 念叨 niàndao
302. 念头 niàntou
303. 娘家 niángjia

304. 镊子 nièzi
305. 奴才 núcai
306. 女婿 nǚxu
307. 暖和 nuǎnhuo
308. 疟 疾 nüèji
309. 拍子 pāizi
310. 牌楼 páilou
311. 牌子 páizi
312. 盘算 pánsuan
313. 盘子 pánzi
314. 胖子 pàngzi
315. 狍子 páozi
316. 盆子 pénzi
317. 朋友 péngyou
318. 棚子 péngzi
319. 脾气 píqi
320. 皮子 pízi
321. 痞子 pǐzi
322. 屁股 pìgu
323. 片子 piānzi
324. 便宜 piányi
325. 骗子 piànzi
326. 票子 piàozi
327. 漂亮 piàoliang
328. 瓶子 píngzi
329. 婆家 pójia
330. 婆婆 pópo
331. 铺盖 pūgai
332. 欺负 qīfu
333. 旗子 qízi
334. 前头 qiántou
335. 钳子 qiánzi
336. 茄子 qiézi
337. 亲戚 qīnqi
338. 勤快 qínkuai
339. 清楚 qīngchu
340. 亲家 qìngjia
341. 曲子 qǔzi
342. 圈子 quānzi
343. 拳头 quántou
344. 裙子 qúnzi
345. 热闹 rènao
346. 人家 rénjia
347. 人们 rénmen
348. 认识 rènshí
349. 日子 rìzi
350. 褥子 rùzi
351. 塞子 sāizi
352. 嗓子 sǎngzi
353. 嫂子 sǎozi
354. 扫帚 sàozhou
355. 沙子 shāzi
356. 傻子 shǎzi
357. 扇子 shànzi
358. 商量 shāngliang
359. 上司 shàngsi
360. 上头 shàngtou
361. 烧饼 shāobing
362. 勺子 sháozi
363. 少爷 shàoye
364. 哨子 shàozi
365. 舌头 shétou
366. 身子 shēnzi
367. 什么 shénme
368. 婶子 shěnzi
369. 生意 shēngyi
370. 牲口 shēngkou
371. 绳子 shéngzi

372. 师父 shīfu
373. 师傅 shīfu
374. 虱子 shīzi
375. 狮子 shīzi
376. 石匠 shíjiang
377. 石榴 shíliu
378. 石头 shítou
379. 时候 shíhou
380. 实在 shízai
381. 拾掇 shíduo
382. 使唤 shǐhuan
383. 世故 shìgu
384. 似的 shìde
385. 事情 shìqing
386. 柿子 shìzi
387. 收成 shōucheng
388. 收拾 shōushi
389. 首饰 shǒushi
390. 叔叔 shūshu
391. 梳子 shūzi
392. 舒服 shūfu
393. 舒坦 shūtan
394. 疏忽 shūhu
395. 爽快 shuǎngkuai
396. 思量 sīliang
397. 算计 suànji
398. 岁数 suìshu
399. 孙子 sūnzi
400. 他们 tāmen
401. 它们 tāmen
402. 她们 tāmen
403. 台子 táizi
404. 太太 tàitai
405. 摊子 tānzi
406. 坛子 tánzi
407. 毯子 tǎnzi
408. 桃子 táozi
409. 特务 tèwu
410. 梯子 tīzi
411. 蹄子 tízi
412. 挑剔 tiāoti
413. 挑子 tiāozi
414. 条子 tiáozi
415. 跳蚤 tiàozao
416. 铁匠 tiějiang
417. 亭子 tíngzi
418. 头发 tóufa
419. 头子 tóuzi
420. 兔子 tùzi
421. 妥当 tuǒdang
422. 唾沫 tuòmo
423. 挖苦 wāku
424. 娃娃 wáwa
425. 袜子 wàzi
426. 晚上 wǎnshang
427. 尾巴 wěiba
428. 委屈 wěiqu
429. 为了 wèile
430. 位置 wèizhi
431. 位子 wèizi
432. 蚊子 wénzi
433. 稳当 wěndang
434. 我们 wǒmen
435. 屋子 wūzi
436. 稀罕 xīhan
437. 席子 xízi
438. 媳妇 xífu
439. 喜欢 xǐhuan

440. 瞎子 xiāzi
441. 匣子 xiázi
442. 下巴 xiàba
443. 吓唬 xiàhu
444. 先生 xiānsheng
445. 乡下 xiāngxia
446. 箱子 xiāngzi
447. 相声 xiàngsheng
448. 消息 xiāoxi
449. 小伙子 xiǎohuǒzi
450. 小气 xiǎoqi
451. 小子 xiǎozi
452. 笑话 xiàohua
453. 谢谢 xièxie
454. 心思 xīnsi
455. 星星 xīngxing
456. 猩猩 xīngxing
457. 行李 xíngli
458. 性子 xìngzi
459. 兄弟 xiōngdi
460. 休息 xiūxi
461. 秀才 xiùcai
462. 秀气 xiùqi
463. 袖子 xiùzi
464. 靴子 xuēzi
465. 学生 xuésheng
466. 学问 xuéwen
467. 丫头 yātou
468. 鸭子 yāzi
469. 衙门 yámen
470. 哑巴 yǎba
471. 胭脂 yānzhi
472. 烟筒 yāntong
473. 眼睛 yǎnjing
474. 燕子 yànzi
475. 秧歌 yāngge
476. 养活 yǎnghuo
477. 样子 yàngzi
478. 吆喝 yāohe
479. 妖精 yāojing
480. 钥匙 yàoshi
481. 椰子 yēzi
482. 爷爷 yéye
483. 叶子 yèzi
484. 一辈子 yī bèizi
485. 衣服 yīfu
486. 衣裳 yīshang
487. 椅子 yǐzi
488. 意思 yìsi
489. 银子 yínzi
490. 影子 yǐngzi
491. 应酬 yìngchou
492. 柚子 yòuzi
493. 冤枉 yuānwang
494. 院子 yuànzi
495. 月饼 yuèbing
496. 月亮 yuèliang
497. 云彩 yúncai
498. 运气 yùnqi
499. 在乎 zàihu
500. 咱们 zánmen
501. 早上 zǎoshang
502. 怎么 zěnme
503. 扎实 zhāshi
504. 眨巴 zhǎba
505. 栅栏 zhàlan
506. 宅子 zháizi
507. 寨子 zhàizi

508. 张罗 zhāngluo
509. 丈夫 zhàngfu
510. 帐篷 zhàngpeng
511. 丈人 zhàngren
512. 帐子 zhàngzi
513. 招呼 zhāohu
514. 招牌 zhāopai
515. 折腾 zhēteng
516. 这个 zhège
517. 这么 zhème
518. 枕头 zhěntou
519. 镇子 zhènzi
520. 芝麻 zhīma
521. 知识 zhīshi
522. 侄子 zhízi
523. 指甲 zhǐjia
524. 指头 zhǐtou
525. 种子 zhǒngzi
526. 珠子 zhūzi
527. 竹子 zhúzi
528. 主意 zhǔyi
529. 主子 zhǔzi
530. 柱子 zhùzi
531. 爪子 zhuǎzi
532. 转悠 zhuànyou
533. 庄稼 zhuāngjia
534. 庄子 zhuāngzi
535. 壮实 zhuàngshi
536. 状元 zhuàngyuan
537. 锥子 zhuīzi
538. 桌子 zhuōzi
539. 字号 zìhao
540. 自在 zìzai
541. 粽子 zòngzi
542. 祖宗 zǔzong
543. 嘴巴 zuǐba
544. 作坊 zuōfang
545. 琢磨 zuómo

九、儿化词语训练

扫一扫可获得配套音频

（一）本部分词语是参照《普通话水平测试用普通话词语表》及《现代汉语词典》编制而成。

（二）本部分词语仅供普通话水平测试第二项——读多音节词语 100 个音节测试使用。本表儿化音节，在书面上一律作“儿”，但并不表明所列词语在任何语用场合都必须儿化。

（三）本部分词语共收词 189 条，按儿化韵母的汉语拼音字母顺序排列。

（四）本部分词语列出原形韵母和所对应的儿化韵，用＞表示条目中儿化音节的注音，只在基本形式后面加 r，如“一会儿 yīhuìr”，不标语音上的实际变化。

a>ar

刀把儿 dāobàr
戏法儿 xìfǎr
找茬儿 zhǎochár
板擦儿 bǎncār
号码儿 hàomǎr
在哪儿 zàinǎr
打杂儿 dǎzár

ai>ar

名牌儿 míngpáir
壶盖儿 húgàir
加塞儿 jiāsāir
鞋带儿 xiédàir
小孩儿 xiǎoháir

an>ar

快板儿 kuàibǎnr
蒜瓣儿 suànbànr
脸蛋儿 liǎndànr
栅栏儿 zhàlanr
笔杆儿 bǐgǎnr
老伴儿 lǎobànr
脸盘儿 liǎnpánr
收摊儿 shōutānr
包干儿 bāogānr
门槛儿 ménkǎnr

ang>ãr(鼻化)

药方儿 yàofāngr
香肠儿 xiāngchángr
赶趟儿 gǎntàngr
瓜瓤儿 guārángr

ia>iar

掉价儿 diàojiàr
豆芽儿 dòuyár
一下儿 yīxiàr

ian>iar

小辫儿 xiǎobiànr
扇面儿 shànmiànr
一点儿 yīdiǎnr
聊天儿 liáotiānr
冒尖儿 màojiānr
牙签儿 yáqiānr
心眼儿 xīnyǎnr
照片儿 zhàopiānr
差点儿 chàdiǎnr
雨点儿 yǔdiǎnr
拉链儿 lāliànr
坎肩儿 kǎnjiānr
露馅儿 lòuxiànr

iang>iãr(鼻化)

鼻梁儿 bíliángr
花样儿 huāyàngr
透亮儿 tòuliàngr

ua>uar

脑瓜儿 nǎoguār
麻花儿 máhuār
牙刷儿 yáshuār
大褂儿 dàguàr
笑话儿 xiàohuar

uai>uar

一块儿 yīkuàir

uan>uar

茶馆儿 cháguǎnr
火罐儿 huǒguànr
打转儿 dǎzhuànr
好玩儿 hǎowánr
饭馆儿 fànguǎnr
落款儿 luòkuǎnr
拐弯儿 guǎiwānr
大腕儿 dàwànr

uang>uãr(鼻化)

蛋黄儿 dànhuángr
天窗儿 tiānchuāngr
打晃儿 dǎhuàngr

üan>üar

烟卷儿 yānjuǎnr
出圈儿 chūquānr
人缘儿 rényuánr
杂院儿 záyuànr
手绢儿 shǒujuànr
包圆儿 bāoyuánr
绕远儿 ràoyuǎnr
刀背儿 dāobèir
摸黑儿 mōhēir

ei>er

老本儿 lǎoběnr
嗓门儿 sǎngménr
哥们儿 gēmenr
后跟儿 hòugēnr
别针儿 biézhēnr
走神儿 zǒushénr
小人儿书 xiǎorénrshū
刀刃儿 dāorènr
花盆儿 huāpénr
把门儿 bǎménr
纳闷儿 nàmènr
高跟儿鞋 gāogēnrxié
一阵儿 yīzhènr
大婶儿 dàshěnr
杏仁儿 xìngrénr

eng>ẽr(鼻化)

钢镚儿 gāngbèngr
脖颈儿 bógěngr
夹缝儿 jiāféngr
提成儿 tíchéngr

ie>ier

半截儿 bànjiér
旦角儿 dànjuér
小鞋儿 xiǎoxiér
主角儿 zhǔjuér

uei>uer

跑腿儿 pǎotuǐr
耳垂儿 ěrchuír
围嘴儿 wéizuǐr
打盹儿 dǎdǔnr
砂轮儿 shālúnr
没准儿 méizhǔnr
一会儿 yīhuìr
墨水儿 mòshuǐr
走味儿 zǒuwèir
胖墩儿 pàngdūnr
冰棍儿 bīnggùnr
开春儿 kāichūnr

ueng>u ẽr(鼻化)

小瓮儿 xiǎowèngr

-i(前)>er

瓜子儿 guāzǐr

没词儿 méicír

墨汁儿 mòzhīr

记事儿 jìshìr

石子儿 shízǐr

挑刺儿 tiāocìr

锯齿儿 jùchǐr

i>i:er

针鼻儿 zhēnbír

肚脐儿 dùqír

有劲儿 yǒujìnr

脚印儿 jiǎoyìnr

垫底儿 diàndǐr

玩意儿 wányìr

送信儿 sòngxìnr

ing>i:ẽr(鼻化)

花瓶儿 huāpíngr

图钉儿 túdīngr

眼镜儿 yǎnjìngr

火星儿 huǒxīngr

打鸣儿 dǎmíngr

门铃儿 ménlíngr

蛋清儿 dànqīngr

人影儿 rényǐngr

ü>ü:er

毛驴儿 máolǘr

痰盂儿 tányúr

合群儿 héqúnr

小曲儿 xiǎoqǔr

e>er

模特儿 mótèr

唱歌儿 chànggēr

打嗝儿 dǎgér

在这儿 zàizhèr

逗乐儿 dòulèr

挨个儿 āigèr

饭盒儿 fànhér

u>ur

碎步儿 suìbùr

儿媳妇儿 érxífùr

泪珠儿 lèizhūr

没谱儿 méipǔr

梨核儿 líhúr

有数儿 yǒushùr

ong>õr(鼻化)

果冻儿 guǒdòngr

胡同儿 hútòngr

酒盅儿 jiǔzhōngr

门洞儿 méndòngr

抽空儿 chōukòngr

小葱儿 xiǎocōngr

iong>iõr(鼻化)

小熊儿 xiǎoxióngr

ao>aor

红包儿 hóngbāor

半道儿 bàndàor

跳高儿 tiàogāor
口罩儿 kǒuzhàor
口哨儿 kǒushàor
灯泡儿 dēngpàor
手套儿 shǒutàor
叫好儿 jiàohǎor
绝招儿 juézhāor
蜜枣儿 mìzǎor

iao>iaor

鱼漂儿 yúpiāor
跑调儿 pǎodiàor
豆角儿 dòujiǎor
火苗儿 huǒmiáor
面条儿 miàntiáor
开窍儿 kāiqiàor

ou>our

衣兜儿 yīdōur
年头儿 niántóur
门口儿 ménkǒur
线轴儿 xiànzhóur

老头儿 lǎotóur
小偷儿 xiǎotōur
纽扣儿 niǔkòur
小丑儿 xiáochǒur

iou>iour

加油儿 jiāyóur
顶牛儿 dǐngniúr
棉球儿 miánqiúr
抓阄儿 zhuājiūr

uo>uor

火锅儿 huǒguōr
大伙儿 dàhuǒr
小说儿 xiǎoshuōr
做活儿 zuòhuór
邮戳儿 yóuchuōr
被窝儿 bèiwōr

o>or

耳膜儿 ěrmór
粉末儿 fěnmòr

十、含变调"一""不"的词语训练(注:为了便于发音练习,我们此处的"不""一"的拼音标变调。)

扫一扫可获得配套音频

B

不必 búbì
不但 búdàn
不当 búdàng
不定 búdìng
不断 búduàn
不过 búguò
不见得 bújiàndé

不愧 búkuì
不料 búliào
不论 búlùn
不是 búshì
不是吗 búshìma
不像话 búxiànghuà
不幸 búxìng
不要 búyào
不要紧 búyàojǐn
不用 búyòng
不在乎 búzàihu
不至于 búzhìyú
不住 búzhù
不安 bù'ān
不比 bùbǐ
不曾 bùcéng
不得 bùdé
不得了 bùdéliǎo
不得已 bùdéyǐ
不等 bùděng
不法 bùfǎ
不妨 bùfáng
不敢当 bùgǎndāng
不公 bùgōng
不管 bùguǎn
不好意思 búhǎoyìsi
不解 bùjiě
不禁 bùjīn
不仅 bùjǐn
不久 bùjiǔ
不觉 bùjué
不堪 bùkān
不可 bùkě
不良 bùliáng
不满 bùmǎn
不免 bùmiǎn
不平 bùpíng
不然 bùrán
不容 bùróng
不如 bùrú
不少 bùshǎo
不时 bùshí
不停 bùtíng
不同 bùtóng
不惜 bùxī
不行 bùxíng
不朽 bùxiǔ
不许 bùxǔ
不宜 bùyí
不一定 bùyídìng
不由得 bùyóude
不怎么样 bùzěnmeyàng
不止 bùzhǐ
不只 bùzhǐ
不足 bùzú
巴不得 bābude
抱不平 bàobùpíng
不便 búbiàn
不测 búcè
不成 bùchéng
不成材 bùchéngcái
不成器 bùchéngqì
不倒翁 bùdǎowēng
不得劲儿 bùdéjìnr
不等号 bùděnghào
不等式 bùděngshì
不迭 bùdié
不动产 búdòngchǎn

不冻港 búdònggǎng
不端 bùduān
不断 búduàn
不乏 bùfá
不忿 búfèn
不符 bùfú
不规则 bùguīzé
不轨 bùguǐ
不过意 búguòyì
不合 bùhé
不济 bújì
不景气 bùjǐngqì
不拘 bùjū
不力 búlì
不利 búlì
不了 bùliǎo
不吝 búlìn
不仁 bùrén
不忍 bùrěn
不日 búrì
不善 búshàn
不胜 búshèng
不适 búshì
不爽 bùshuǎng
不遂 bú suì
不暇 bùxiá
不详 bùxiáng
不肖 bùxiào
不屑 búxiè
不兴 bùxīng
不锈钢 búxiùgāng
不逊 búxùn
不厌 búyàn
不要脸 búyàoliǎn
不依 bùyī
不已 bùyǐ
不意 búyì
不振 búzhèn
不致 búzhì
不自量 búzìliàng
不做声 búzuòshēng

C

差不多 chàbuduō
吃不开 chībukāi
吃不消 chībuxiāo

D

对不起 duìbuqǐ
大不了 dàbuliǎo
动不动 dòngbudòng

F

犯不上 fànbushàng
犯不着 fànbuzháo

G

顾不得 gùbude
怪不得 guàibude
赶不上 gǎnbushàng
过不去 guòbuqù

H

恨不得 hènbude

J

进一步 jìnyíbù
见不得 jiànbude
禁不起 jīnbuqǐ
禁不住 jīnbuzhù

K

看不起 kànbuqǐ
靠不住 kàobuzhù

L

来不及 láibují
老一辈 lǎoyíbèi
了不起 liǎobuqǐ
冷不防 lěngbufáng
了不得 liǎobudé

M

美中不足 měizhōngbùzú
免不了 miǎnbuliǎo
赔不是 péibúshì
瞧不起 qiáobuqǐ
忍不住 rěnbuzhù
舍不得 shěbudé
说不定 shuōbudìng
少不了 shǎobuliǎo
使不得 shǐbudé
说不上 shuōbushàng

X

下不来 xiàbulái
想不到 xiǎngbudào
想不开 xiǎngbukāi

Y

要不然 yàoburán
要不是 yàobushì
一半 yíbàn
一辈子 yíbèizi
一带 yídài
一日 yírì
一道 yídào
一定 yídìng
一度 yídù
一概 yígài
一个劲儿 yígejìnr
一共 yígòng
一贯 yíguàn
一会儿 yíhuìr
一块儿 yíkuàir
一律 yílǜ
一切 yí qiè
一系列 yíxìliè
一下儿 yíxiàr
一下子 yíxiàzi
一向 yíxiàng
一样 yíyàng
一再 yízài
一阵 yízhèn
一致 yízhì
一般 yìbān
一边 yìbiān
一点儿 yìdiǎnr
一举 yìjǔ
一口气 yìkǒuqì
一连 yìlián
一旁 yìpáng
一齐 yìqí
一起 yìqǐ
一身 yìshēn
一生 yìshēng
一手 yìshǒu
一同 yìtóng
一头 yìtóu
一些 yìxiē
一心 yìxīn
一行 yìxíng(yìháng)
一直 yìzhí
用不着 yòngbuzháo
要不得 yàobude
一把手 yībǎshǒu

一把抓 yìbǎzhuā
一斑 yìbān
一并 yíbìng
一丁点儿 yìdīngdiǎnr
一端 yìduān
一发 yìfā
一股劲儿 yìgǔjìnr
一股脑儿 yìgǔnǎor
一晃 yìhuǎng
一晃 yíhuàng
一经 yìjīng
一刻 yíkè
一览 yìlǎn
一溜儿 yíliùr
一路 yílù
一瞥 yìpiē
一色 yísè
一顺儿 yíshùnr
一瞬 yíshùn
一应 yìyīng
一朝 yìzhāo
一准 yìzhǔn
一总 yìzǒng
由不得 yóubude
怨不得 yuànbude

Z

择不开 zháibukāi
中不溜儿 zhōngbuliūr

责任编辑　刁晓静
装帧设计　高莉丽

定价:42.00元